Paradox of Time & Death

시간과 죽음의 패러독스

과거 현재 미래 그리고 죽음

Paradox of Time & Death

시간과 죽음의 패러독스

과거 현재 미래 그리고 죽음

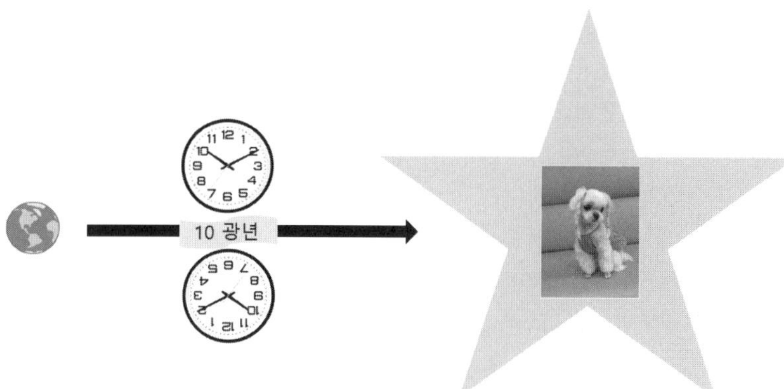

김달수 지음

의학박사 남계현 감수

인간사랑

차례

Ⅱ. 광자(빛)

Ⅲ. 죽음

IV. 영혼

V. 윤회

VI. 착각

VII. 미래

감수 및 추천사

2022년 초여름이 시작되던 날, 김달수 원장으로부터 새로 책을 저술하고 있는데 감수와 추천사를 부탁한다는 연락을 받고 가슴이 덜컹, 당황하였다. 남의 저서에 감수와 추천사를 부탁받은 일이 나의 일생에 처음 있는 일이었기 때문이다. 거절을 못 하게 김 원장이 이번 책을 내년 나의 대학교수 생활의 마감, 정년퇴임을 기념하여 쓰는 헌정 책이라 운을 떼니 더더욱 거절할 수 없었다. 우선은 거의 다 집필해놓은 원고를 받아 읽으면서 교정과 약간의 조언을 하였다. 다행스러운 일은 이번에 김원장이 저술하는 분야가 최근 내가 관심 있어 하는 분야와 일치한다는 것이다. 나름 인터넷과 관련 서적을 사서 열심히 읽고 공부하고 있던 분야라 감수를 하는 데 도움이 되었다.

김 원장과의 인연은 90년대 초 김 원장이 산부인과 수련 중 스승과 제자로 시작되었다. 더욱이 고향도 같고, 고등학교 후배다 보니 관심이 더 많을 수밖에 없었다. 특히 김 원장은 독특한 이력에서 보듯이 학부에서 전자공학을 전공하였고 다시 의학을 전공하였기에 산부인과 수련

과정 중에도 이공계 기질이 다분히 있어 다양한 의공학적 시도를 하였다. 김 원장이 수련을 마치고 개업을 한 후는 자연분만 붐이 일던 시절이었고, 수중 분만이 관심을 받을 때였다. 김 원장은 수중 분만 시 발생하는 감염 위험을 줄이는 획기적인 수중 분만기를 개발하여 특허를 냈다. 개발한 수중 분만기를 수련을 마친 서울 순천향대학병원 분만실에 한 대 기증하여 수중 분만이 원활히 이루어질 수 있게 도움을 주었다.

일찍이 김 원장은 부천 송내역 근처에서 산부인과 개원의로 의술을 펼치고 있었는데, 인연이 더 깊어지려다 보니 순천향대학이 부천에 새로운 병원을 설립, 내가 이곳 병원으로 근무지를 옮기면서 더 자주 만나게 되었다. 또한 김 원장은 와인에도 깊은 조예가 있어 아예 와인 바를 운영했었다. 덕분에 김 원장이 운영하는 와인 바에서 자주 와인을 음미하였다. 포도 품종 '피노누아'라는 와인에 대해 알게 된 것도 김 원장과의 인연 덕이었다. 김 원장은 무언가에 꽂히면, 끝장을 보는 성미로 무척 에너지 넘치는 후배였다. SF 장편 소설도 썼고, 전공 서적도 이제까지 6권을 썼으니, 개원의로서 대단한 정열의 저술가이다.

이번 저술은 지난번에 출간한 『죽음학 스케치』와 『죽음학과 임종의학 개론』의 완결판이란 느낌이 든다. 전편 두 저서가 의학과 자연과학적인 관점에서 인문학적 시선으로 임종과 죽음의 전반적인 입장을 저술한 것이라면, 이번에는 영혼(靈魂)이란 주제를 현대물리학의 입장에서 인문학적으로 저술한 느낌을 받았다.

이 저서의 영혼과 윤회(輪廻)란 주제는 인간이면 누구나 풀고 싶으나, 그 답을 찾지 못하는 영원한 숙명적인 주제다. 석가모니 부처님께서도 생존 시 질문에 설하지 않은 10개의 질문, 즉 십무기설(什無記說)에 속하는 문제를 김 원장은 과감하게 과학적 근거를 가지고 도전했다. 또한 죽음에 대해 의학적 지식을 충분히 활용한 전편의 저술을 활용하여 이번에는 시간과 공간의 개념을 추가해 생과 사의 문제를 다루었다. 공학도 다운 수학적 개념을 이용하여 속도와 시간 개념을 다루었으며, 우리가 속한 은하수은하를 우주의 크기를 이용해 공간의 개념을 가늠해 보았다. 과연 사후의 영혼과 윤회에 대한 김 원장의 이해는 어떠한가 궁금하지 않을 수 없다. 철학적인 차원을 넘어, 생과 사의 중간에 일어나는 현상을 의학자로서 생명 징후로 판단하고, 진단적 가치를 가진다는 주장은 독특하고 참신한 발상이다.

설악산 오세암(五歲庵)을 가는 깊은 산길, 만해 한용운 선사가 수도 중 깨우침을 얻은 바위 옆 득도를 기념하는 팻말이 있다. 한용운 선사도 사람이 거의 오지 않는, 첩첩산중 바위 아래서 명상을 하다가 생과 사의 영원한 진리를 깨달은 것이 아닐까 생각해 본다. 또한 근처에 한용운의 유명한 시 "님의 침묵"을 읽을 수 있었다. 시 말미에 있는 그 유명한 싯구를 적어 본다.

> '우리는 맛날 때에 떠날 것을 염녀하는 것과 가티 떠날 때에 다시 맛날 것을 믿습니다. 아아 님은 갓지마는 나는 님을 보내지 아니하얏습니다.'

이생에서 만난 인연의 끈이 다음 생에도 만날 것을 믿는 것은 선사의 신심(信心)이라 생각한다. 우리 모두가 헤어지면 언젠가 다시 만날 것을 알기에 내가 싫은 일을 남에게도 하지 않는 자세로 살아야겠고 이번 김달수 원장의 저서는 이러한 믿음을 주는 책이라 확신한다.

2022. 10. 30

정년퇴임을 앞두고,

부인암 전문의 의학박사 남계현

프롤로그

대부분의 사람들은 의식하든 안 하든 시간 속에서 삶을 이어가고 있습니다.

하지만 시간이 무엇인지 질문하면 명확히 그 답을 아는 경우는 거의 없습니다. 시간에 대해 많은 경험을 하고 그 속에 파묻혀 사는데 정작 시간이 무엇인지 모르고 살아가는 건, 그저 하루는 24시간이고, 1시간은 60분이며 1분은 60초라는 수로 시간을 인식하기 때문입니다. 이는 오랜 시간 학교에서 시간이라는 것을 단지 시계라는 측정도구의 수치로써만 배웠기 때문입니다.

이 책에서는 시간에 대한 이야기를 통해 죽음과 시간이 얼마나 중요한 연결고리를 가지고 있으며 그 의식 속에 사람들은 죽음을 어떻게 생각하고 받아들이는지에 대한 몇 가지 문제를 알아보려 합니다. 이를 통해 지금까지 막연히 알고 있던 죽음에 대해 다시 한번 새롭게 인식하는 계기가 되었으면 하는 바람입니다.

먼저 시간이 무엇인지 논하기 전, 물리학을 조금 이해해야 죽음과 시간이라는 주제에 좀 더 쉽게 접근할 수 있고, 죽음이 시간 속에서 어떤 작용과 역할을 하는지 설명할 수 있습니다. 그리고 사람들이 생각하는 사후 생이나 사후세계의 존재 또는 윤회(輪廻)에 대한 다양한 견해를 기존의 일반적인 입장이 아니라 현대물리학과 시간의 입장에서 생각하고, 지금 우리가 누리고 있는 삶이 얼마나 소중한지 다시 한번 생각하는 시간을 가지려 합니다.

더 나아가 21세기 새로운 패러다임인 가상세계와 메타버스 세상 속의 삶과 죽음에 대한 경험과 적응에 대해서도 이야기하려 합니다. 또한 죽음을 준비하는 사람들이 어떻게 삶을 영위해야 하며 사후, 나 자신의 존재를 어떻게 남길지도 함께 고민하는 시간을 가져보겠습니다. 그러기 위해 급변하는 새로운 시대와 환경에 맞춰 지금부터라도 조금씩 삶과 죽음을 함께 공유하며 이해해야 할 것입니다.

이 책은 시간에 관한 이야기뿐 아니라 저자가 죽음학에 대해 이미 출판한 『죽음학 스케치』와 『죽음학과 임종의학개론』에 서술된 내용을 참조하여 독자들에게 죽음에 대한 이해를 돕고자 하였습니다. 『죽음학 스케치』는 이미 절판되어 구입이 어렵지만 죽음에 대한 다양한 견해를 많은 독자에게 더 알리고자, 시간과 연관된 죽음의 이야기를 다시 언급했습니다. 지금까지 죽음을 나와 주위의 이야기로 이해하였던 시각을 좀 더 넓은 우주의 시공간이라는 광장으로 확대해 죽음을 좀 더 객관적으로 볼 수 있는 기회를 가졌으면 하는 것이 저자의 마음입니다.

죽음학 스케치

죽음학과 임종의학개론

그리고 저자가 산부인과 의사로서 오늘까지 발전할 수 있게 항시 도움을 주고 조언을 해주신 오랜 친구 같은 고등학교 선배이며 의대 스승이신 남계현 교수님의 정년퇴임에 즈음하여, 고마움에 대한 감사를 드리고자 이 저서의 감수를 부탁드렸고 또 다른 시간의 인연이 이어지기를 바라며 이 저서를 바칩니다.

2022년 10월 가을이 깊어지면서

저자 김 달 수

I. 시간

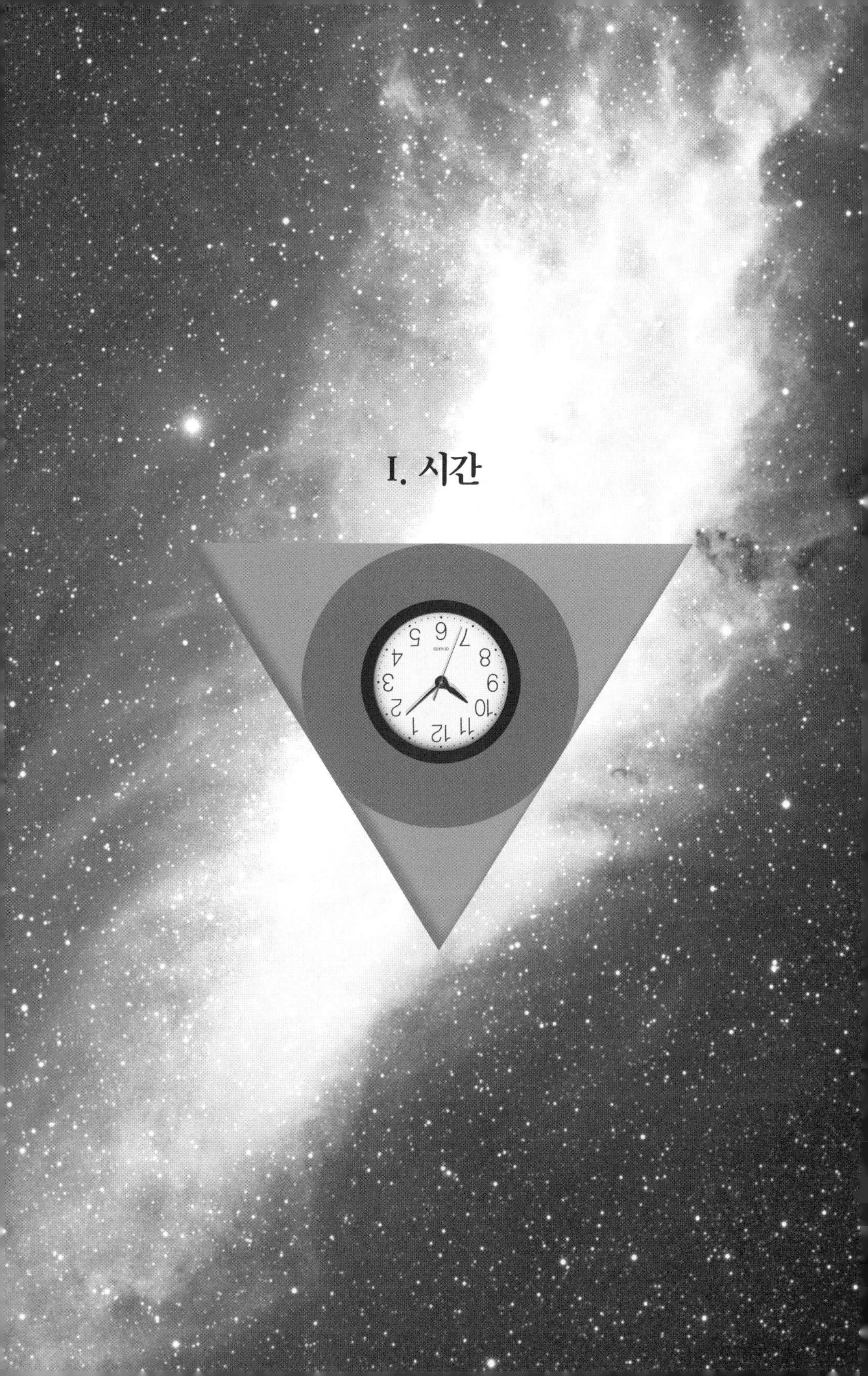

시간이란 무엇인가?

사람은 자신이 가진 고정된 생각이나 경험을 바꾸거나 아예 새로운 발상을 하는 걸 의외로 힘들어합니다. 이는 고정관념이란 생각의 관성 법칙이 강하게 작용하기 때문인데 사람들이 가장 중요하게 여기는 시간도 여기 포함됩니다. 시간이 무엇인지 질문하면 자신만의 다양한 생각으로 이야기하고 정의하지만 이와 함께 사람들의 생각 속에 있는 죽음에 대한 문제 또한 과거로부터 내려오는 문화적, 종교적, 사회적, 관습적 입장에서 이해하려는 태도를 벗어나지 못합니다. 과학이 발달한 21세기에도 죽음에 대한 생각은 크게 변하지 않았지만 최근에는 죽음의 과정에서 생기는 존엄적 죽음에 대한 문제와 임종 시 죽음에 임하는 자기결정권에 대한 의견을 확실히 표현하고 확인받는 '사전연명의료의향서'에 대한 참여가 많이 생기고 있습니다. 이런 죽음을 이해하려는 과정에서 임종과 죽음, 그리고 죽음 후의 문제에서 시간의 역할과 이를 통한 죽음의 의미를 새로운 관점에서 알아본다면, 존엄하고 아름다운 죽음이 무엇인가를 역설적인 시간의 모습을 통해 좀 더 객관적이며 현실적으로 이해할 수 있을 것입니다.

사람은 이미 정해진 시공간 속에 과거에서 현재 그리고 미래의 한 방향으로 흐르는 '시간의 화살'을 당연한 것으로 여기며 살아왔습니다. 하지만 현대과학은 사람들이 그동안 인식하지 못했던 대 우주와 다양한 소우주의 시간과 공간이 존재하는 또 다른 우주가 있다는 걸 알게 되면서 시간에 대해 더 혼란스러워하게 되었습니다.

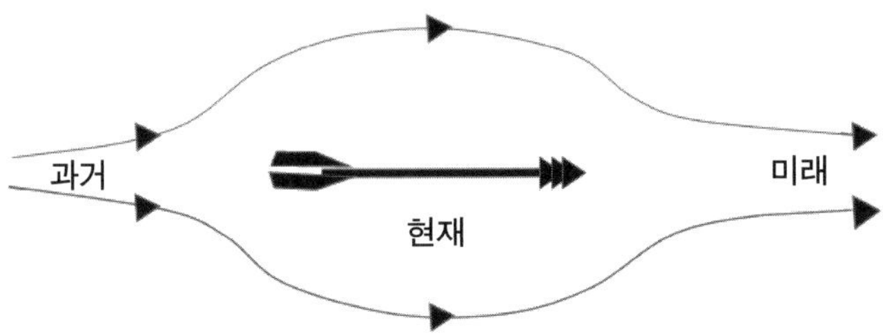

시간의 화살

원시시대 사람들은 시간의 개념이 거의 불필요했지만 인지혁명이 일어나면서 자연스럽게 시간 개념이 생겼습니다. 이 무렵 사람들은 자연과 자신을 분리해 시간과 공간 그리고 속도 등의 자연현상을 관찰하여 그 안에 규칙성을 발견하였고, 그것을 이용하면서 점차 농경문화가 발달하기 시작했습니다. 하지만 농경사회의 시간은 매우 느슨한 개념으로 계절적인 시간을 적용하였습니다. 서구의 중세에는 교회 중심적 시간이 지배적이었습니다. **"사람이 과거에 대해 아는 것은 오직 과거에 대해 가지고 있는 현재의 기억뿐이다. 과거, 현재, 미래 모두 인간의 정신 안에 있다."** 라고 아우구스티누스(Aurelius Augustinus, 354~430)는 관념론적인 시간을 정의하였고, 이후 자연과학이 널리 퍼지며 아이작 뉴턴

(Isaac Newton, 1642~1727)이 시간에 대해 **"변화와 상관없이 시간이 흐른다. 아무 변화가 없어도 시간은 흐른다. 수학적이고 절대적인 시간이 존재한다."** 라고 절대시간과 절대공간을 거론해 고전역학을 완성하였습니다.

시간의 방향에 대한 개념은 루트비히 볼츠만(Ludwig Boltzmann, 1844~1906)의 열역학 제2법칙에 의해 거론되는 엔트로피의 변화에 잘 나타나 있습니다. 시간의 방향이란 높은 엔트로피에서 낮은 엔트로피로 되돌아가기 어려워 확률적으로 과거로 되돌아간다는 건 매우 힘듭니다. 우주는 빅뱅 이후 엔트로피가 증가하면서 시간은 계속 한 방향으로 흐른다고 보는데, 이때 사람들의 과거의 기억 속 시간과 방향이 일치하면서 시간과 같은 방향으로 흐르게 된다고 본 것입니다. 즉, 사람들의 기억과정도 결과적으로 엔트로피가 증가하는 방향으로 진행한다고 봅니다.

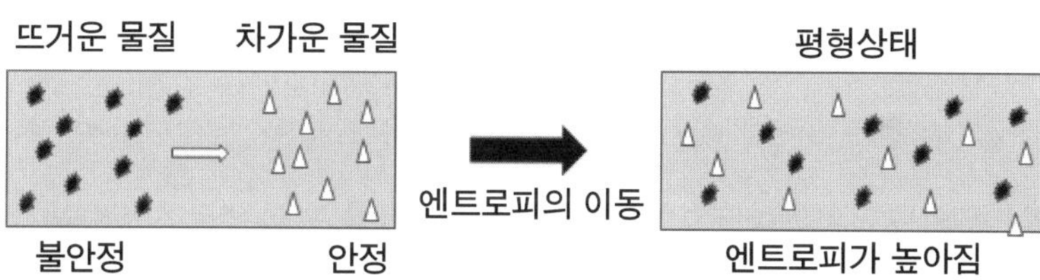

엔트로피의 이동

시간에 대한 새로운 개념이 나온 것은 20세기 초 알버트 아인슈타인(Albert Einstein, 1879~1955)이 '상대성이론'을 발표하면서 기존의 아이작 뉴턴의 고전역학의 절대시간이 더 이상 절대적이지 못하고 새로운 우주의 시간으로 확대되어 상대시간에 대한 개념으로 바뀌었습니다. 아인슈타인이 생각하는 시간은 관찰자가 존재하여 시간이 지나는 동안 공간에서 물체의 위치가 어떻게 변하는지 설명하는 시공간에 대한 역학입니다. 아인슈타인은 아무 의미 없는 공간이라는 애매한 단어 대신 좌표계에 대한 상대적 운동이라 말하면서 독립적으로 존재하는 궤적이란 존재하지 않고 단지 좌표계에 대한 상대 궤적만 존재한다며 좌표계와 관찰자의 역할을 중요하게 생각하였습니다.

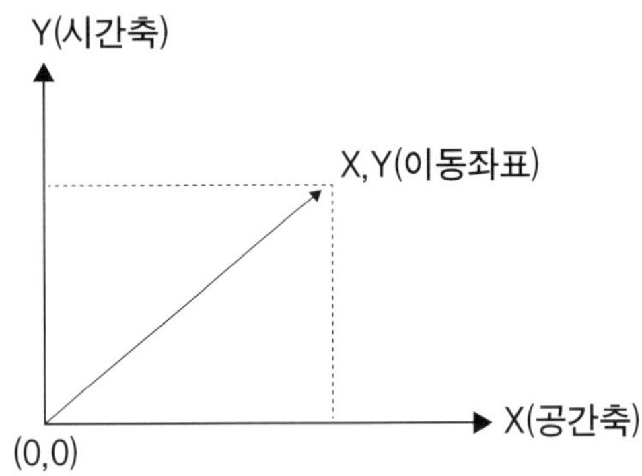

시간과 공간의 좌표

이는 관찰자의 입장에서 보면 움직이는 물체의 시간은 시간이 길어진다는 의미이고 강한 중력에도 시간은 역시 길어진다는 것을 의미합니다. 움직이거나 중력이 작용하는 지구뿐 아니라 전 우주에도 상대적 시간이 작용하므로 완벽한 시계는 의미가 없다는 것을 밝힌 것입니다. 그래서인지 아인슈타인은 **"시간과 공간은 생각의 도구인 인간 지성의 자유로운 창작뿐이다."** 라고 언급했습니다. 이를 통해 시공간이라는 것은 과학을 넘어선 인간의 사고 영역이라 볼 수 있으며 이런 개념이 현대 물리학에서 거론하는 상대성 시간의 개념이라 할 수 있습니다.

시간을 잘 설명하는 특수상대성원리

시간에 대한 새로운 개념은 알버트 아인슈타인의 '특수상대성원리'로 완성되었습니다. 상대성이론 하면 아인슈타인만 떠올리지만, 사실 그 이전에도 수많은 과학자들이 고민했었습니다. 이 시기에 파동과 입자의 성질을 가진 빛에 대한 연구가 먼저 이루어졌고, 특수상대성원리가 나올 수 있게 맥스웰(James Clerk Maxwell, 1831~1879)은 전기와 자기를 하나로 통합한 '맥스웰 방정식'을 발견하여 전자기파가 빛과 같은 속도를 가진다고 확인하였습니다. 맥스웰의 방정식에 의하면 빛은 고전역학의 상대적인 운동을 따르지 않고 어떤 조건에도 빛의 속도는 299,792,458m/s를 보이는 상수였습니다. 이때 아인슈타인은 이런 여러 연구를 바탕으로 모든 관성계는 동일한 물리법칙을 따라야 한다는 믿음 속에 관성좌표계를 시공간에 도입하여 1905년 특수상대성원리를 완성했습니다. '특수상대성이론'의 가장 쉬운 이해는 엄청 빠르게 달리면 시간이 느려진다는 것입니다. 이를 위해 누가 어디서 관측하든 상관없이 빛의 속도는 항시 일정한 299,792,458m/s입니다. 그리고 시간과 공간은 분리할 수 없고 우주의 시공간에서 시간은 모든 상황에 대해 상대적이라 할 수 있습니다. 여기에 독일 과학자 헤르만 민코프스키(Hermann Minkowski, 1864~1909)가 주창한 시공간의 개념을 더하고 확장해 특수상대성원리를 만든 것입니다. 또한 질량과 에너지의 관계식인 $E=MC^2$이란 공식도 발표해 시공간에서는 정지된 물체도 질량이 있으면 에너지를 갖는다는 원자폭탄의 기본 이론도 밝혀냈습니다.

'특수상대성이론'을 쉽게 이해하기는 어렵지만 간단히 정리하자면,

빛의 속도는 어떤 상황에도 일정하고, 시공간에서 시간은 상대적으로 다르며, 시공간은 따로 분리될 수 없는 하나라는 것입니다. 이를 수식으로 풀면 빛의 속도는 299,792,458m/s, 이를 약 30만km/s라 하고 숫자 대신 광속도 C라 표기할 수 있습니다. 일반적으로 거리는 속도 곱하기 시간이므로 **'거리=속도*시간'** 입니다. 아인슈타인의 '특수상대성원리'를 적용하기 위해서는 관찰자가 존재하는 시공간이 필요합니다. 이때 우주선 밖에서 관찰자인 내가 보고 있는 움직이는 우주선의 내부 높이를 h라 하고 우주선 바닥에서 천장 h까지 빛을 쏘았을 때 빛의 이동거리를 측정하면 빛은 A초 동안 움직이므로 빛의 이동거리 h는 빛의 속도 C*시간 A, 즉 h=CA가 됩니다.

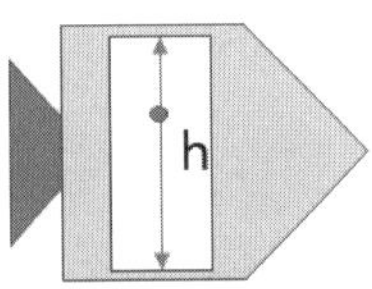

h: 우주선 안의 바닥에서
천장까지 거리

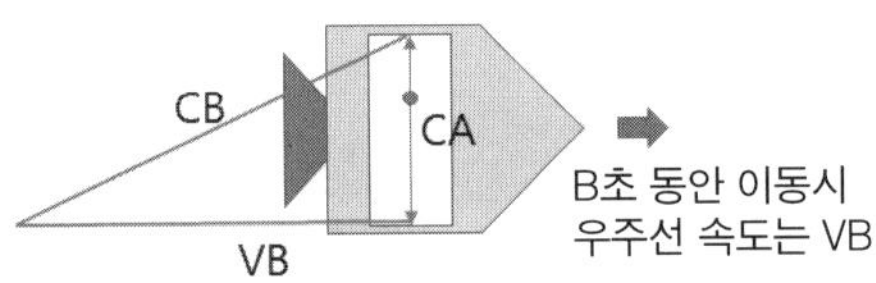

8초 동안 우주선이 이동 시 CV의 거리보다 실재 빛이 이동한 거리는 CB가 된다.

이때 우주선도 B초의 시간만큼 빠르게 움직이므로 우주선 밖에서 이를 관찰하는 나의 입장에서 빛이 움직이는 거리는 실재 거리 CA보다 길어진 CB입니다. 또한 우주선의 속력을 V라고 하면 관측하는 동안 움직인 우주선의 이동거리는 VB가 되는 것입니다.

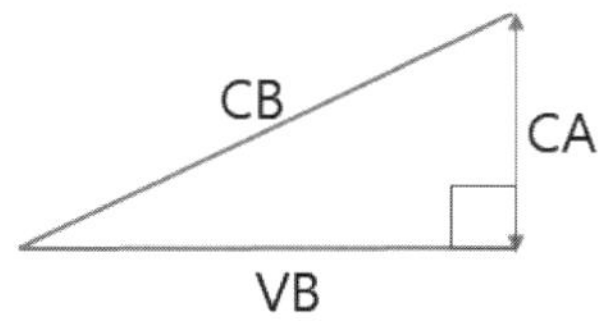

이등변 삼각형의 피타고라스 정리가 적용됨

이를 도형으로 나타내면 직각삼각형이 되고 이를 피타고라스 정리에 의해 풀면 $(CB)^2=(CA)^2+(VB)^2$이 되고, $(C^2-V^2)B^2=C^2A^2$으로 변환되며, B^2을 좌변에 두고 정리하면 이렇습니다.

$$B^2 = \frac{C^2}{(C^2 - V^2)} A^2$$

$$B = \frac{1}{\sqrt{1 - (\frac{V}{C})^2}} A$$

이 식에서 B는 우주선 밖 정지된 상태인 관찰자 나의 시간이 되고, A는 움직이는 우주선 내 관찰자의 시간이 됩니다.

이때 $\frac{1}{1 - (\frac{V}{C})^2} = \Upsilon$ 라고 간단히 표기하면,

(정지된 관찰자인 나의 시간)= Υx(움직이는 우주선 내 관찰자 시간)이 되며 이때 밖에서 정지된 관찰자인 나의 시간은 움직이는 우주선 내 관찰자 시간보다 빠르게 움직입니다. 이는 정지된 관찰자인 나의 시간보다 빠

르게 움직이는 우주선의 관찰자 시간이 더 길어지는 것이고 ϒ∝라는 속도의 관계에서 는 움직이는 물체(우주선)의 속도가 커질수록 비례해 커집니다. 즉 속도가 빠를수록 시간은 느려진다는 것입니다.

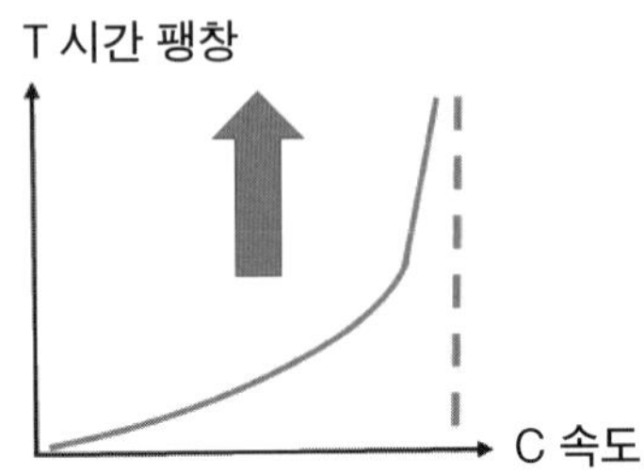

빛의 속도에 가까워지면 급격히 시간의 팽창이 생기고 시간은 지연됨

결국 우주선의 속도가 빛의 속도가 되면 시간은 더 이상 팽창하지 못하고 멈춥니다. 그러나 질량이 있는 물체의 속도가 빛의 속도가 될 수 없으며 만약 빛의 속도에 가까워진다면 이는 우주의 어마어마한 에너지를 쏟아 부어야 겨우 가능하다고 할 수 있습니다. 하지만 빛을 추월하는 것은 아직 그 어떤 것도 없기에 시간을 역으로 추월하긴 어렵습니다.

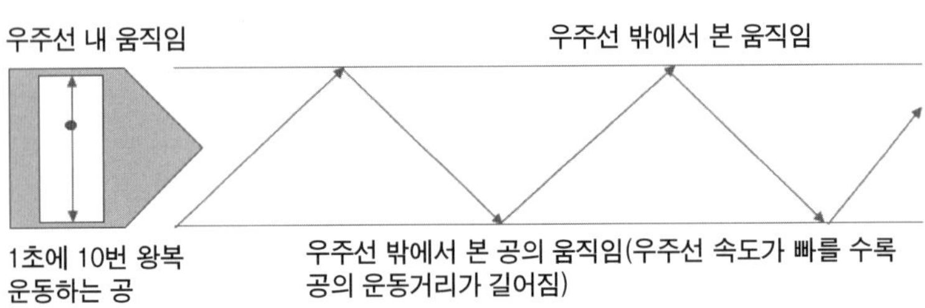

우주선 안에서 움직이는 공을 외부에서 보면 이동 길이가 길어짐.

특수상대성원리의 정리
1. 속도(V)가 빛의 속도(C)가 되면 길이(L)는 0이 되어 공간이 사라진다. 2. 속도(V)가 빛의 속도(C)가 되면 시간(T)은 정지한다. 3. 속도(V)가 빛의 속도(C)가 되면 질량(M)은 무한대로 커진다.

블랙홀 여행과 일반상대성원리

아이작 뉴턴이 1687년 '만유인력'을 발견하여 모든 만물은 서로 끌어당긴다는 자연계의 보편타당한 중력법칙으로 지구와 우주의 운동을 설명했습니다. 하지만 이로부터 228년 뒤 절대적인 진리였던 '만유인력'에 대한 의문에 도전한 '특수상대성원리'에 이어 1915년 아인슈타인은 또 다른 과학의 전환을 가져온 '일반상대성원리'를 발표합니다. 우주선을 타고 있는 사람은 우주선이 속도를 낼 때 그 가속으로 뒤로 밀리는 관성력을 느낍니다. 하지만 우주선이 그대로 땅에 있어도 우리는 지구 중력을 받아 아래로 쏠리는 힘을 받습니다. 이런 현상을 우주선 안에서 밖을 관찰하지 않는다면 서로 구분하기 어렵습니다. 물론 우주선이 없던 시절이었지만 천재 과학자는 이 현상을 이해하고 가속의 힘에 의해 발생하는 관성력과 지구 중력에 의해서 발생하는 '만유인력'은 서로 구별할 방법이 없다고 보아 이를 '등가원리'라 하였습니다.

'일반상대성원리'는 빛은 중력이 큰 물체를 지나가면 휘어진다는 것이 그 주된 현상이고 무거운 항성을 지나는 빛은 항성의 중력만큼 휘어지므로 이를 '중력렌즈 효과(Gravitational Lens Effect)'라 하였습니다. 이것은 단지 이론에 묻힐 사건이었지만 영국의 실험물리학자인 A. S. 에

딩턴(Arthur Stanly Eddington, 1882~1944)의 관측실험으로 태양의 개기일식 중 태양 뒤편의 보이지 않던 별이 '중력렌즈효과'를 통한 굴절이 관측된다는 것을 통해 '일반상대성이론'을 증명하였습니다.

빛이 휘어진다는 것은 시공간의 곡률에 따라 시간의 지연이 생긴다는 것이므로 우주에 존재하는 질량이 있는 항성이나 물체 또는 가속하는 모든 것들은 나름의 곡률 속에 존재합니다. 질량의 크기만큼 또는, 가속의 크기만큼 시간의 지연을 경험하고 이런 모든 시간은 각기 다른 시간 속에 상대적으로 흐릅니다. 그러므로 지구보다 훨씬 큰 목성이 시공간의 곡률도 더 클 것이기 때문에 상대적으로 작은 지구보다 시간이 훨씬 느리게 흐를 것입니다. 중력이 극히 높은 블랙홀에 근접하여 모든 것을 빨아들이는 블랙홀의 경계인 사건의 지평선을 여행할 경우 시간은 훨씬 더 느리게 흐르고 이를 멀리 떨어진 관찰자의 입장에서 보면 마치 SF영화에 나오는 것처럼 블랙홀 근처를 다녀온 우주선의 사람은 젊어 보이지만 관찰자 자신은 어이없게도 많이 늙어버리는 것입니다. 즉 엄청난 중력의 곡률을 가진 블랙홀에 갔다 온 사람은 아주 짧은 시간이라 느끼겠지만 관찰자의 입장에서는 매우 긴 시간이었던 것입니다. 지구라는 작은 공간은 곡률이 크지 않기에 이런 시간의 차이를 거의 느끼지 못하거나 시간지연에 대한 고민이 거의 없습니다. 하지만 우주로 나가면 일반상대성원리에 의한 우주시간을 경험하게 됩니다. 그러므로 시간은 결코 누구에게나 동등하지 않습니다.

$$R_{\mu\nu} - \frac{1}{2}g_{\mu\nu}R + g_{\mu\nu}\Lambda = \frac{8\pi G}{c^4}T_{\mu\nu}$$

질량과 에너지에 따른 시공간의 휘어짐을 나타내는
아인슈타인 일반상대성원리의 중력장방정식

일반상대성원리의 정리
1. 가속으로 인한 관성과 큰 질량에 의한 중력은 등가성원리에 의해 차이를 구별할 수가 없다.
2. 중력은 공간의 휘어짐이다. 비록 빠른 속도의 가속도에서는 빛이 휘어져 보이지만 빛은 직선운동을 하기 때문에 빛은 휠 수가 없다. 그러므로 휜 것은 사실 공간이다.
3. 중력이 물체나 빛을 끌어당기는 것이 아니라 질량이 만든 공간의 휘어짐이 잡아당기는 것이다.
4. 시간과 공간은 상대적이고 물체의 중력이 클수록 공간의 휘어짐도 커진다. 그러므로 블랙홀 같은 공간의 수축에서 시간은 느려지고 중력이 강할수록 시간도 그에 따라 더 느려진다.

시간이란 존재하는가?

시공간(space-time) 상에 질량을 가진 모든 물체는 아무리 빠르게 달려도 빛의 속도에 미치지 못하고 그것을 뛰어넘을 수 없다는 알버트 아인슈타인의 특수상대성원리에 따르면 빛의 속도는 항시 일정하게 초속 299,792,458미터(30만km)로 나아가는데 이를 '광속도 불변의 법칙'이라 합니다. 아마 일반인들은 좀 알기 어려울 수도 있습니다. '광속도 불변의 법칙'은 사람들 주변의 일상적인 모습에서 일어나는 속도의 관념으로 바라보면 모순 같지만, 우주의 광활한 세계에서 빛과 유사한 속도로 빨리 이동한다면 이때 움직이는 물체의 시간이 느려진다는 시간의 상대적 관념으로 이해하면 가능합니다. 즉, '속도=거리/시간'으로 표시하는데, 예를 들면 저자의 반려견 꽁띠가 400km 거리의 서울과 부산 사이를 4시간에 승용차로 이동한다면 승용차의 속도는 시속 100km/시간이 될 것입니다. 이런 경우는 당연히 이해가 잘 되지만 만약, 꽁띠가 10광년(광년: 빛이 진공 속에서 1년간 가는 거리)의 '꽁띠행성'의 언니에게 가기 위해 특수한 우주선으로 빛에 근접한 속도로 달려간다고 해도 꽁띠 언니를 만나고 바로 지구의 시간으로는 돌아오는 데 20년이 걸립니다. 지구에 사는 가족은 꽁띠가 빛의 속도에 가까운 아주 빠른 우주선을 타고 돌아올 즈음에는 대부분이 늙어 있겠지만 언니를 만나고 온 꽁띠는 여전히 젊습니다. 더욱이 일반우주선으로 갔다 온다면 꽁띠의 일생은 거의 우주에서 보내야겠지요?

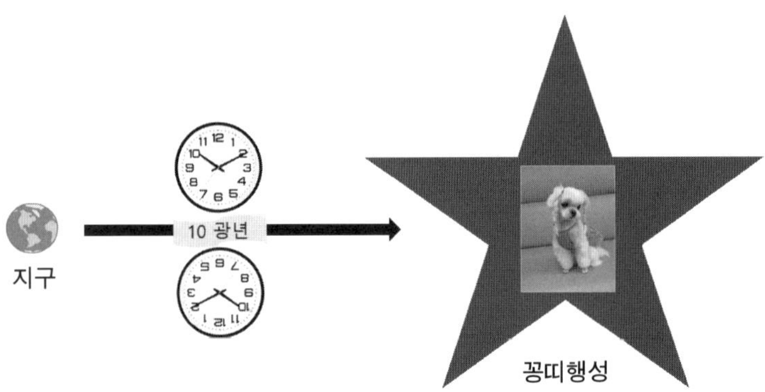

10광년에 있는 꽁띠행성

우리가 일상적인 생활에서 느끼지 못하지만 물체의 운동성이 빛의 속도에 가까워지면 시간은 상대적으로 길어집니다. 또한 동시에 일어나는 현상의 상대성이 나타나 서로의 운동 상태가 다르면 동시에 일어나는 일은 존재하지 않습니다. 즉, 빛의 속도로 날아가는 꽁띠가 느끼는 시간과 지구의 가족이 느끼는 시간이 상대적으로 다릅니다. 결국 꽁띠의 시간은 매우 느리게 간다는 의미이기도 합니다.

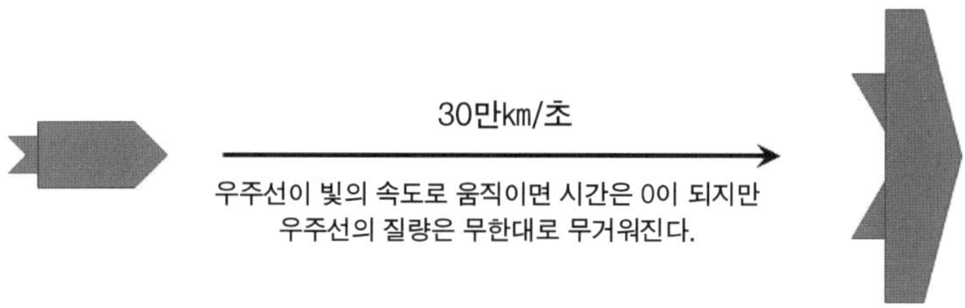

우주선이 빛의 속도로 움직이면 시간은 0에 가깝지만 엄청난 질량이 됨

그렇다면 우주여행을 하고 온 꽁띠의 일생은 길어진 것일까요? 아니면 그냥 똑같다는 것일까요? 그럼, 다시 처음으로 돌아가 '시간이란 과연 존재하는 것인가?'라는 질문에 어떤 답을 할 수 있을까요?

일반적으로 사람들은 과거, 현재, 미래가 이어지는 모습으로 시간이 흐른다고 이야기합니다. 매우 아날로그적입니다. 비록 디지털화가 되었다 하더라도 아직까지는 초 단위까지만 인식하고 살아갑니다. 그리고 우리는 이런 시간이 매우 익숙하고 아무 불편함이 없습니다. 그러나 과학자들과 국방업무나 산업현장에서 일하는 사람들의 경우 시간에 대해 매우 어렵고 힘든 싸움을 하고 있습니다. 그들은 정밀한 산업과 국방 분야에 일하는 사람들이기에 우리가 아는 시간과 다른 시간을 가지고 실무에 적용하기 때문입니다.

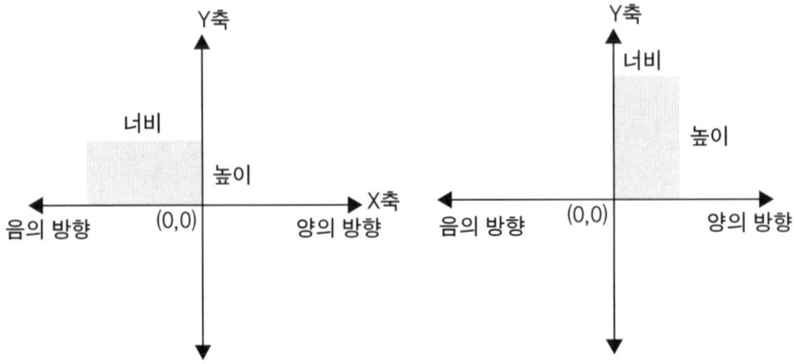

위 도표에서 만약 y축을 시간으로 하고 x축을 공간으로 한다면 사람이 (0,0)점 좌표에서 아무런 행동을 하지 않거나, 주위의 일상적인 위치에서 있을 때 시간이 흘러가면 운동량이 y축으로만 이동될 것입니다. 하지만 차를 타고 이동하거나 움직이면 x축으로 이동하며 전체적인 운동량은 오른쪽 사선으로 이동할 것입니다. 이를 비교하면 가만히 있으며 시간을 보내는 것과 움직이며 시간을 보내는 것에는 운동량의 상당한 차이를 느낄 것입니다. 이렇듯 같은 시간이라도 시간의 길이가 두 사건 사이에는 다르다는 걸 알 수 있습니다. 이 현상을 통해 사람마다 주어진 시간은 같지만 어떻게 보내느냐에 따라 시간의 길이가 다르다는 걸 간단히 이해할 수 있습니다. 이 현상을 이해한다는 가정에서 생각을 좀 더 확장하면 과거, 현재, 미래라 구분 짓던 지금까지의 개념은 없어지고 시간은 이미 동시에 일어나는 사건이므로 시간의 경계가 사라지고 이미 주어진 사건의 시간 속에 과거, 현재, 미래를 자신에게 맞춰 찾아 쓰는 것이 됩니다. 태어나 성장하고 죽음을 맞이하는 일련의 과정 속에 현재라는 시간도 엄밀히 말해 현재가 아닌 이미 지난 과거지만, 그 속에 죽음을 미리 생각해 볼 수 있는 것 또한 당연한 일이라 할 수 있습

니다. 사람은 이미 정해진 시간이라는 틀 속에 죽음을 맞이하고 그것이 아쉬워 죽음 이후의 세계를 생각하며 점차 사후의 구체적인 많은 이야기를 만들어내고 있습니다. 그러다 보니 죽음의 명확한 의미를 알지 못하고 막연한 두려움 속에 살다 결국 죽음을 맞이한다는 것입니다.

이렇게 시간에 대한 개념이 어렵고 불명확하다 보니 죽음에 대해 어떤 준비를 하며 살아가야 하는지에 대한 어려움이 생깁니다. 하지만 하나만이라도 명확히 한다면 큰 문제는 없을 것으로 봅니다. 먼저, 죽음에 대해 나 자신의 한계범위를 확실히 이해하는 것입니다. 이를테면 일생동안 나와 인연이 된 사람들과 그 영역의 범위를 잘 관리하는 것입니다. 불필요한 오해나 아쉬움 없이 한 시대를 같이 했다는 좋은 기억만 가질 수 있게 노력할 필요가 있습니다. 사람들은 각각 그 삶이 다르기에 그 영역이 넓거나 좁을 수 있고, 그 깊이도 제각기 다르지만 자신을 기억해 주는 것만으로도 충분히 만족한 삶이라 말할 수 있기 때문입니다. 삶과 죽음은 나를 중심으로 동시성과 상대성이 존재하는 시공간에서 모든 것이 이루어지고 정리됩니다. 그래서 이런 정리는 죽음을 맞이하는 순간, 매우 좋은 삶의 마지막이 되고, 자신이 남긴 흔적은 가까운 누군가의 기억과 추억 속에 일시적인 영속성을 가지며 존재하다 서서히 소멸할 것입니다. 이런 흔적의 여운은 개개인마다 차이가 있겠지만 그 모든 것은 다 소중합니다.

우주의 파동과 시간의 파동함수

현대 물리학자들은 우주는 파동이고 시간은 파동의 함수로 이루어진 파동의 운동이라 표현합니다. 이는 파동이 길이와 방향을 가지고 있기 때문입니다. 이런 시간의 의미는 어떤 사건이 일어나고 진행될 때는 파동이 퍼지듯 일어날 수 있는 모든 확률적인 사건이 다 진행되고 경험하고 나서야 어떤 결론이나 목적에 다다릅니다. 이런 이론 속에는 시간은 파동함수와 같은 성질의 실수와 허수를 포함한 복소수와 같은 성질이 존재해 시공간에 퍼져나가지만 입자의 성질이 일부 있기에 하나하나의 사건에는 정해진 입자성의 실수부분이 나타나 마치 빛이나 전자기파처럼 유사한 파동과 입자의 두 가지 성질이 다 존재합니다. 이런 현상을 '오일러공식(Euler formula)'을 이용해서 시간의 변화를 알아보면 실수축의 시간이 흘러가면서 $e^{i\theta}$가 계속 시계방향으로 일정하게 돌아갑니다. 이때 앞으로 나아가는 sin과 cos 파형이 생성되면서 허수축으로 방향성을 가지는데 이를 sin과 cos의 파동함수라 표현하고 시간은 연속적으로 실수와 허수의 복소수영역을 포함한 방향성을 가지고 진행합니다. 시간에 대한 물리적인 법칙이나 변화를 보면 시간은 결국 '상대성이론'과 '파동방정식의 양자역학', 그리고 이를 모두 포함한 양자의 세계와 우주의 세계가 나름 조화를 이루면서 에르빈 슈뢰딩거(Erwin Schrodinger, 1887~1961)의 '파동방정식'을 만족하는 파동의 상대적인 시간이 끊임없이 시공간에 퍼져나갑니다.

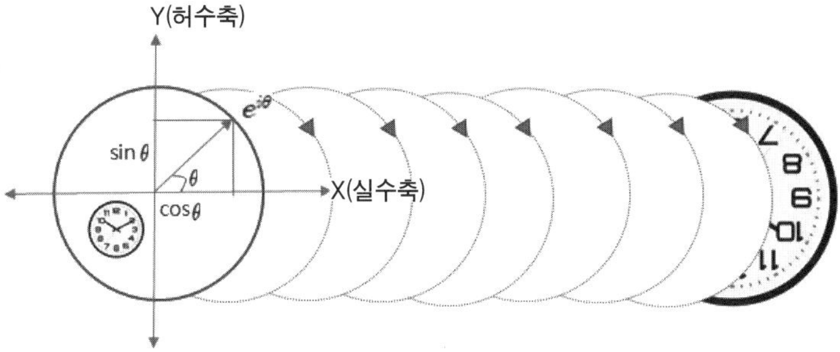

Euler formula로 본 시간

그래도 잘 이해가 안 되는 시간

앞서 시간에 관해 이야기하였지만 그래도 시간이 무엇인지 이해하기 쉽지 않습니다. 그만큼 시간의 명확한 정의나 이해를 주는 정답을 찾기 어려운데 이렇다 보니 결국 추상적인 개념만 자꾸 나열하는 변명 아닌 변명만 늘어놓게 됩니다. 그만큼 시간은 우리와 가장 밀접하지만 가장 어려운 부분이라 말할 수 있습니다. 시간에 대해 사람들은 '시간이란 아무런 사건이 일어나지 않을 때에도 꾸준히 일어나고 있는 그 무엇이다.'라고 하는데 사전적 의미로는 **'과거에서 현재를 거쳐 미래까지 명백히 비가역적인 순서대로 사건이 일어나는 비공간적 연속체'** 입니다. 이는 어떤 장소에서든 발생하는 되돌릴 수 없는 사건의 흐름으로 보는 것입니다. 이는 단지 시간의 흐름을 시계의 움직임이나 태양과 달과 별의 움직임, 또는 생체시계의 변화 등을 통해 감지하는 것이기도 합니다. 만약 어둡고 아무런 소리도 없는 공간에 있다면 시간의 흐름을 사람들은 매우 힘들어 할 것입니다. 단지 생체의 반응으로 어렴풋이 느낄 뿐이겠지만 정확한 시간을 알기는 어렵습니다.

물론 고대에는 자연이 모든 시간을 주도했지만 현대로 넘어와 사람들이 시간을 주도하면서 시간을 다양하게 이용하거나 만들어 갑니다. 때로는 많은 사람들이 누군가 만들어 준 시간 속에서 자신의 생활을 맞춰간다고 착각하기도 합니다. 결국 자신도 모르게 시간의 지배를 받는 시간의 노예가 되는 것입니다. 이런 시간을 사회적 관계의 시간이라 부를 수 있습니다. 가족 간에 통용되는 가정의 시간, 직장에서 만든 근로시간, 정부에서 만든 정책시간 또는 국가 간에 통용되는 국제시간, 천문학에서의 우주시간 등 다양한 시간이 존재합니다. 아무튼 이런 다양함 속에 사람들은 자신의 편리에 따라 시간을 선택하여 살아갑니다.

현대 물리학자들 중에는 시간을 다음과 같이 정의하기도 합니다.

물리학에서 시간의 흐름을 입증하는 증거가 없다.
과학법칙은 과거와 미래를 구별해서 적용하지 않는다.
따라서 시간은 실재하지 않는다.

이런 정의가 생긴 이유는 시간은 검증이 안 되고 물리법칙에서는 굳이 시간을 두고 거론할 필요가 없이 자연현상 같은 법칙을 물리적 해석이나 수학을 통해 유용성만을 가지고 증명합니다. 하지만 우주 연구나 각종산업, 의학 또는 화학분야에서 시간은 실험에 대한 매우 중요한 기준이 되기에 정밀한 시계를 만드는 것에 많은 노력을 기울입니다. 사람들은 모든 것에 최소한의 기준이 없다면 매우 불편해하기 때문에 시간을 삶의 여러 곳에 가져다 사용하는 것입니다.

과거 현재 미래 시간

과연 시간을 사람들의 능력으로 조절가능한가에 대해 많은 생각과 시도가 있었습니다. 그 중 미래로 갈 수 있는지와 과거로 돌아갈 수 있는지 혹은 시간을 멈출 수 있는지에 대해 그 가능성을 한번 알아보겠습니다.

먼저 물리적으로 시간여행을 통해 미래로 갈 수 있는지에 대해 알아보겠습니다. 과거의 사건을 관찰하는 것은 가능합니다. 또한 내가 빛의 속도로 이동한다면 빛의 절대시간 속에 시간지연이 생겨 시간이 느리게 가므로 미래로 가는 결과가 됩니다. 즉, 내가 빠르게 움직일수록 외부에서 보는 관찰자의 입장에서는 시간은 느리게 가는 것입니다. 하지만 이런 현상은 이론물리학적으로 가능한 것이지 질량이 있는 물체는 무게가 엄청나게 불어나 빛의 속도는 불가능합니다. 빛의 속도로 이동 가능한 것은 빛(광자)과 전파 같은 전자기파만 가능합니다. 그 외 블랙홀이나 중성자별 같은 초중력체에 의한 시간지연에서는 가능합니다. 이런 경우 시공간의 왜곡을 이용해 미래로 가는데, 지평선에서 블랙홀로 빨려 들어가기 직전 그 에너지를 이용해 튕겨 나오는 팬로즈 과정(Penrose process)을 통해 빛의 속도로 탈출할 수만 있다면 시간이 느리게 흐르는 블랙홀 주위의 시간여행이 가능하다는 것입니다. 이것은 영화 〈인터스텔라〉의 중요한 소재가 되기도 했습니다.

웜홀(wormhole) 출처: 위키피디아

현재 사람들이 보는 태양의 빛은 8분 전에 출발한 과거의 빛입니다. 이는 지금 보이는 태양 빛의 과거 정보를 보는 것입니다. 그러므로 과거의 정보를 보는 것은 얼마든지 가능합니다. 하지만 과거로 가는 시간여행은 어렵습니다. 이를 가능케 하려면 전제조건이 빛보다 빨라야 합니다. 즉, 빛을 추월해야 과거로 갈 수 있는데, 상대성이론에 의하면 불가능합니다. 빛의 속도보다 더 빠르게 날아간다면 시간이 허수 방향으로 흐른다는 것인데 허수란 $X^2=-1$ 값을 가진 가상의 수이기에 현실에서 실현이 불가능합니다. 만약 두 사람이 약간의 시간차를 두고 빛의 속도로 날아간다면 시간이 지나도 서로 늙지 않는 모습만 보게 되지만, 뒤에 따라오던 사람이 빛보다 빨리 날아가 앞에서 날아가던 사람을 추월하는 순간, 그 사람이 점점 젊어지는 모습을 보게 되는 현상이 생길 것입니다. 하지만 이런 경우도 있을 수 없는데, 그 이유는 빛보다 더 빠른 것은 현재 없기 때문입니다. 만약 공간을 고정하고 시간을 뒤로 돌리는 경우 과거로 갈 수 있지만 이런 경우 같은 장소에서만 가능한데 이런 유형의 이야기는 영화에 자주 등장하는 타임머신의 이야기일 것입니다. 이런 현상이 가능하려면 공간을 절대적으로 고정시키는 능력이 있어야만 합니다. 이런 현상을 '시간성 폐곡선(Closed Timelike Curves)'이라 하는데 블랙홀의 경우 사건의 지평선 부근이나 시간을 역행해 빨리 도는 '티플러 원통(Tipler cylinder)', '우주끈(cosmic string)', '웜홀(wormhole)'처럼 시공간을 왜곡하는 곳에서는 가능하겠지만 아직 상상 속 이야기입니다. 그 이유는 현대 과학기술로는 시공간을 왜곡할 수 있는 강력한 에너지와 중력을 만들 수 없고 이를 통제할 수도 없기 때문입니다. 그렇다고 절대적으로 불가능한 것은 아닙니다. 아직 증명이 확실하지 않은 음의 에너지인 반물질이 존재한다면 시간 여행은 가능할 수 있을 테니까요.

시간은 언제나 돌이킬 수 없는 과거로부터 불확실한 미래로 나간다는 식의 일방적인 흐름은 존재하지 않습니다. 왜냐하면 시공간을 이루는 시간축은 다른 공간축들과 마찬가지로 움직이지 않습니다. 이는 물리적 시간은 물리적 공간처럼 정적인 실체이기 때문인데 예를 들어, 현재 복권 당첨번호를 알게 된 내가 타임머신을 타고 과거로 돌아가 미리 당첨번호의 복권을 구입해도 당첨될 수 없다는 것이고 만약 이것이 성립된다면 현재라는 것 자체가 부정되고 혼란이 생길 것입니다. 또한 '할아버지의 역설'이라는 현상으로도 설명되는데, 과거 할아버지가 젊었을 때 엄청난 해악을 일으킨 나쁜 인물이라 내가 과거로 돌아가 할아버지를 죽여 세상의 혼란을 막으려 하더라도 이런 일이 불가능 한 것은 할아버지가 없으면 내가 애초 태어날 수 없기에 이런 사건은 성립이 되지 않습니다. 따라서 과거로 돌아가 일으키는 하나의 변수로 모든 것을 뒤바꾸는 현상을 초래하므로 과거로의 여행은 불가능합니다.

또한 시간을 멈추는 것도 사실 힘들다고 봅니다. 하지만 사람들이 느끼는 상대적인 시간을 통해 현재의 시간은 잠시 멈출 수는 있기에 적당한 훈련으로 현재의 시간을 묶어둘 순 있습니다. 하지만 이 또한 아주 짧은 시간에 한해 가능한 것이고 물리적으로도 과거로 가기 직전 단계에서 잠시 머물게 할 수 있습니다. 하지만 이런 과학적인 현상이 아닌 일상생활에서는 자신의 마음속에서 시간을 지우는 경우 짧지만 시간은 멈춥니다. 물론 이것도 상대적 시간의 멈춤이지만 당사자로서는 시간의 멈춤을 느낄 것입니다. 물론 기절한 상태에선 시간이 멈추었다 느낄 것이고, 수술하기 전 전신마취 또한 시간은 잠시 멈춘 것이 됩니다. 하지만 이런 시간의 멈춤은 개인의 문제지 모든 영역에 적용할 수 있는 현상은 아닙니다. 그러나 죽음학에서 깊이 생각해야 할 부분은 죽음은 시간이 멈추는 가장 큰 사건이고 이는 한 사람이라는 작은 우주의 멈춤과 같습니다. 즉 죽음은 눈으로 확인하는 사망시간으로 정해지는 시간의 멈춤이기 때문입니다.

빅뱅이론과 시간

시간에 대해 여러 이야기를 했지만 시간은 여전히 어려운 주제입니다. 앞서 말했듯 지구에는 아주 오래전부터 생물이 존재했지만 인류가 출현하기 전 생물에게는 시간은 아무 의미가 없었을 것입니다. 비로소

인류가 출현하면서 시간이란 개념이 생긴 것이죠. 차츰 지적 수준이 높아진 인류는 죽음도 인식하게 되었고 그로 인해 시간은 중요한 삶의 일부 중 하나가 되었던 것입니다. 인류는 신조차 창조한 위대한 발명가이니 시간은 인류가 만들었다고 해도 과언이 아닙니다. 인류가 시간을 만들었다면 그에 반한 시간의 끝도 있을까요? 라고 반문하고 싶습니다. 과연 독자들은 어떤 답을 할 수 있을까요? 시작이 있으면 끝도 있기 마련이니 우주를 탄생시킨 빅뱅이 있었으면 그 끝은 어떤 모습일지 궁금합니다.

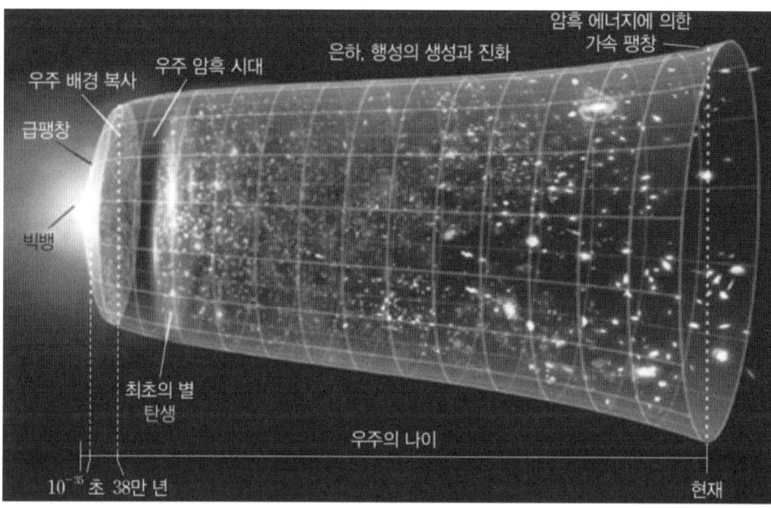

우주의 급팽창과 가속 팽창 출처: 위키피디아

우주의 끝을 알기 위해서는 지금 이 순간 우주가 어떤지 알아야 하는데 지금까지 알려진 바로는 우주는 지속적으로 팽창한다는 것입니다. 그런데 문제는 언제까지 팽창만 할 것인지 아무도 모릅니다. 그 다음 문제는 우주가 팽창을 멈추고 다시 수축하느냐, 아니면 팽창을 계속하느냐의 여부입니다. 최근 우주관측에 따르면 우주가 팽창하는 속도는 점점 빨라지고 있다고 합니다. 만약, 우주가 계속 팽창하고 시간이 영원하다면 우주는 어떻게 될까요? 과학적 관측에 의하면 우주가 무한히 팽창하면 은하 간의 거리도 무한히 멀어진다고 합니다. 결국 우주에너지가 소멸하면 은하는 깜깜한 암흑세계가 되고, 언젠가는 잘 보이던 별들도 시간이 흐르면 잘 보이지 않고 점점 흩어질 것입니다. 그 결과 이들을 구성하는 우주물질도 점차 증발해 빛으로 방출되고, 이 빛은 다시 에너지를 잃어가면서 우주의 밀도는 0에 가까워질 것이라 예상합니다. 물론 여기에 반대하는 다양한 우주이론이 있지만 아직 아무것도 증명하지 못하기에 잘 모른다는 것입니다. 따라서 무한한 시간 동안 우주가 팽창한다면 우주는 아무것도 존재하지 않는 상태가 되고 맙니다. '아무것도 존재하지 않는 상태', 곧 시간의 존재 의미 자체가 사라진다는 것과 같은 말입니다. 물론 사람이 그 전에 모두 사라진다면 시간 또한 그 시점에서 함께 사라지리라는 것도 예측 가능합니다.

빅뱅이론에 의하면 138억 년 전 빅뱅으로 탄생한 우주가 10^{-35}초 만에 부풀기 시작했고 10^{-32}초 후 급속하게 팽창했다고 설명합니다. 이것이 빅뱅 이후 우주의 팽창을 설명하는 '인플레이션 이론'인데 이를 확인할 수 있는 직접적인 증거인 중력파를 아인슈타인이 처음 주장한 100년이 지나서야 시공간을 휘어지게 하는 파동으로 2015년 9월 14일 확인하였습니다. 중력파란 중력에 의해 공간이 흔들리는 현상으로 저 멀리 떨어진 우주에서 거대한 두 개의 블랙홀이 서로 충돌하면서 발생하는 것을 말합니다.

충돌하는 두 개의 블랙홀 출처: 테크홀릭 사이트

스티브 호킹(Stephen William Hawking, 1942~2018)은 '빅뱅 이전의 우주는 어떤 형태인가?'라는 질문에 대해 이렇게 말했습니다.

> "그건 나도 모른다. 아직 해답이 없다. 어쩌면 3차원에 살고 있는 인류가 이해하기 어려운 공간이나 세계가 있을 수도 있다. 우주의 시작점이 있어야 한다는 생각조차도 사람의 생각이다. 이쯤 되니 뭔지 모르지만 우리가 파악하지 못하는 신비롭고 절대적인 존재가 있을 수 있다는 생각이 든다. 그중 하나를 신이라 할 수 있을 것 같다. 신비의 영역을 부정할 수는 없다. 인류 역사상 이해 불가한 자연현상을 설명하기 위해 신을 끌어들이는 일도 있었다. 궁극적으로는 빅뱅 이전의 우주에 대해서도 과학적인 해답을 얻을 수 있을 수도 있을 것이라 생각한다."

즉 스티븐 호킹은 빅뱅 이전의 우주에 대한 질문에 "아무것도 없었다."(Nothing was around before the Big Bang)라고 답했습니다.

Stephen William Hawking

현대 우주론

현대물리학에서는 빅뱅에서 우주 탄생의 해답을 찾으려 합니다. 우주는 한 점에서 대폭발을 일으켜 138억 년 동안 팽창하는 우주가 시작되었고 지금도 빠른 속도로 서로 멀어지고 있습니다. 처음 빅뱅이론이 나온 것은 러시아 수학자이며 물리학자인 유대인 알렉산드르 알렉산드로비치 프리드만(Александр Александрович Фридман, 1888~1925)이 처음 거론하였고, 이를 벨기에의 신학자이면서 천문학자인 조르주 앙리 조제프 에두아르 르메트르(Georges Henri Joseph Édouard Lemaître, 1894~1966)가 '우주는 초고밀도의 원시원자가 폭발적으로 팽창하여 탄생한 것이다.'라고 원시 원자 폭발가설을 발표하면서 세상에 알려졌습니다. 당대 물리학의 거장 아인슈타인은 우주는 완전하다는 생각에 사로잡혀서 빅뱅이론을 매우 싫어했습니다. 그러나 훗날 허블의 은하우주 관측으로 증명을 하게 되어 우주가 팽창하고 있다는 법칙을 허블법칙이라 했지만, 르메트르의 업적을 높이 인정해서 2018년부터는 '허블-르메트르의 법칙(Hubble-Lemaître's Law)' 이라고 합니다. 실제 관측을 통해서 먼 은하의 빛이 점점 붉게 변하는 '적색편이' 현상을 관측하여 우주가 점차 더 멀어지고 있다는 것을 알게 되었고, 초기 우주는 매우 농축되어 있었고 매우 뜨거웠던 흔적을 찾아내어 우주 전체에 남아있는 빅뱅의 잔열인 '우주배경복사' 흔적을 확인하였습니다.

하지만 이 빅뱅이론으로는 왜 우주가 처음 시작되었는지 그 기원을 알 수 없습니다. 단지 미시세계의 양자역학과 거시세계의 상대성이론이 서로 상충하여 나타나므로 심한 모순이 생겼습니다. 이 두 가지 이론이 현대물리학의 세계에서 통합되지 못해 하나의 방정식으로 해석하기 어렵습니다. 최근에는 기존의 생각을 바꾸어 무조건 두 이론을 합하는 것이 아닌 우회의 방식으로 증명하려는 '초끈이론(super-string theory)'이 등장합니다. 아직 완전한 이론은 아니지만 양자역학과 상대성이론이 충돌하는 문제들을 어느 정도 해결하는 부분이 있어 의외로 많은 과학자들의 호응을 얻고 있습니다. '초끈이론'이란 모든 물질은 최소단위의 아주 작은 길이를 가진 끈으로 이루어져 있고 이 크기 안에는 우주의 최소단위인 플랑크 길이보다 작은 크기에서 일어나는 양자요동현상이 있는데 이는 무시할 수 있다는 것입니다. 즉, 관측을 통해 플랑크 상수 이하의 크기에 대해 굳이 알 수 없으므로 최소단위의 끈에서 일어나는 현상만 이해하면 된다는 가설입니다. 처음에는 한 가지였던 '초끈이론'도 점차 발전하면서 세분화하여 다섯 가지 '초끈이론'으로 나오다가 현재는 '초끈이론'을 새롭게 재해석한 'M이론'으로 모아지고 있습니다.

이는 우주가 11차원의 시공간으로 이루어져 있다는 것으로 뒤에 좀 더 언급하겠지만 4차원의 시공간을 넘어 상위 차원에 대한 우주를 설명합니다.

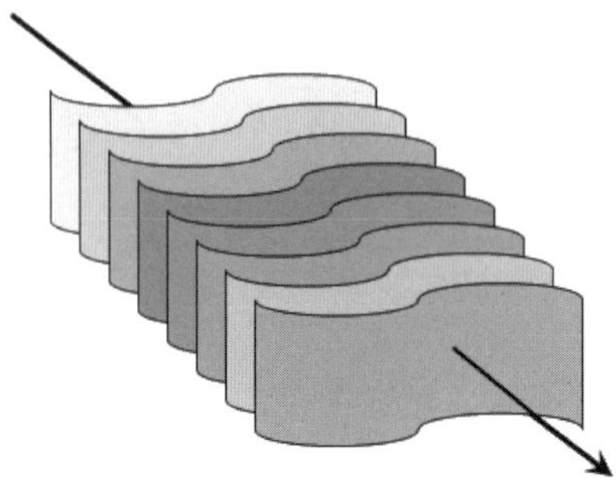

브레인(brain) 우주

즉, 우주는 막(membrane)으로 이루어졌다는 '브레인(brain) 평형이론'으로, 다층의 막이 쌓여있는 우주에는 사람들이 알고 있는 하나의 우주가 아닌 다중우주(multiverse)가 존재한다는 것입니다. 이런 다중우주들은 서로 영향을 미치기도 하고 충돌하기도 합니다. 고차원의 우주들이 계속 새로운 에너지를 발생하며 서로 멀어지거나 가까워지기도 하면서 블랙홀도 만들고 또 다른 빅뱅을 일으키며 계속 변화한다는 것이죠.

우주운명에 대한 이런저런 이론이 있다 보니 사람들이 알고 있는 현재의 우주도 빅뱅 이전에 뭔가 존재하였고 빅뱅 이후에도 팽창만 하는 게 아니고 수축도 하면서 다른 우주와 충돌하거나 또 다른 빅뱅을 맞이할 수 있다는 추론이 가능해지고 있습니다. 하지만 이런 이론의 바탕에는 지구에서는 거의 발견할 수 없다는 암흑에너지에 대한 문제가 해결되어야 합니다. 암흑에너지가 존재한다면 이 우주에 있는 모든 은하의 운동을 이해할 수 있는 힘이 되고 고차원의 브레인 다중우주에서 생기는 현상도 어느 정도 쉽게 이해할 수 있게 해주지만, 이런 다중우주론 또한 아직은 사람들의 상상으로 만든 것임으로 검증이 쉽지 않습니다. 앞으로 더 발달된 과학지식이 필요하겠지만 일부 과학자들은 직접 증거를 찾지 못하는 대신 간접적으로 증거를 찾아보려는 노력을 계속할 것입니다. 오랫동안 지구상에서 빅뱅 이후 발생한 중력파를 그동안 검출하지 못했는데 확장된 우주생성이론인 '인플레이션 다중이론' 등의 다수 이론에 의하면 우주에서 중력파가 검출돼야 이를 간접적으로나마 증명할 수 있을 것인데, 100년 전 아인슈타인이 중력파 존재를 예측한 후 현대물리학은 정말 힘들게 중력파를 확인했고 새로운 우주의 비밀을 파헤치는 기회를 맞이한 것입니다. 미래는 이런 다양한 물리학의 발전에 힘입어 더 많은 우주의 신비를 밝혀지겠지만 이에 반해 사람들의 의식과 죽음에 대한 문제는 상대적으로 늦게 과학적 현상을 받아들여 일상의 대부분은 계속 과거의 관념과 의식 속에서 살아갈 것입니다. 그렇게 다양한 정신적 충돌과 영성의 존재, 영혼의 문제로 갈등하며 종교적 내세관과 현실의 과학적 사고 사이에 또 다른 혼란을 겪으며 죽음을 다시 뒤돌아 볼 것입니다.

빅뱅 이전에는 어떤 일이 있었을까?

우주의 탄생은 빅뱅이론이 대세이므로 여러 과학자들 사이에 '팽창

우주론'이 많이 등장합니다. 그러나 이 이론을 확실히 성립하려면 빅뱅 이전의 문제와 반물질에 대한 문제를 거론해야 합니다. 그래서 과학자들은 빅뱅 이전의 문제에 대해 이야기하기 시작했습니다. 빅뱅 시기에 시간 방향으로 이동하는 물질과 반시간 방향으로 이동하는 물질이 동시에 생성되었다면 암흑물질이나 암흑에너지 그리고 인플레이션 우주(Inflationary Universe)에 대해 이해하지 못한 부분이 대부분 해결됩니다.

현대물리학은 물질우주에 대한 시공간의 문제는 잘 설명합니다. '특수상대성원리'에서 모든 물질은 시공간 상에서 똑같이 빛의 속도로 이동합니다. 이는 속도를 시간 방향으로 이동하던 것을 공간 방향으로 이동시키는 것으로 다시 말하면 어떤 물체의 속도가 빛의 속도가 되면 시간이 멈춘다는 뜻입니다. 그러므로 현재 우주의 모든 물질은 상대 속도가 다르기 때문에 각각 다른 시간을 가지고 있고 빅뱅 시기에 이미 이런 특성을 가지고 있었을 거라 해석합니다. 하지만 사람들은 이런 상대 속도의 차이를 거의 느끼지 못하고 살아갑니다. 이는 사람들이 인지하는 지역이 제한적이기 때문입니다. 하지만 사람이 실제 광속에 가까운 우주선을 타고 지구 반대편의 다른 항성으로 간다면 우주선과 지구의 시간은 다르게 흐릅니다. 이런 이야기는 영화나 드라마로 수없이 보았을 것입니다. 이런 현상은 우주선이 시간 방향으로 이동하면 속도의 일부분이 공간상으로 변경되기 때문에 생기는 시공간의 변환현상입니다.

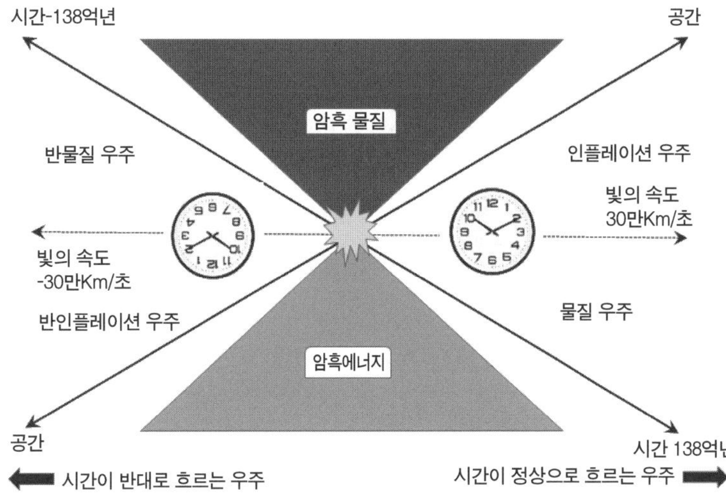

이런 현상을 설명하다 보면 시간이 거꾸로 흐르는 것이 왜 불가능한지에 대한 의문이 생깁니다. 앞에서 이미 설명하였듯이 어떤 물체가 광속으로 움직인다면 시간이 흐르지 않는데 이는 시간 방향에서 수직으로 움직이기 때문에 시간은 흐르지 않는다고 보는 것입니다. 더욱 이런 현상은 양의 방향에서만 가능하고 음의 방향으로 변하지는 못합니다. 즉, 시간이 음의 시간으로 갈 수 없다는 뜻입니다. 비록 광속보다 더 빨라진다 해도 시간이 음이 되는 것은 아닙니다. 이런 현상은 빅뱅 시기에 이미 고정값으로 빛의 속도가 정해졌기 때문입니다. 이를 해결하려면 빅뱅 시기에 시간 방향에서 거꾸로 이동하는 물질이 있으면 가능합니다. 이를 반물질이라 합니다. 반물질이란 일반적인 입자와 물리적 특성이 동일하지만 전하만 반대인 경우로 양자와 전자의 극성이 반대인 것입니다. 즉 음전자는 양전자이고 양성핵은 음성핵으로 바뀌는 것입니다. 이런 물질이 있다면 시간을 거꾸로 이동하는 물질이 되므로 시간이

거꾸로 흐릅니다. 그러므로 시간 방향으로 이동하는 물질과 시간 반대 방향으로 이동하는 입자가 동시에 생겼다면 암흑물질이나 암흑에너지 그리고 인플레이션 우주의 현상이 모두 해결됩니다. 물론 매우 어려운 이론들이지만 대략 이렇다는 얘기고, 시간은 우리가 알고 있는 것보다 무척 복잡하고 어려운 문제라는 것을 이해하면 됩니다.

즉, 빅뱅 이전에도 현재와 전하량이 반대인 반물질의 다른 우주가 존재했고 시간도 현재와 다르게 흐르는 우주가 있었고 빅뱅 직후 우주가 광속보다 100배 이상 빠르게 팽창된 현상인 인플레이션우주를 좀 더 쉽게 설명할 수 있습니다. 빅뱅 이전에 아무것도 없었다면 물리적으로 이런 인플레이션 우주는 설명이 불가능합니다. 반물질의 우주에서 생성된 중성미자들이 빅뱅 시기에 현재의 시간 방향으로 넘어오면서 암흑물질이 많이 생겨 현재 우주의 팽창을 가속화했고, 이제는 암흑물질은 줄어들고 암흑에너지가 많아졌습니다. 다만 암흑물질과 암흑에너지에 대한 명확한 증거를 찾지 못하고 있을 뿐입니다.

결과적으로 시간은 빅뱅 이전과 이후에도 존재하고 빅뱅 시기에 시간 반대 방향으로 이동하는 물질과 시간 방향으로 이동하는 물질로 나누어졌다는 것입니다. 빅뱅 이전으로 간다고 해서 크게 달라질 건 없고 단지 시간이 거꾸로 흐르는 반우주가 존재하며 시간만 거꾸로 흐르지 지금과 크게 다른 우주는 아닌 것입니다. 그러나 타임머신을 만들어 과거로 가기 위해 입자가 시간의 반대방향으로 이동한다면 물리량의 특성상 전하량이 반대가 되는데 이때, 반물질 상태로 시간을 거슬러가야 하지만 이런 경우 우주공간에서 전하에 변동을 줄 수 있는 아무런 방해물질이 없어야만 가능합니다. 반물질 상태로 움직이는 시간만큼 반물질 입자가 완전하게 존재해야 하므로 이는 이론적으로도 불가능합니다.

우주의 생성과 인류원리(Anthropic Principle)

사람들은 자신이 왜 태어나 힘들게 살면서 고생하고 아파하는지 고민합니다. 하지만 태어나지 않았다면 이런 삶에 대한 진지한 고민도 필요 없는 무의미한 존재일 뿐입니다. 그래서 지금 내가 존재하고 살아 있다는 것 자체가 무척 중요하고 소중한 가치입니다. 이를 자주 망각하는 사람들은 현실을 망각하고, 지금이 아닌 또 다른 세상을 상상하며 살아갑니다. 하지만 앞서 언급한 다양한 우주의 시간과 과학적 근거를 통해 이런저런 생각들이 얼마나 무의미하고 하찮은 것인지 조금은 느끼길 바랍니다. 나라는 작은 존재는 우주라는 거대한 영역에서 보면 너무도 작고 보잘것없기에 그나마 존재하는 동안이라도 충분히 삶을 느끼고 즐겨야 합니다. 이런 현상은 스티븐 와인버그(Steven Weinberg, 1933~2021)가 주장한 인류원리(Anthropic Principle)로 설명할 수 있습니다. '인류원리이론'에 의하면 '지적 생명체가 출현하기 딱 좋은 우주가 존재하는 이유는 지적생명체인 인간이 이 우주에 존재하기 때문이다.'라는 것입니다. 이는 내가 지금 이곳에 있는 것 자체가 우연의 우연 속에 정말 어려운 확률을 뚫고 존재한다는 것입니다. 중력, 전자기력, 강력, 약력의 네 가지 힘이 최적화된 조건에서 균형을 이루고 엄청난 확률 속에 나 자신이 존재하는 것입니다. 수학적으론 이런 확률은 $(1/10)^{120}$로

굉장히 어려운 힘의 균형 속에 이루어졌을 거라고 추측합니다. 즉, 내가 지금 존재하는 그 자체가 기적이고 이런 확률은 전지전능한 신도 생각할 수 없는 영역일 것입니다. 우주에 존재하는 수많은 별들의 생성은 무한한 가능성을 가진 초기의 빅뱅사건과 같은 급속한 팽창 우주나 다중 우주가 만들어지는 과정 중에 생긴 사건이라 볼 수 있습니다. 그러기 위해 한 가지 상황보다는 무수히 많은 가능성이 있고 그에 따라 내가 존재할 가능성도 높아지므로 현재 관측 가능한 범위에서 보이는 우주처럼 단순하지 않다는 것이기도 합니다.

플랑크 상수, 시간, 길이란 무엇인가?

플랑크 상수(Js)

1900년에 막스 플랑크(Max Plank, 1858~1947)라는 독일의 물리학자는 빛은 불연속적인 에너지 덩어리로 방출한다는 가설을 제안했습니다. 이때 가장 작은 물리량의 단위를 양자라 했습니다. 플랑크의 생각은 5년 뒤 아인슈타인이 에너지가 최소 단위의 정수배로만 존재한다는 것을 실험적으로 증명하였습니다. 1921년, 아인슈타인이 노벨 물리학상을 받은 것은 '상대성이론'이 아니라 광전효과에 대한 연구 덕분이었는데, 플랑크 상수란 빛이 진동수에 결정되는 에너지 덩어리의 정수배이므로 에너지 덩어리 사이의 크기 차이는 항상 일정하고 이 에너지 덩어리들 사이의 크기 차이입니다. 아인슈타인은 빛 입자를 포톤(photon)이란 새로운 용어를 만들어 물리학에 도입했습니다. 플랑크 상수의 값은

$6.62607015 \times 10^{-34}$ JS로 고정하였는데, 이 값은 2019년 5월 20일부터 공식적으로 사용하기 시작했습니다.

플랑크 시간(s)

물리적으로 나눌 수 있는 가장 최소 단위가 플랑크 시간입니다. 주위에서 자주 사용하는 GPS에서 수백만 분의 1초 차이가 커다란 오차가 되듯 물리적인 영역에서 시간을 정확히 측정하는 것은 매우 중요합니다. 그러다 보니 정확한 시간을 위해 한없이 시간을 나누어 가장 짧은 시간을 플랑크 시간으로 정했습니다. 이는 순수한 자연의 상수를 기반으로 한 일련의 자연 단위입니다. 플랑크 시간은 빅뱅우주 역사에 의미를 가지는 가장 빠른 시점을 나타내기도 하는데 플랑크 시간보다 빠른 시기에 일어난 일에 대해서는 알 수 있는 방법이 없습니다. 이는 공간기하학을 지배하는 법칙인 아인슈타인의 일반 상대성이론도 더 이상 유효하지 않기에 현재 우주의 역사를 0인 시점부터 기술할 수 없으며 플랑크 시간 5.35×10^{-44}초부터 우주의 역사를 기록할 수밖에 없습니다.

플랑크 길이(m)

플랑크 시간과 마찬가지로 플랑크 길이 1.62×10^{-35}m는 현재 표현할 수 있는 가장 짧은 길이입니다. 이 길이보다 짧은 공간에서는 물리법칙이 성립하지 않습니다. 이를 물리학자들은 '양자 거품'이라 부릅니다. 이런 현상은 마치 흐릿한 안개 속을 측정하는 것과 같다는 것이고 이 길이 이하의 극미소 세계를 설명하기 위해 나온 것이 '초끈이론'이었습니다. 플랑크 길이는 빛이 양자 시간 동안 진행하는 길이인데 플랑크 길이는 아이작 뉴턴의 중력상수와 플랑크 상수 그리고 빛의 속도를 이용하여 계산하였습니다. 즉 플랑크 길이는 플랑크 체계의 모든 다른 단위와 마찬가지로 자연의 기본 상수만 이용하여 계산한 것이고 이렇게 더 이상 나눌 수 없는 길이인 플랑크 길이를 도입하면 '제논의 역설'을 해결할 수 있습니다.

차원(Dimension)이란 무엇인가?

시간을 이해하려면 차원에 대한 문제를 꼭 생각해야 합니다. 시간이라는 것이 시공간에서 일어나는 사건의 흐름이기에 차원은 중요한 역할을 합니다. 우리가 살고 있는 현재의 모습은 3차원의 공간이고 이곳에서 다양한 운동을 통해 생명활동을 하는데 여기에 시간이라는 한 축이 더해져 4차원의 시공간을 완성한다고 생각합니다. 그러다 보니 삶과 죽음 그 자체도 4차원의 시공간에서 이루어지는 시간 속의 사건이라 할 수 있습니다. 차원을 이야기하기 전에 먼저 알아야 할 것은 차원 공간과 차원 시공간이 다르다는 것입니다. 차원이라는 것은 방향을 가리키는 축을 의미합니다. 즉 좌표계에 X, Y, Z의 축을 가진 공간을 3차원이라 합니다. 이런 축의 차원은 무한한 확장이 가능합니다. 4차원, 5차원, 6차원처럼,…. 하지만 사람들이 사는 현재는 3차원의 공간이 맞습니다. 그리고 3차원의 공간에서 사람들이 생각하는 공간의 개념은 대부분 표현이 가능한 것입니다. 4차원은 3차원의 공간좌표에 또 다른 한 축을 추가한 것으로 사람들이 4차원 공간을 경험하는 일은 매우 힘들고 간접적인 4차원의 그림자를 통해 인식만 가능할 뿐입니다. 그러다 보니 사람들은 상상을 통해 다양한 차원의 이야기를 하는 것입니다.

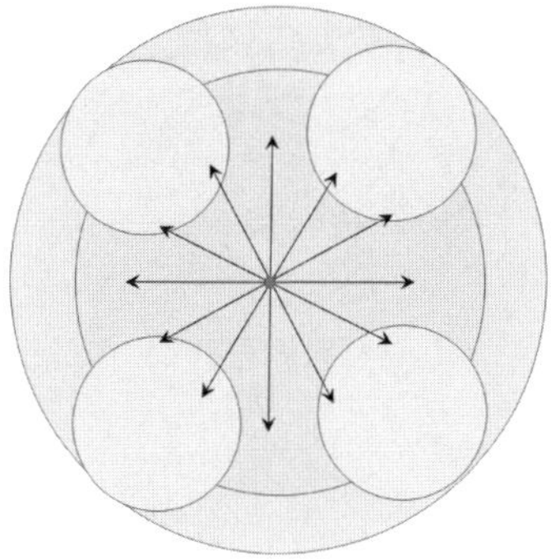

다차원 시공간

좀 더 자세히 설명하면 수학적으로 다차원의 현상이 가능하지만 실제 4차원 이상의 공간은 아직 증명이 어렵습니다. 하지만 양자역학의 양자 홀(Quantum Hall Effect) 효과를 통해 간접적으로 증거는 나타납니다. 즉 수학의 허수 i 같은 개념으로 생각해보면 조금은 이해할 수 있습니다. 허수란 $X^2=-1$이 되는 음수로써 실재하지 않지만 수학에서는 존재하는 수입니다. 4차원의 시공간은 4차원 공간과 다릅니다. 이는 3차원의 공간에 운동 또는 속도라는 시간축이 추가된 상태로 이런 4차원 시공간은 현실 사람들이 인식하는 진정한 차원이라 할 수 있습니다. 즉, 3차원의 공간에는 어떤 움직임도 표현하지 못하지만 3차원의 공간에 시간의 축을 추가하면 다양한 모습의 현실세계를 표현할 수 있습니다.

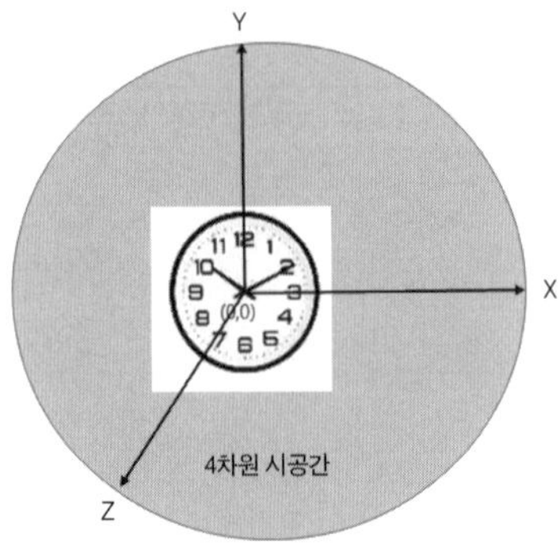

4차원 시공간

너무 어려운 건 나중으로 돌리고 다시 차원이 무엇인지를 이해하려면 시공간에 대한 좌표계를 먼저 이해해야 합니다. 고대 그리스시대부터 차원에 대한 정의는 다양하게 이어져 왔습니다. 기하학의 아버지인 유클리드(Euclid, BC 330?~BC 275?)는 '기하학 원론'에서 '점'이란 부분을 갖지 않는 것, '선'이란 폭이 없는 길이, '면'이란 길이와 폭만 가진 것, '입체'란 길이와 폭과 높이를 가진 것이라 정의하였습니다. 더욱이 아리스토텔레스(Aristoteles, BC 384~BC 322)는 '천체론'에서 입체는 '완전'하며, 3차원을 넘는 차원은 존재하지 않아야 한다고 했습니다. 근대 과학자들은 이를 더 발전시켜 르네 데카르트(René Descartes, 1596~1650)는 한 점의 위치를 정하기 위해 필요한 수치의 개수가 차원이라 정의하여. '0차원'을 점이라 하고 위치결정에 필요한 수치는 0개이므로 자유도 또한 0이다. '1차원'을 선이라 하고 위치결정에 필요한 수치는 1개이므로 자유도 또한 1이다. '2차원'을 '평면'이라 하고 위치결정에 필요한 수치는 X, Y 2개이므로 자유도 또한 2이다. '3차원'을 공간이라 하고 위치결정에 필요한 수치는 X, Y, Z 3개이므로 자유도 또한 3이라고 정의하였습니다.

아인슈타인의 '특수상대성이론'을 적극적으로 도와준 학자 쥘 앙리 푸앵카레 (Jules-Henri Poincaré, 1854~1912)는 차원을 정의하면서 끝이 0차원의 점이 되면 1차원, 끝이 1차원 선이 되면 2차원, 끝이 2차원 면이 되면 3차원, 끝이 3차원 입체가 되면 4차원이라 하였습니다. 더 간략하게 말하면 끝이 점이 되면 1차원, 끝이 선이 되면 2차원, 끝이 면이 되면 3차원, 끝이 입체가 되는 것을 4차원인 것입니다. 현대 물리학에 와서 아인슈타인은 4차원의 시공간 세계를 이야기했고 과학자들은 급기야 아인슈타인이 주장한 4차원 시공간을 넘어 이를 조망하는 5차원의 존재를 주장하다가 최근에는 4차원의 시공간에 6차원의 또 다른 극미소 공간을 추가했습니다. '대통일장이론'을 설명하는 과정에서 이를 전체적으로 조망하는 '초끈이론'의 11차원의 다차원을 설명하는데 이처럼 우주의 기본입자를 0이 아닌 극소립의 1차원의 끈으로 간주하는 이론과 더불어 우주는 막(membrane)으로 이루어진 '브레인(brain) 평형이론'으로까지 발전하면서 그 정상에 다중우주(multiverse)라는 우리가 알고 있는 우주 이외에 또 다른 우주가 있다는 범위까지 차원이 확대되는 것입니다. 차원의 문제에서 사람들이 어려워하는 것 중에 하나는 점이 찍히는 순간 이것을 강력히 확대해보면 이 또한 3차원의 면적이 되어 차원의 영역이 급속히 확장하는 것입니다. 이런 현상을 삶과 죽음에 대입해보면 대부분의 사람들은 죽음과 죽음 후의 다양한 생각인 영혼의 존재와 사후와 사후세계 그리고 윤회에 대한 생각들은 매우 편협한 모순이라 할 수 있고, 죽음 후 또 다른 세계에 대한 주장은 사람들의 사고가 만들어낸 지극히 지구적인 생각이라 볼 수 있습니다.

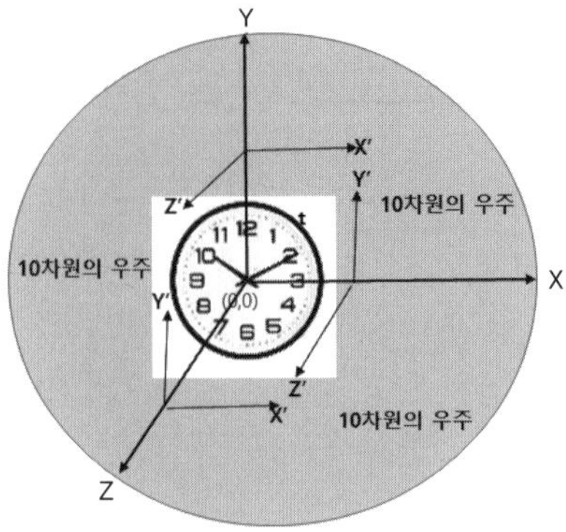

X축에 3차원의 공간이 존재
Y축에 3차원의 공간이 존재 → 9차원의 공간이 존재함 + 시간(t) → 10차원 시공간
Z축에 3차원의 공간이 존재

10차원의 우주를 모두 볼 수 있는 11차원의 시공간 우주

사람들은 설명하기 어렵거나 애매한 부분에 차원이라는 말을 자주 합니다. '너와는 차원이 달라!' 또는 '이해 못 하는 또 다른 차원이 있어!' 등의 말로 조금은 억지스러운 주장을 내세웁니다. 이런 사람들의 생각은 차원을 계층적인 차이라 생각하는 것입니다. 그러다 보니 자칫 잘못하면 차원이 높은 것이 좋다는 의미를 가질 수 있습니다. 또한 이런 차원의 문제는 종교에도 흔히 나타나는데 지옥과 천당, 천상천하(天上天下), 중음계(中陰界) 또는 신지학(神智學)에서 에스테르체, 아스트랄계, 맨탈계, 코잘계 등 다양한 세계가 있고 더 나아가 붓다체나 아트믹체 등의 사람들이 감히 범접하지 못하는 영계(靈界)의 세계가 있다고도 이야기합니다. 하지만 현대물리학에서 차원의 문제는 이런 관습적이고 종교적인 의미와 다른 다중우주에 대한 우주의 대 질서를 이해하려는 확장성의 개념입니다. 이는 11차원을 가진 우주에 대한 의식의 확대를 위해 수많은 과학자들이 중력을 포함한 전자기력, 강력, 약력의 대통일장이

론을 완성하기 위한 중첩이론에 대한 노력으로 볼 수 있습니다.

지금이란?

'지금'은 '현재'라는 의미일 수 있겠지만 결코 현재가 정확한 지금이라 정의할 수 없다고 봅니다. 움직이는 사물은 계속 운동이 일어나기 때문에 지금이라는 순간을 정의하기 어렵습니다. 설령 가만히 있는 사람일지라도 자전과 공전을 하면서 엄청 빠른 속도로 움직이는 지구에 존재하는 것이므로 지금은 존재하기 어렵습니다.

즉, '지금'은 우주공간에서 절대 측정 불가능하고 단지 내 주변에서 일어나는 현상에서만 일부 존재할 뿐입니다. 왜냐하면 사람은 대부분의 사건을 시각적으로 인지합니다. 어떤 사건이 빛을 통해 눈에 전달되는 순간 이미 시간의 지연은 존재하며 이를 사람 눈의 수정체를 통해 망막에 상을 맺히고 감지세포에서 전기신호로 바꾸어 시신경을 통해 뇌로 전달되면서 사건의 모습을 인식하는데, 이미 이런 일련의 과정에서 지금의 사건은 과거로 받아들이므로 언제고 지금의 현재는 이미 과거 사건의 일부라 할 수 있는 것입니다. 그러므로 지구만이 전부라고 생각하던 시대와는 달리 우주라는 더 넓은 세상 속에 존재하는 현대를 사는 사람은 어쩔 수 없이 우주를 하나의 시간으로만 정의하지 못하고 상대적인 시공간의 시간으로 인식해야만 불안정한 물리적 모순이 없어집니다. 지구에서의 1년이라는 단위는 지구가 태양을 공전하여 제자리로 돌아오는 시간이지만 다른 천체의 지적생물을 만나면 그곳의 하루나 일년은 지구와는 전혀 다른 시간 개념으로 사용되기에 이 두 곳의 시간차를 계산하기 위해서는 환산표 같은 변환식을 이용해 소통해야 할 것입니다. 이는 사람들이 생각하는 시간이 지구의 시간일 수밖에 없기 때문입니다.

시간의 심리적 기원은 '기억'이라 할 수 있습니다. 기억 속 사건들의 순서를 정하는 과정에서 시간이란 주관적 개념이 생기기도 합니다. 이 또한 다른 사람의 기억과 비교하는 과정에선 객관적인 사건이 됩니다. 이런 사건은 시간뿐 아니라 공간상에서도 위치가 정해져야 합니다. 즉, 사건의 순서가 이어져야 하고 그 위치를 관찰자가 의식해야 가능합니다. 그러다 보니 뇌가 손상돼 기억하기 어렵거나 생각을 제어하는 해마 같은 부위가 이상이 생긴 경우, 시간은 인식하기 어렵습니다. 이런 시간의 개념을 잘 표현하기 위해서는 '시간을 알기 전에 물질적 객체의 개념정의가 먼저 시간, 공간 개념에서 선행되어야 한다.'는 아인슈타인의 주장은 절대시간을 부정하고 시간의 실재적 존재는 명확히 알 수 없다는 것을 의미하기도 합니다. 양자역학에서 시간의 방향성은 정할 수 없다는 것은 실험을 통해 알려져 있습니다. 양자측정에서 양자의 움직임은 비가역성으로 시간은 이미 일어난 사건으로만 진행됩니다. 사람들의 의식 속에 시간이 흐른다는 것은 양자측정을 통해 엔트로피가 증가하는 것이고 사람들의 뇌에서 일어나는 회상작용 속에서도 엔트로피는 증가하므로 이때 시간이 흐른다는 것은 실체가 아닌 뇌가 느끼는 환상일 수 있습니다. 그러므로 '지금'이라는 순간은 바로 나 자신이 느끼는 나만의 시간이라 할 수 있습니다.

시간의 흐름

시간은 과거에서 현재로 그리고 미래의 한 방향으로만 흐르는 것은 아닙니다. 하지만 사람들이 의식하는 시간은 한 방향으로만 진행하는 시간의 화살로 인식하고 살아갑니다. 그래서 시간의 흐름에 대한 이야기를 하기 전에 시간이라는 것이 어떤 의미인지에 대해 간단한 물리법칙을 소개하겠습니다.

'열역학법칙'은 일상에서 매우 쉽게 접하고 생활에 이용하는 것으로 이것을 통해 대부분의 산업과 움직이는 힘을 발생하는 기계문명이 발전하며 시간에 대한 개념을 이해하는 경우가 많습니다.

열역학 제0법칙: 물질 A와 B가 접촉하여 서로 열평형을 이루고 있으면 이 둘은 열적 평형 상태에 있으며, 서로의 열 이동은 없다.

열역학 제1법칙: 에너지 보존 법칙으로 고립계에서 에너지의 총합은 일정하다. 즉 외부와 에너지교환이 없는 고립계에서 에너지는 사라지지도 생겨나지도 않는다. 다만 그 형태는 바뀔 수 있다.

열역학 제2법칙: 엔트로피의 법칙으로 고립계의 엔트로피는 감소하지 않는다. 즉, 엔트로피는 계속 증가하는 방향으로 진행되며 결국 유용한 에너지는 쓸모없는 열로 변환하면서 무한동력은 존재하지 않고 엔트로피의 증가가 곧 시간의 흐름으로 이해된다.

열역학 제3법칙: 절대 0도에서 엔트로피는 상수가 된다. 즉 자연계에서는 절대 0도가 있을 수 없다.

열역학 제4법칙: 고온에서 저온으로 열이 흐르고, 고압에서 저압으로 밀도가 흐르는데 반대로 압력이 똑같을 때 온도 차이로 인해 밀도가 흐르고 온도가 똑같을 때 압력 차이로 열이 흐르는 것이 관찰되며, 압력 차이당 열 흐름양과 온도 차이당 밀도 흐름양이 동일하다.

열역학 법칙에서 중요한 것은 기억도 인간의 뇌 속의 신경회로망 속에 외부에서 들어오는 정보의 차이를 인식하고 순서를 정해 기억정보를 분리하고 저장하고 다시 꺼내어 활용하는 일련의 열역학 제2법칙의 원리를 적용한다고 할 수 있습니다. 뇌는 새로운 정보가 들어오면 에너지를 소모해 고급 정보와 저급 정보를 분리합니다. 그때 가능한 불필요한 정보는 에너지를 적게 사용하는 방향으로 저장 처리하고 자주 사용하거나 유용한 정보는 에너지를 많이 사용해 뇌의 활성화단계로 끌어올립니다. 이때, 열역학 제2법칙의 엔트로피를 증가시키는 방향으로 작동합니다. 여기서 중요한 것은 이런 일련의 정보처리방식으로 뇌의 효율성을 높인다는 것입니다. 시간은 한 방향으로만 흐르는 게 아니라 하였지만 열역학 제2법칙에서 언급했듯이 열은 차가운 물체에서 뜨거운 물체로 이동이 안 됩니다. 열은 엔트로피가 높은 뜨거운 곳에서 엔트로피가 낮은 차가운 곳으로만 이동하므로 엔트로피의 입장에서 시간이란 개념을 도입하면 언젠가는 열 이동이 없는 열적 평형상태가 유지됩니다.

이런저런 열역학 법칙의 이유로 우주는 점차 엔트로피가 높은 곳으로 변하고 있습니다. 즉, 과거와 미래를 구분하는 것은 사실 시간이 아닌 엔트로피가 증가하는 변화입니다. 이는 생명체에도 똑같이 적용되는데 젊은 사람이 늙고 죽는 것도 엔트로피의 증가로 인한 변화의 과정이고 사람들은 이런 현상을 시간이라는 의미로 인식합니다. 달리 말하

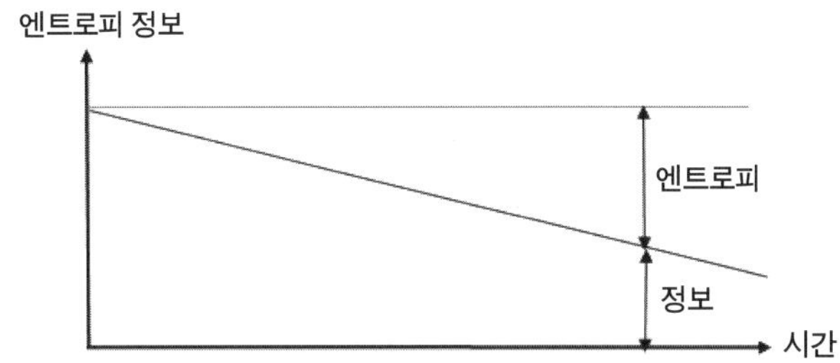

엔트로피

면 시간은 흐르는 것이 아니라 엔트로피의 증가로 에너지의 변화가 생겨 가역적인 현상은 생길 수 없으며 모든 생명체의 경우도 똑같이 적응됩니다. 그래서 한 번 죽음을 맞이하면 다시 살아날 수 없습니다.

시간은 모아둘 수 있는가?

이 질문은 시간을 반대로 돌릴 수 있는가? 와 같은 의미일 것입니다. 이게 가능하다면 시간은 마음대로 관리할 수 있고 타임머신도 만들 수 있을 것입니다. 하지만 이것은 열역학 법칙을 벗어나는 불가능한 일입니다. 빛의 속도에 가깝게 날아가는 우주선에 탄 반려견 꽁띠가 10광년이 떨어진 '꽁띠행성'에 갈 때 우주선에 탄 꽁띠를 지구에서 관찰하면 오래 사는 것처럼 보이겠지만 실제 우주선 안에 꽁띠는 이를 느끼지 못합니다. 또한 시간도 평소와 동일하게 느끼면서 날아가는데 이때 우주선 내의 시간은 느려지고 '꽁띠행성'까지의 거리는 줄어드는 현상이 생깁니다. 한편 우주선의 질량은 무한히 커지고 빛의 속도를 내기 위한 엄청난 에너지를 소모하는 현상도 발생합니다. 단 빛(광자)은 질량이 없기 때문에 에너지 소모 없이 빛의 속도로 나가는 것입니다. 그래서 발상을 바꾸어 시공간에서 시간축은 고정하고 공간축을 줄여가면서 궁극적으로 시간축만 남게 한다면 시간을 거꾸로 흐르게 할 수 있습니다. 하지만 현실의 우주에 암흑에너지와 암흑물질이 존재한다면 가능하겠지만 아직은 불가능합니다. 그러므로 현존할 수 있는 타임머신은 상상 속의 이야기가 되고 이를 당분간 실현하기 어렵다고 봅니다.

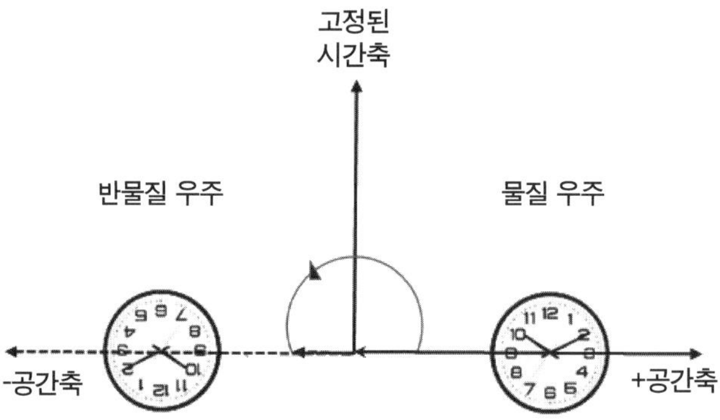

시간을 반대로 흐르게 하는 방법

일상생활에서 우리는 이런 복잡한 물리법칙을 생각하지 않고 시간이 느려지는 현상을 경험할 수 있습니다. 단, 이런 현상은 실제 우주에서 일어나는 시간의 변화가 아닌 사람의 신체 내에서 느끼는 시간의 변화인데 시간을 짧게 쪼개 천천히 보는 현상이 생기는 경우입니다. 죽음을 직면하는 위급한 시기나 심한 충격을 받았을 때, 엄청난 집중력이 발생하는 경우에도 사람들은 감각이 퀵실버(quicksilver)처럼 의식의 반응시간을 빨리 만들어 주마등 같은 지난날의 회상이나 근사(임사)체험(Near-Death Experience), 주위 환경의 슬로우 모션 체험 등이 가능합니다. 즉 시간이 천천히 흘러 시간의 길이가 길어지는 것입니다. 이런 현상은 인위적인 약물이나 훈련을 통해서 어느 정도 가능할 수 있습니다. 일부 운동선수 중 투렛증후군(Tourette syndrome)이 있는 경우, 감각이 예민하고 반응속도가 빨라 날아오는 공을 잘 보거나 상대 동작을 잘 파악해 좋은 성적을 내는 경우도 있습니다.

일부 사람들은 영혼을 보았다거나 사후 세상을 경험했다고 합니다. 이런 것들이 가능하다 가정하면, 가장 중요한 것은 시간에 대한 이해입니다. 이런 사후세계가 존재한다면 시간을 모아두는 방법이나 장소가 있어야 합니다. 다시 말해 영혼들을 모아두기 위해 중력, 전자기력, 강력, 약력의 물리법칙을 벗어난 매우 강한 힘의 작용으로 모아야 하는 특별한 시공간이 따로 존재해야 한다는 것입니다. 이런 영혼공간이 없다면 모든 영혼들은 흩어지고 사라질 것입니다. 흩어진 영혼들은 다시 모으기 어렵습니다. 앞서 우주의 시공간에 대해 많이 언급했듯 비록 우리가 알지 못하는 정도의 질량이 존재하는 영혼이라도 빛의 속도에 근접한 빠르기로 우주로 흩어질 것입니다. 그것도 모든 방향으로 고르게 흩어지므로 원형은 곧 분해되고 우주의 한 구성 물질로 되돌아갈 뿐입니다. 아마 영혼이 흩어지지 않고 정말 존재한다면 저 멀리 떨어진 '꽁띠 행성'의 그 누군가의 몸에 들어가 윤회를 할 수 있겠지만 아마도 그곳까지 가는 시간만 10광년의 오랜 시간이 걸릴 것입니다. 그렇다면 결국 지구에서의 윤회가 아닌 전 우주를 상대로 윤회를 설명해야 하는데 기존의 종교나 추종자들은 이를 언급한 경우가 거의 없습니다. 최면으로 전생요법을 해도 과거에 우주에서 살았다는 경우는 없던 것 같습니다. 그럼 윤회(輪廻)는 과연 지구행성에 사는 사람들만의 전유물일까? 하고 반문하고 싶습니다.

과거만 보는 삶

앞서 시간은 모두 같을 수 없고 위치에 따라 서로 다른 시간을 가진다는 걸 아셨을 겁니다. 이미 주위엔 중력에 영향을 미치는 다양한 존재들이 너무 많고 이들은 쉼 없이 움직이고 있으므로 시간에 대해서도 다양한 변화를 보여줍니다. 그래서 같은 시간은 존재하기 어렵다는 것이기도 합니다. 특히 지구를 떠나서 우주여행을 한다면 이런 시간의 문제는 매우 복잡해집니다. 최근에 과학계에서 중력파를 측정하였다는 소식을 접하면서 빅뱅 시기인 138억 년 전의 중력파가 이제야 발견되었다는 것은 매우 고무적인 것 같습니다. 중력파가 검출되었다는 것은 빅뱅 이후 이미 수많은 시간이 지났지만 아직도 과거를 볼 수 있다는 것이기에 빅뱅 시기의 비밀을 풀 수 있는 열쇠가 될 수 있습니다. 현재 내가 보는 우주는 항시 과거를 보여주고 과거의 시간 속에 살아간다고 말할 수 있습니다.

우리가 매일 밤 보는 달은 실제 1초 전의 모습입니다. 거리가 38만 km인 초당 빛의 속도만큼 떨어져 있기 때문입니다. 태양은 지구로부터 1억5,000만km 떨어져 있기에 지구에서 보는 태양의 빛은 8분 전의 모습입니다. 그러니 저 멀리 떨어져 있는 별들은 수만 수억 년 전의 모습을 보는 것입니다. 예를 들어, 10광년 멀리 떨어진 '꽁띠행성'에 있는 언니에게 지구의 반려견 꽁띠가 지금 무엇을 하고 있느냐고 통신을 하면 10

년간 전파는 힘들게 날아가 소식을 전하고 꽁띠 언니는 바로 잘 있다는 답장을 보내주어도 지구에 소식을 받는 꽁띠는 20년이 지난 후에야 언니의 소식을 접할 것입니다. 결국 이 소식을 지금, 바로 받았어도 이미 지난 과거의 소식이고 꽁띠 언니가 정말 잘 있는지는 사실 잘 모르는 것입니다. 왜냐하면 10년이면 강산도 변하기 때문이지요. 이런 현상은 우주에도 있지만 사실 과거 통신시설이 빈약하던 때 편지를 써 서로 소식을 주고받던 시기에도 쉽게 일어났습니다. 편지로 주고받는 시간이 오래 걸려 소식이 오가는 중, 이미 다른 사건이 일어날 수 있고 특히 생사의 문제에도 연락을 받기 전까지는 알 수 없었을 것입니다. 이런 것 또한 상대적인 속도의 문제라 대부분 사건은 항시 과거의 이야기일 수 있습니다. 그리고 그 시간의 개념 자체가 매우 상대적이기도 합니다. 현재의 시간이라는 것도 아주 근접한 삶의 공간 속에서 일어나는 사건에 국한되기에 절대시간은 존재할 수 없습니다. 그러다 보니 시간이 멈춘다는 것은 죽는 순간에야 나 자신의 시간이 멈추고 나의 시간은 완전히 정지되는 것이지만 가족이나 나를 아는 사람들의 시간은 여전히 흘러갑니다. 그래서 나의 시간은 죽음과 함께 멈추고 더 이상 엔트로피 변화는 없을 것입니다. 단지 나 자신이 죽은 후로는 다른 사람들의 기억 속에만 존재하는 타인의 시간이 됩니다. 나를 아는 사람들은 가끔 기억 속의 나를 불러내지만 이 또한 나의 시간은 아니고 단지 나를 불러낸 사람들의 회상의 시간일 뿐입니다. 이런 일련의 과정에서 우주의 엔트로피는 점차 높아지기도 합니다.

시간에 대해 무엇을 알아야 할까?

사람들이 발견한 최대의 업적 중 시간은 그 무엇보다 위대합니다. 현재 이룬 문화와 문명은 시간이 존재하지 않았다면 힘들었을 것이고 지구상에 모든 생명체들과 월등한 차이를 벌릴 수 없었을 것입니다. 사람들의 의식에 시간이란 개념이 생기면서 과거의 경험을 기억하고 그것을 바탕으로 현재를 이루고 미래를 예측하여 생존에 대비했습니다. 그 과정 속에 축적한 지식을 미래의 후손에게 전하고, 체계적인 교육을 통해 인류의 역사는 한 번도 멈추지 않고 발전했습니다. 물론 이기적 탐욕으로 전쟁이란 무자비한 부작용이 생겼지만 그래도 시간과 함께 지속적으로 문화와 문명이 발전한 것은 부정할 수 없는 사실입니다.

시간이 막연히 흐른 원시시대에도 시간의식을 가진 사람들은 집단사회를 이루고 도덕과 법의 기준을 만들면서 그들의 삶에도 시간에 대한 개념이 생겼습니다. 고대 그리스인들은 일찍이 시간이 무엇인지에 대해 고민했습니다. 기원전 5세기경 그리스 철학자 제논(Zenon of Elea, BC 490?~BC 430?)은 날아가는 화살은 매순간 정지해 있고 정지해 있는 화살은 아무리 보아도 날지 못하기에 날아가는 화살은 영원히 과녁에 도달하지 못한다는 '움직이는 것은 사실 정지해 있는 것과 같다'라는 모순된 역설을 말하며 날아가는 화살의 패러독스를 주장했습니다. 기원전 4세기경 고대 그리스 철학자 아리스토텔레스는 시간은 운동의 변화가 발생하면서 인식하는 사물의 변화를 수로 표현하고, 그것을 시간이라 생각했습니다. 양초의 불이 시간이 지나면서 점차 줄어들면 시간이 변화를 인식하게 되지만 양초에 불이 붙지 않은 경우에는 시간의 변화를 인식하지 못하므로 뭔가 변화가 있어야 시간을 의식하게 된다고 보는 것이었습니다. 이 후 서양 사람들은 지구를 중심으로 우주가 돈다는 천동설이 지배하는 중세의 오랜 시기를 보내면서 절대신의 시간 속에 살았고 동양 사람들은 농경문화에 맞추어 달을 중심으로 계절적 시간에 의존하며 살았습니다. 르네상스시대에 이르러 코르페니쿠스(Nicolaus Copernicus, 1473~1543)의 지동설이 발표되었고 기독교 중심의 봉건주의 사회는 점차 시민사회로 전환하였으며 시간은 일부 권력자의 소유가 아닌 시민들의 소유가 되었습니다. 이탈리아 천재 과학자 갈릴레오 갈릴레이(Galileo Galilei, 1564~1642)는 피사의 대성당에서 진자의 규칙적인 운동시간을 보고 진자시계의 원리를 발견하였고, 이후 1656년도에 네덜란드 천문과학자 크리스티안 호이겐스(Christiaan Huygens, 1629~1695)가 진자시계를 발명하면서 시간의 의미를 명확히 규정하였습니다.

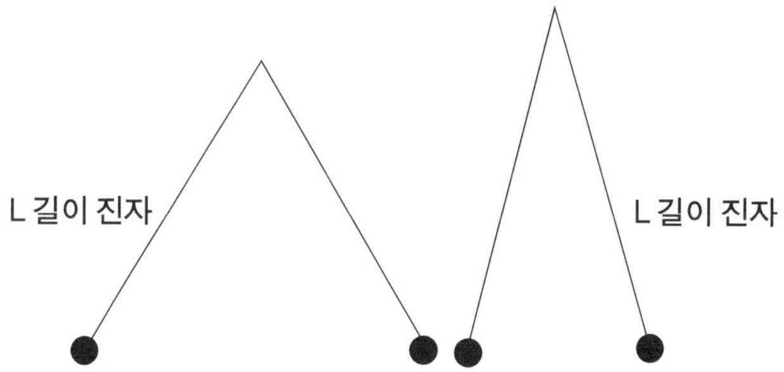

같은 길이의 진자인 경우 왕복시간은 일정함

대항해시대가 도래하면서 시계는 더욱 정교하고 정확해지면서 태엽시계가 생겨 항해에 큰 도움을 주었습니다. 최근에는 수정결정체에 전

압을 걸어 발생하는 규칙적인 진동을 이용한 시계를 발명하였고 급기야 1955년경부터 세슘원자시계를 발명하여 3,000만 년에 1초의 오차를 가지는 정밀시계의 시대가 되었습니다. 그러나 21세기가 되면서 더 정확한 시계의 필요성을 느낀 과학자들은 광격자 시계를 개발하여 우주의 시간보다 더 긴 300억 년에 1초의 오차를 가지는 정확한 시계를 만들어 1초에 대한 정의를 새롭게 만들었습니다. 사람들은 오랜 기간 시간은 한 방향으로 흐르면서 진행하는 것이며, 공간은 사람들이 받아들이는 눈의 영역에서 보이거나 느끼는 범위 내에 인지하는 현상으로 보았습니다. 그래서 시간과 공간은 서로 별개의 사건으로 분리해 인식하였습니다. 하지만 양자역학이 알려진 후 시간만 따로 얘기하지 않고 '시공간' 이라는 두 요소를 함께 이야기해야만 세상 이치를 이해할 수 있게 되었습니다.

공간(空間)이란?

공간이란 아무것도 없는 빈 곳이지만 물리적으로나 심리적으로 널리 퍼져 있는 범위 즉, 어떤 물질이나 물체가 존재할 수 있거나 어떤 일이 일어날 수 있는 자리를 의미합니다. 대부분 사람들이 의식하는 공간은 나 자신이 있는 그 주위의 영역으로 이해하는데 그곳은 물체와 물체 사이의 운동이 존재하고 나 자신이 활동할 수 있는 장소가 주어진 곳이라 할 수 있습니다. 하지만 공간만 존재한다면 공간에 대한 그 어떤 정의도 내리기 힘든 것이 공간입니다. 왜냐하면 무한이라는 것이 기본적으로 깔려 있고 기존의 유클리트 기하학의 정의를 넘어 차원을 이해해야 공간의 개념이 생기기 때문입니다. 그러기 위해서는 우리가 살고 있는 3차원의 공간을 먼저 이해해야 합니다. 그와 더불어 시간이라는 요소가 함께 존재해야 공간은 좀 더 명확한 모습을 보여줍니다. 이는 좌표계가 존재하는 시공간인 것이기도 합니다.

공간은 매우 철학적인 모습을 보여줍니다. 그리스시대부터 공간은 아무것도 없는 공허한 곳이라는 생각 속에 넓다거나 무한이란 개념이 있었고, 물체의 본질이기에 물체와 공간은 동일한 것이라는 기하학적 생각을 했습니다. 절대공간의 존재를 거론한 아이작 뉴턴은 물체의 부분공간이나 상대운동이 그것과 연관해 규정하는 유일한 기준으로 존재한다고 했습니다. 이와 상대적인 입장의 라이프니츠(Gottfried Wilhelm von Leibniz, 1646~1716)는 공간은 물체와 독립하여 존재하지 않고 사물과 사물의 상호관계의 총체에 지나지 않는다고 했습니다. 이렇듯이 오랜 세월 사람들은 공간의 무한성에 대해 고민하였지만 중세에는 지구를 중심으로 모든 것이 이루어졌기에 천상의 세계와 지상의 세계에 대한 접근이 크게 작용해 유한의 세계에 대한 생각이 많았습니다. 그러던 중 근대 과학이 발전하면서 우주관측이 이루어지자 공간은 동질적이고 무한한 것으로 생각했습니다. 그러나 아인슈타인의 '일반상대성이론'에 이르러 우주의 확장형 유한성이 주창되며, 비유클리트 기하학과 빅뱅이론 등 새로운 상대적 공간개념이 새롭게 대두되고 있습니다. 현대에 이르러서는 보이는 존재의 공간개념만이 아닌 가상세계의 공간까지 더욱 확장되고 있어 카를로 로벨리(Carlo Rovelli,1956~)는 '보이는 세상은 실제가 아니다.'라고 주장하기도 합니다. 공간이라는 것은 사람들의 일상에 항상 존재함으로 대부분 의식하지 않고 살아갑니다. 하지만 수많은 일상의 상황에서 공간을 거론하고 있는데 특히 의미공간의 개념을 다양하게 해석하고 이해하기도 합니다. 휴식의 공간, 만남의 공간, 사랑의 공간, 삶의 공간 그리고 죽음의 공간 등 공간은 모든 사람들의 머릿속에 자신만의 개념을 가지고 공통의 공간을 공유합니다. 그래서 공간은 매우 확장성 있고 가변적이기도 합니다.

그 외 물리학적 공간이나 수학적 공간도 인간의 의식에 의해 구성된 의미공간입니다. 뇌의 의식 속에 존재하는 의미공간은 상상력을 발휘하고 새로운 환경에 적응할 수 있는 시뮬레이션 공간이 됩니다. 그러므로 이미 경험한 사건을 재구성하고 다시 재현함으로써 문제를 파악하고 유사한 환경에 노출되어도 당황하지 않게 해주므로 이런 공간의 개념은 인공지능(AI)도 결코 따라할 수 없는 사람의 두뇌가 가진 우수한 공간지각능력이라 할 수 있습니다. 이런 공간을 통해 자신을 확인하고 서로 교류하며 공간을 확장, 발전시킵니다. 그것이 돈이든 자원이든 아니면 지식, 대중적 인기일 수 있습니다. 공간이 존재하기에 사람들은 현재의 공간에서 더 많은 공간을 알아가려 노력하는데 이런 능력은 아마도 유전학적으로 인간의 뇌에 존재하는 보이지 않는 생체 내비게이션이 존재하기에 가능한 특성이라고 할 수 있습니다. 사람들이 아무것도 없어 보이는 우주를 향해 나름의 방향성을 가지고 나가듯이 방향성은 매우 중요한 사람들의 능력입니다. 많은 사람들은 나름 강한 목적성을 가지고 있어 어떤 목표를 정하면 꾸준히 나아가려는 성질을 발휘합니다. 처음에는 매우 효율적으로 보이지만 조금의 오차가 있거나 미리 예측하지 못한 문제가 생기면 혼란이 발생합니다. 인공지능(AI)도 아직 완벽하지 못해 이런 돌발적 상황이 발생하면 어려운 부분이기도 합니다. 하지만 방향성이 있는 일부 진취적인 사람들의 경우라면 계속 피드백을 받으며 목표를 수정하고 새로운 문제가 생겨도 또 다른 방법을 찾으며 자신이 정한 목표를 찾아 진행할 것입니다. 이런 공간에서 방향성은 지적 수준이 높은 사람들에게 나타나는 호기심으로 생기는 탐험과 모험의 진화프로그램 덕분이라 봅니다. 이런 능력이 있는 사람들은 낯선 장소나 새로운 곳에서 잠시 상황을 잘 이해하지 못해도 공간을 아주 잘 이용하고 공간 속에서 자신의 존재를 잘 나타내고 있습니다. 공간이란 현재 나 자신이 있는 곳에서 상대적인 목표를 찾아가는 방향성이 존재하는 공간장(space field)이기 때문입니다.

허공(虛空)

나 자신을 둘러싸고 있는 모든 다양한 물질들 즉 공기, 물, 바윗덩어리들은 나름의 고유한 모습을 가지고 자신의 물성적인 특성을 보여주고 있습니다. 그리고 이것들의 근본 구성원은 원자입니다. 평소 원자라는 말은 자주 듣지만 정작 원자가 무엇인지는 잘 모르고 있습니다. 원자란 원자핵과 전자의 구성으로 되어있고 원자와 전자 사이는 텅 비어있다는 것을 모르기도 합니다. 원자는 화학적 방법으로는 더 이상 나눌 수 없는 물질의 기본 단위 입자를 말하며. 원자의 어원은 그리스어로 '나눌 수 없는' 뜻의 아토모스(atomus)에서 유래되었습니다. 원자핵의 크기는 대략 10^{-14}m 정도이며 전자군(電子群)은 원자핵을 중심으로 지름이 대략

10^{-10}m의 영역에 존재합니다. 이를 좀 쉽게 크기를 비교해보면 원자핵을 지름 약 7cm의 야구공 크기로 확대해서 생각하면 원자는 700m, 즉 잠실운동장 전체 크기 정도 되는 것입니다. 원자핵의 질량 또한 전자의 질량에 비해 매우 큽니다. 가장 작고 간단한 수소 원자의 원자핵은 양성자(陽性子) 하나만으로 이루어지며 질량은 약 1.67×10^{-27}kg인데 비해 전자의 질량은 그 1/1,840에 지나지 않습니다. 대부분 원자핵은 양성자와 중성자로 이루어지고 양성자와 중성자는 질량이 대략 같으며 핵자(核子)라 말하기도 합니다. 양성자는 양(陽)의 소전하(素電荷)를 가지며 중성자는 전하를 가지지 않는데 원자의 종류는 그 원자핵을 구성하는 양성자와 중성자의 수에 따라 결정됩니다. 양성자의 수는 중요한데 원자핵의 전하는 양성자의 수에 따라 결정되며 양성자의 수에 따라 그 원자에 속하는 전자의 수가 결정됩니다. 원자의 화학적 성질 또한 거의 원자의 전자수에 따라 결정되므로 양성자의 수가 같은 원자는 같은 화학원소에 속하게 되고 양성자의 수는 원자번호와 일치합니다. 그래서 이런 비슷한 성질의 원자를 정리하면 주기율표로 구분을 할 수가 있습니다.

어찌 되었건 세상만물의 모양은 모두 다르지만 그 근본 물질은 원자들의 모임입니다. 물론 원자를 더 쪼개면 소립자의 세계가 있지만 고유한 화학적 성질을 나타내는 것은 원자가 가장 작은 단위입니다. 원자는 매우 작지만 우주 전체에서도 매우 중요한 역할을 합니다. 즉 우주 전체가 원자로 되어있다는 것입니다. 하지만 원자는 흩어져 있으면 그 역할이 미미하고 뭉쳐져 있으면 매우 큰 힘을 가지게 됩니다. 물방울 하나에는 대략 1022개의 수소와 산소 원자가 들어갑니다. 이런 원자의 특성에 허공(虛空)이란 의미가 존재합니다. 즉 원자와 전자 사이에는

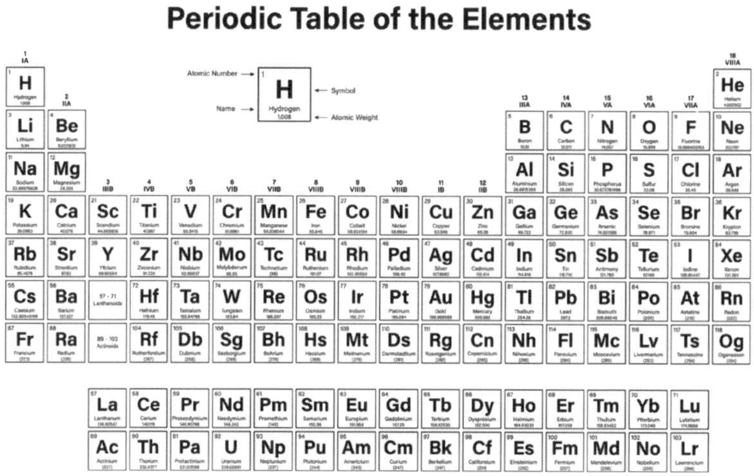

주기율표 출처 : 네이버 지식백과

99.999999%의 텅 빈 공간이 존재한다는 것입니다. 허공이란 아무것도 없다는 것이기도 한데 불교에서는 '다른 것을 막지 아니하고, 또한 다른 것에 의하여 막히지도 아니하며, 사물과 마음의 모든 법을 받아들이는 공간' 으로 육덕(六德)의 10분의 1이 되는 수. 즉 10^{-20}을 의미합니다. 아무튼 원자의 내부는 거의 비어있는 상태이기에 만약 이를 사람에게 적용시키면 티끌만도 못한 크기가 됩니다. 그러니 80억 전 인류를 다 모아 원자를 압축시키면 사과나 배 정도 크기일 것입니다. 광활하다는 우주의 별과 성운들의 거리도 어마어마한 공간이지만 미시세계의 원자와 전자의 세계는 이보다 더 광활한 허공(虛空)이라는 것입니다. 예를 들어 수소원자를 태양 크기로 확대한다면 전자는 태양계의 끝인 오르트구름 정도의 거리인 2000~50000AU(태양과 지구의 거리를 1AU라고 함)에 떨어져 있다는 것입니다. 물론 그 사이에는 아무것도 존재하지 않는 허공(虛

空)인 것입니다. 우리 주위의 가득히 보이는 모든 현상은 사실 텅 빈 공간이기에 이 허공(虛空)을 보면서도 우리는 무엇이 있다고 의식하면서 살아간다는 것입니다. 원자와 전자의 세계는 너무 작습니다. 그리고 이를 사람의 감각으로 알 수도 없습니다. 단지 이들 원자들이 만들어낸 허공(虛空)에 대하여 보고, 듣고, 냄새 맡고, 맛보고, 느끼고, 만져보고 살아갑니다. 그리고 사랑하는 사람 또한 실체가 있는 것이 아닌 허공(虛空)의 존재라는 것입니다.

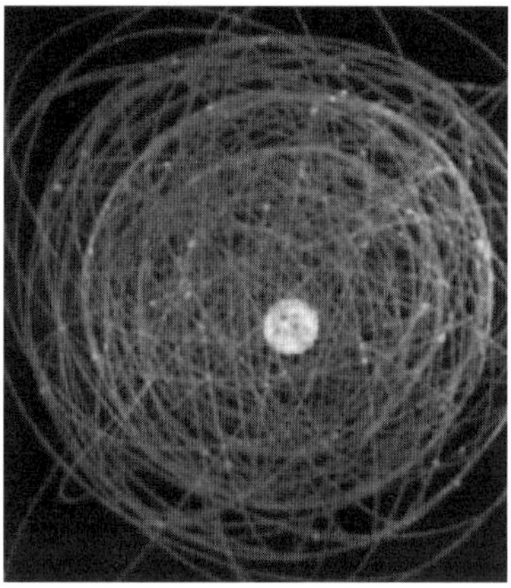

원자와 전자의 모형 출처: 위키피디아

단 현대 물리의 세계에서 허공(虛空)의 이야기는 좀 다릅니다. 양자역학의 이해를 통해서 알아보면, 우리가 보는 세상은 파동과 입자의 운동으로 생긴 전자기파의 증폭과 상쇄의 작용으로 빛이 산란해서 사물이 존재하고 보이는 것입니다. 그러나 여기에 더 어려운 문제가 있습니다. 앞에서 원자의 세계가 허공(虛空)의 세계라고 하였지만 엄밀히 말하면 허공(虛空)의 세계는 아닙니다. 물론 아주 짧은 시간 관측을 하면 분명 허공(虛空)이지만 전자는 관측되지 않으면 어디에 존재하는지 알 수 없고 단지 확률적으로만 존재하며, 원자의 주위에 마치 구름처럼 존재합니다. 이를 독일의 물리학자인 베르너 하이젠베르크(Werner Heisenberg, 1901~1976)가 제안한 불확정성원리라고 합니다. 그리고 빈 공간이라고 생각되는 곳에도 양자요동에 의해서 입자들이 가득 차 있게 됩니다. 양자요동이라는 것은 입자와 반입자 쌍이 나타났다 사라지며 요동치는 현상으로 이는 빈 공간 속 플랑크 길이 이하에서 수많은 입자와 반입자들이 쌍생성과 소멸을 반복하며 시공간에 기하학적 변동을 준다는 초끈이론에서 나온 것입니다. 그래서 비록 비어있는 공간에서도 무엇인가 가득 차 있는 것처럼 보이는 것입니다.

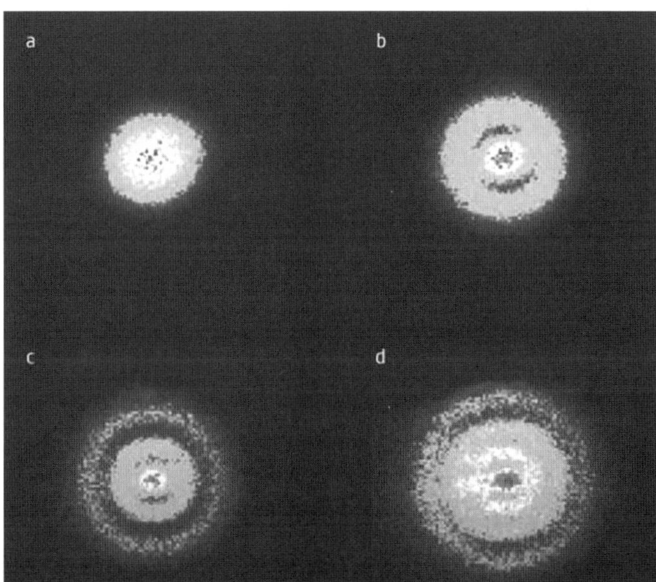

원자와 전자의 실제 모습 출처: 위키피디아

우주가 원자로 구성되어있다는 것은 그 기원이 모두 하나라는 의미이기도 합니다. 그리고 원자와 전자의 공간이 허공(虛空)일 만큼 비어있으며, 우주의 성간 사이도 이와 같이 비어있다는 것은 태초에 우주는 하나의 점으로 압축이 가능하다는 것을 의미할 수 있고 이는 빅뱅의 이론에도 맞아떨어지는 것입니다. 이런 원자세계와 우주의 신비는 서로 유사하기도 하고 다른 모습처럼 보이지만 그 본성은 같을 것입니다. 그리고 사람들은 이런 대자연의 현상을 보면서 얼마나 작은 존재인지 알 수 있습니다. 하지만 사람들은 이런 우주의 신비를 알고 있는 놀라운 지적 능력을 가지고 있고 앞으로도 계속 우주의 비밀을 알아갈 것입니다. 그러면서 결국 나를 알게 될 것입니다. 반야심경(般若心經)의 색즉시공공즉시색(色卽示空空卽示色)의 의미처럼 '색이 공과 다르지 않고, 공이 색과 다르지 않으며, 색이 곧 공이요 공이 곧 색이다.'라는 의미는 이 세상에 있어서 물질적 현상에는 실체가 없는 것이며, 실체가 없기 때문에 바로 물질적 현상이 있게 되는 것입니다. 사물을 바라보는 입장에서 색이나 공에 대한 분별과 집착을 버리고 그 내면의 실체를 볼 수 있는 해안을 가지므로 삶과 죽음에 대한 자신만의 기준을 가진다면 그 자체가 의미 있는 죽음 준비라 할 수 있습니다.

시공간(space-time)과 시계

알버트 아인슈타인에 의하면 시공간에서 움직이는 좌표계의 시간은 늦게 가고 진행 방향의 길이는 짧아집니다. 이는 시간이 느려진다는 의미로 1초의 간격이 길어진다는 '시간 팽창'을 의미합니다. 특히 광속에 가까워지면 그 효과가 극대화됩니다. 이런 현상을 밖에 있는 관찰자의 입장에서 보았다면 움직이는 좌표계 속에서 일어나는 현상은 슬로우 모션의 움직임으로 보입니다. 하지만 일상생활에서는 이런 현상은 매우 미미하여 인식하기 어렵습니다. 또한 시간이 팽창하면 그에 맞추어 진행하는 방향의 길이도 짧아집니다. 이는 빛의 속도로 날아오는 물체는 매우 압축된 상태로 이동하기 때문입니다. 이런 현상을 유추하면 빛은 질량이 없다는 것이고 그래야만 빛의 속도를 꾸준히 유지하고 날아간다는 것입니다. 이런 시공간에서 상대시간도 중요하지만 실제 사람들이 경험하면서 사는 현실시간은 상대적이기보다는 매우 절대적인 경우가 많습니다. 이는 대부분 주위의 변화를 감지하는 과정에서 시간을 인식하기 때문입니다. 그래서 시계에 의해 생활하고 시간의 지배를 많이 받습니다. 물론 이것도 결국 좌표계의 시공간에서 일어나는 사건이지만 이것을 인식하기보다 시계의 숫자에 의지하면서 하루하루를 살아가는 것입니다. 잠을 자는 것도 자고 싶어서 자는 것보다 자야 할 시간이 되서 자는 경우가 많고, 아침에 일어나 일을 하러 가는 것도 시간이 가리켜서가 대부분입니다. 어찌 보면 시간이 중요한 것이 아니고 시계가 더 중요한 것이 일상의 생활인가 싶습니다. 사람들은 일상에 시공간 보다 의외로 시계 속의 시공간을 발견하고 시계 속의 시공간에 더 영향을 받기도 합니다. 그러면서 더 정밀한 시계를 원하게 되고 시계 속의 시간을 더 믿는 경우가 많아지고 있습니다. 특히 핸드폰의 완벽한 보급은 아예 시간을 GPS로 받아 표시해주는 정밀한 시계 속에 대부분의 계획을 잡고 운전하고 먹고 자는 행위를 하므로 시간보다 시계가 더 중요한 역할을 하는 것입니다.

이렇듯 지구상에 살고 있는 사람들은 각자 편리하게 시간과 시계를 사용하며 각 지역의 경도에 맞추어 표준시간을 설정해 사용합니다. 이 표준시간도 당연히 24시간의 커다란 편차를 보이므로 항공기로 여행을 하든지 국가 간 이동을 하지 않는다면 크게 인지하지 못합니다. 하지만 국제적인 소식인 경우는 시차에 따른 의미가 좀 다르게 느껴집니다. 런던 현지 시간으로 2022년 9월 8일 오후 3시 10분에 벨모럴 성에서 승하하신 영국여왕 엘리자베스 2세(Elizabeth II. 1926.4.21~2022.9.8.)의 서거 소식은 급전으로 전 세계에 알려졌지만 런던보다 9시간이 빠른 우리나라에서는 2022년 9월 9일 자정 00시 10분 이후에 소식을 듣게 되었습니다. 그러다 보니 시간적으로는 9시간이 빠르지만 하루라는 날짜의 차이가 생깁니다. 이는 심리적으로 매우 큰 차이를 보이는 경우입니다. 여왕은 현지에서 낮에 서거하였지만 소식을 접한 대부분의 국내 사람들은 밤에 서거했구나 하고 생각하는 것입니다. 즉 사람들이 느끼는 사망시간이 각기 다르다는 것입니다. 물론 시간을 보정해서 발표할 수 있지만 이런 경우라도 실재(實在) 사망시간과는 차이가 있습니다. 이런 세계화 현상은 지금까지 많은 사람들이 불편 없이 사는 과정에 도리어 불편을 줍니다. 그동안 쉽게 생각했던 시간에 많은 차이가 있다는 것을 알게 하니까요. 특히 죽음의 문제에도 사망시간에 대한 혼란이 생깁니다. 누군가 최면으로 전생여행을 하는데 이런 경우에도 과거, 미래 또는 다른 지역에서의 이야기가 대부분 현재의 자신의 위치에서 발생하는 것과 일치하면서 시간의 모순이 생깁니다. 전생체험은 경험자의 매우 주관적인 영역의 시간적 표현이 될 수 있습니다. 근사(임사)체험(Near-Death

Experience)에서 많은 사람들이 언급한 멀리 떨어진 가족이나 이미 죽은 사람들과의 만남에 대한 대부분의 시공간과 거리에 따른 시간적 차이나 주변상황에 대한 일관된 증언이 없는 것을 보아도 이런 현상은 매우 개인적으로 생기는 주관적 자기소망의 표현은 아닌지 반문하고 싶습니다. 사람들은 자기 주위에 발생한 영적인 경험이나 체험을 매우 주관적 입장에서 이야기하고 이를 자신의 입장에서 받아들입니다. 그러다 보니 상대적 관점에서 관찰하거나 객관적이고 근거 위주의 이야기가 어려워 다양한 변형으로 확대, 과장됩니다. 하지만 오늘날에는 이런 현상도 주변에 객관적 영상자료가 넘치고 과학적 이론이 많이 알려져 줄어들었고 신비하고 이상한 이야기들이 점차 사라지고 있습니다. 이런 신비했던 현상들이 일부 사람들에겐 마음의 정화에 좋은 영향을 주고 호기심과 신비함에 가슴 설레게 하는 일이지만 아무튼 점차 신비성과 신뢰성이 사라지고 있다는 건 부인할 수 없는 사실입니다.

흐르지 않는 시간

시간에 대한 이야기를 하다 보면 대부분의 사람들은 시간은 흘러간다고 생각합니다. 하지만 일부 과학자들은 물리적인 입장에서 시간은 존재하지 않는다고 합니다. 이러한 학자들 중 한 명인 카를로 로벨리는 '존재하는 것 자체가 환상이고 시간은 흐르지 않는다.'는 주장을 하였는데 이는 현대물리학의 입장보다는 인문학적으로 시간과 공간을 분리해 보려는 시도 같습니다. 그의 주장은 시공간에서는 사물이 존재하기에 관계를 맺는 것이 아니라 오히려 관계가 사물이라는 개념을 만들기에 그 대상이 되는 사물은 다른 대상과의 관계가 이루어져야만 존재하게 된다는 것입니다. 또한 우주에는 많은 관측자가 존재하기에 각기 다른 관측자의 자아에 의해서 사물의 독자성은 존재하기 어렵고 당시의 일어난 현상으로만 관계가 존재한다는 것입니다. 그러므로 세상이 물질로 구성된 것이 아니라 우리가 의식 속에서 세상을 물질들로 분리해 이해한다는 것이기에 물질이 원인이 아니라 결과라는 철학적인 측면이 있습니다.

우주는 상호작용의 세계입니다. 상호작용을 한다는 것이 바로 관계의 형성이고 이런 관계의 형성은 불연속적으로 이루어지므로 항시 같을 수가 없고 지속적으로 변화를 하면서 확률적인 관계성을 가지고 있습니다. 특히 우주공간이라는 것은 중력장이므로 이는 대상과 대상과의 관계에서 이루어지는 시간의 기간과 물리적 간격의 느슨한 연결이기에 우주에서 현재라는 것은 의미가 없고 현재를 정의하는 것은 불가능합니다. 우주는 이미 초기의 모든 정보를 가지고 있고 138억 년 전 빅뱅 시기의 과거를 확인할 수도 있기에 시간을 구분할 의미가 없습니다. 단지 서로의 관계 속에서 존재하는 관점들의 총체이기에 사람들이 생각하는 시간과 공간은 실재하지 않고 어떤 사건들의 관계에서만 그 의미를 가지게 되는 것입니다. 그러므로 카를로 로벨리의 생각은 우주를 관통하는 현재는 존재하지 않기에 현재라는 것은 실재하지 않는다는 것입니다.

물론 절대적으로 변하지 않을 것 같은 우주라도 잘 관찰해보면 시공간에서 관측자의 대상이 되는 사물(항성이나 성간물질 등)은 항시 존재하는 불변성이 아닌 불연속적이고 일시적으로 존재하는 사건이기에 잠시 멈추어진 환상일 수 있습니다. 이런 사물은 빛이라는 과거를 보여주는 매개체의 영향으로 오늘은 보여도 내일은 사라질 수도 있어 항상성(homeostasis)은 존재할 수가 없습니다. 단지 지난번에 이 공간에 무엇이 있었지만 지금 관측하면 없다든지 위치가 바뀔 수가 있어 이런 대상의 입자들은 단지 상호작용에 의한 네트워크의 총체일 뿐입니다. 단지 이런 상태가 사람들의 인식 속에서 시간을 결정하게 되므로 시간은 느리거나 빠르게 변화하기도 합니다. 물론 이런 시간이라는 의미도 확률적인 결과이기에 우주에서도 확률이 높은 것이 사건으로 발생하는 것은 당연하므로 이는 경우의 수가 많은 것이 더 많은 관계를 형성하게 되고 낮은 엔트로피에서 높은 엔트로피로 변화하므로 사람들은 이를 시간이라는 의미로 받아들입니다. 이를 유추해보면 우주를 움직이는 힘은 뜨거운 핵융합의 에너지가 아닌 낮은 엔트로피의 지속적인 유입이라고 봅니다. 만약 태양이나 항성들의 뜨거운 에너지가 충만한 지구였다면 지구의 운명 또한 지금과는 달리 생명이 존재하기 어려운 삭막한 행성일 뿐이었겠지만 다행히 적당히 낮은 엔트로피의 지속적인 영향으로 충분한 물이 존재하였고 그 속에서 다양한 생명체들이 생겨나고 진화할 수가 있었습니다. 이때도 수많은 시행착오를 거친 많은 좌절이 존재하였고 그 속에서 확률적으로 가능한 일들이 현재의 생명체를 만들었고 지금의 나까지 만든 것이기에 우주는 앞으로도 확률적인 결과로써 운명을 결정지을 것입니다. 그리고 시간은 사람들이 존재하는 한 관계된 사건들의 의미로 기억 속에서 존재할 것입니다.

Ⅱ. 광자(빛)

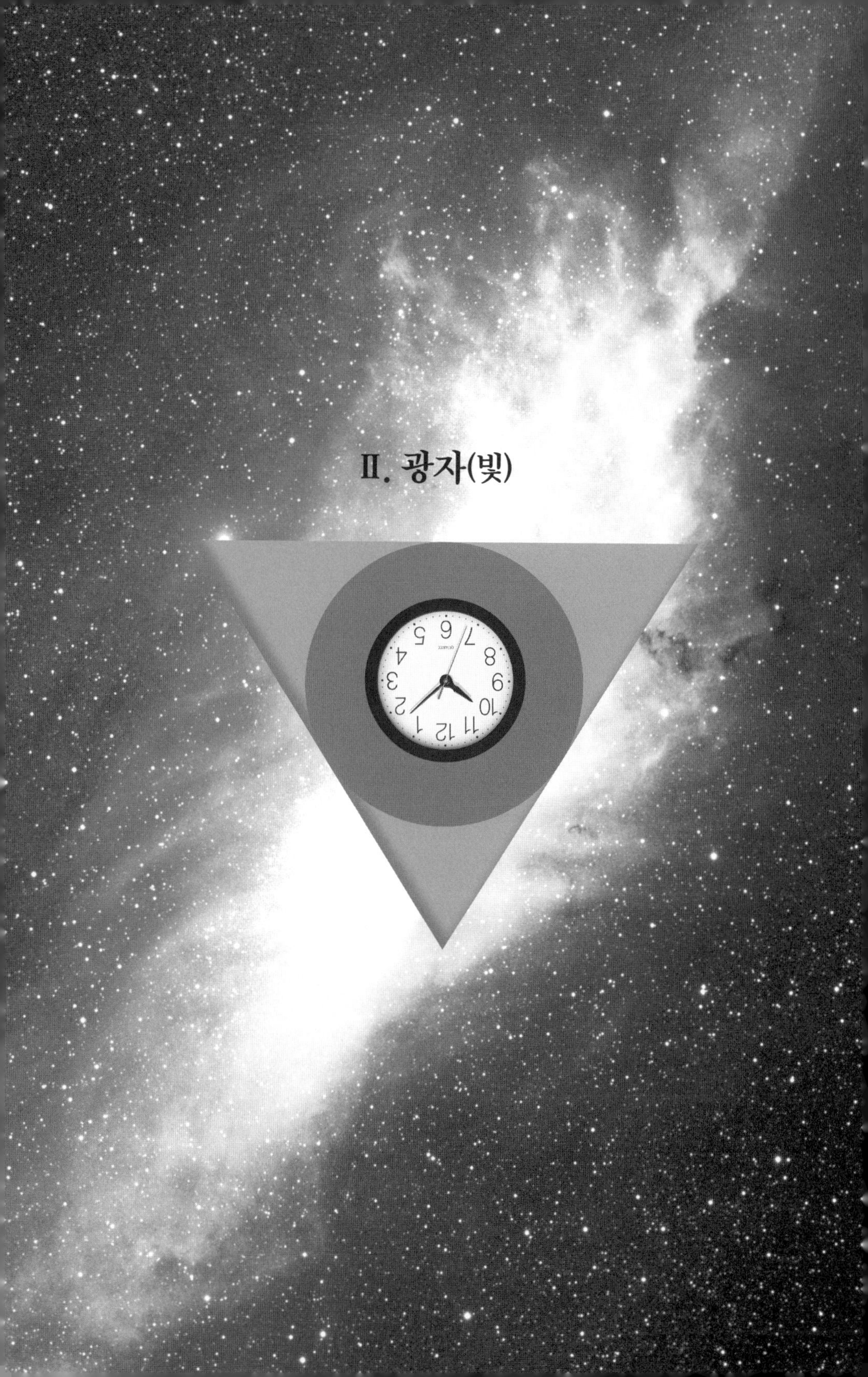

빛이란 무엇인가?

모든 사람이 질식자연분만을 하든 제왕절개술을 하든 어머니의 자궁에서 나오는 순간 가장 먼저 만나는 자연현상이 빛입니다. 즉, 탄생의 첫 축하를 빛이 해주는 것입니다. 그렇게 인간은 죽는 순간까지 항상 빛과 더불어 삶을 영위한다고 할 수 있는데 그 대부분의 빛을 태양으로부터 받아들입니다.

빛의 본질에 대한 질문은 고대 그리스시대까지 거슬러 올라갑니다. 물론 원시시대에도 빛에 대한 많은 생각과 의문이 있었겠지만 기록이 없으므로 짐작만 할 뿐입니다. 기록으로 알려진 빛에 대한 이야기 중에는 4원소설로 유명한 엠페도클레스(Empedocles, BC 490?~BC 430?)의 '우리 눈에서 빛이 나와 우리가 사물을 볼 수 있다.'라는 주장이 있습니다. 아리스토텔레스(Aristoteles, BC 384~BC 322)는 사물이 그 안에 색을 가지고 있어 빛이 없어도 색이 존재한다고 생각했습니다. 또, 기하학으로 유명한 유클리드(Euclid, BC 330?~BC 275?)는 빛이 직선으로 진행한다는 것을 알아냈습니다. 그 후 기독교 사상에서 빛은 창조주 하나님의 절대적 상징이 되었고 빛의 창조에 대해 절대적 믿음으로 섬겼습니다. 시간이 흘러 아라비아 학자 알하젠(Alhazen, 965?~1038?)은 빛이 물체에 반사되어 눈에 들어온다는 것을 밝혀냈고, 데카르트(René Descartes, 1596~1650)는 빛이 기계적 특성이라 주장했습니다. 하지만 뉴턴이 등장하기 전까지 빛의 본질이 무엇인지에 대한 만족스러운 대답을 얻지 못했습니다. 데카르트의 빛 실험과 로버트 훅(Robert Hooke, 1635~1703)의 빛 실험에 자극을 받은 뉴턴은 빛을 연구하기 시작해 어두운 방, 유리창의 작고 둥근 구멍을 통해 들어온 빛줄기를 프리즘에 통과시킨 실험에서 빛이 단색이 아닌 길쭉한 모양의 빛 스펙트럼을 발견했습니다. 그리고 그의 저서『광학』에서 빛은 '광원에서 방출되어 빠르게 공간 속을 퍼져가는 작은 입자의 흐름'이라 했습니다. 반면, 호이겐스(Christian Huygens, 1629~1695)는 빛이 파동이라 주장하고 뉴턴의 이론이 설명하지 못했던 빛의 굴절 현상과 회절을 설명하기도 했지만 당대 뉴턴의 권위는 압도적이었고, 뉴턴의 입자설을 반박하는 것은 그의 권위에 대한 도전으로 여겼기에 크게 알려지지 못했습니다. 그렇게 18세기가 지나면서 토머스 영(Thomas Young, 1769~1830)이 등장해 19세기가 될 때까지 빛은 입자인 것으로 받아들여졌습니다.

토머스 영이 고안한 이중 슬릿 실험은 양자역학의 역사에서 가장 중요한 실험 중 하나인데 이중 슬릿 실험은 실험 대상의 입자성과 파동성을 구분하는 실험입니다. 만약 빛이 입자라면, 뒤쪽 스크린에 일정한 무늬가 나타나야 하지만 토머스 영의 실험 결과에는 그렇지 않았습니다. 스크린에 파동처럼 간섭무늬가 나타났기에 빛의 파동설을 다시 확립하였습니다. 하지만 이 당시에도 뉴턴의 입자설은 매우 강력했기에 한동

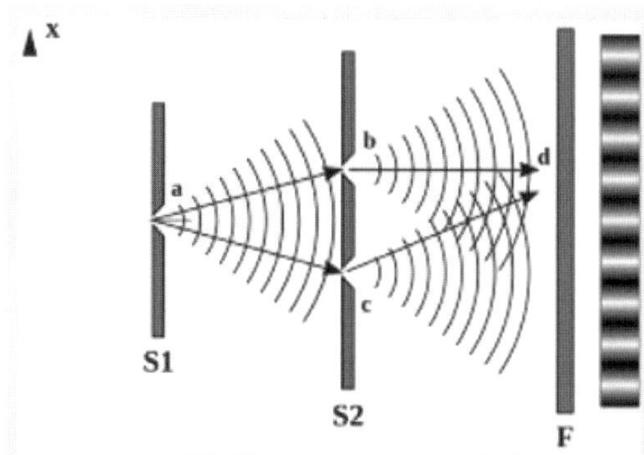

빛의 회절현상　　　　출처 : 위키피디아

안 파동설은 힘을 발휘하기 어려웠습니다. 20세기 초 급속히 발전된 물리학은 맥스웰과 막스 플랑크의 노력과 아인슈타인을 포함한 양자역학자들의 시대로 오면서 빛의 실체를 찾을 수 있었습니다.

현대물리학에서 빛은 가장 작은 단위의 에너지입니다. 부피가 없는 기본 입자인 광자의 형태로 이동하는 빛은 더 작게 쪼갤 수 없고, 나타나거나 사라질 뿐입니다. 또한 빛은 파동-입자의 이중성을 가지고 있습니다. 오랜 세월 서로 대립하였던 빛의 실체가 현대에 이르러 입자면서 동시에 파동이라 정의하였습니다. 사람들이 흔히 빛이라 부르는 것은 가시광선입니다. 이는 전자기파의 극히 일부분으로 전자기파 형태로 나오는 에너지입니다. 즉, 전자기파는 수많은 파장과 주파수를 가지고 있습니다. 감마선은 가장 큰 에너지를 가졌기에 가장 파장이 짧습니다. 감마선의 파장은 보통 0.00000001미터보다 짧습니다. 수소원자보다 훨씬 짧은 길이입니다. 수소원자와 1원짜리 동전의 차이는 1원짜리 동전과 달의 차이와 비슷한데 가시광선은 전자기파 중간쯤으로 약 400~700나노미터 정도의 길이입니다. 전자기파의 반대쪽 끝에 있는 라디오파는 최대 100km 파장을 갖습니다. 우리가 알기에 가장 긴 파장은 1만에서 10만km에 달하기도 합니다. 지구 지름보다 훨씬 길이가 긴 것이죠.

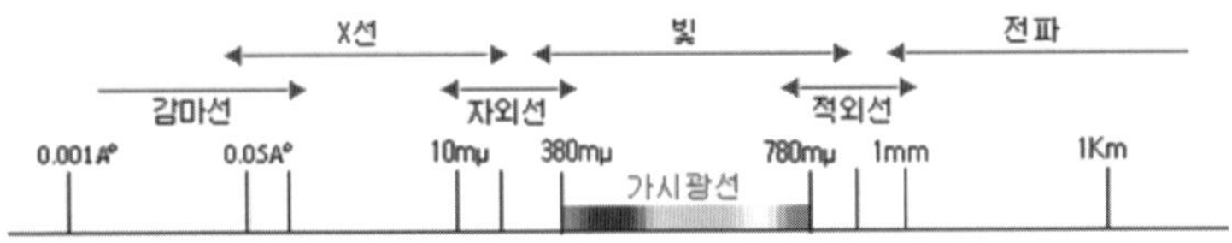

전자기파의 종류와 파장

물리적으로 전자기파는 모두 같은 성질을 가집니다. 모두 입자-파동성을 띠고 빛의 속도로 진행합니다. 단지 주파수만 다를 뿐입니다. 그 중에서 가시광선이 특별한 이유는 우리 눈에 보이기 때문입니다. 사람이나 동물의 눈에 반응하는데 특이하게도 가시광선만 물에서 일부 투과되어 진행합니다. 아마 지구상의 초기 생명체가 물에서 진화하는 과정을 거치면서 가시광선이 물속에 전달되었기에 빛의 감각수용체가 발달하면서 눈이라는 기관을 만들었고 이에 적응한 것이라 봅니다. 특히 빛은 물체에 반응할 때 빛의 방향까지 변하기 때문에 우리 주위에 뭐가 있는지 순식간에 알아낼 수 있는데 하나의 눈보다는 두 개의 눈이 더 잘 움직임과 대상을 파악할 수 있어서 대부분의 생명체는 두 개의 눈을 가지고 있습니다.

앞에서 빛은 광자의 움직임이라 했는데 이는 전자기파의 수많은 파장들이 원자나 분자가 높은 에너지 상태에서 낮은 상태로 떨어질 때 나타납니다. 에너지를 버릴 때 전자기파로 내보내는 것입니다. 원자 수준에서 원자 속 전자가 들떠있다 제자리로 돌아갈 때 가시광선이 나오면서 남아도는 에너지는 버립니다. 반대로 전자에 흡수된 빛은 전자를 들

뜨게 만듭니다. 실제로 움직이는 전자는 진동하는 자기장을 만듭니다. 자기장은 다시 수직의 전기장을 만들어냅니다. 이 두 힘이 공간을 가로지르며 에너지를 전달하면서 빛이 이동합니다. 광자는 질량이 없습니다. 그래서 우주에서 가장 빠르게 이동이 가능합니다. 질량이 있으면 빛의 속도에 근접하지만 빛의 속도를 넘지 못합니다. 그것이 특수상대성 원리입니다. 그래서 빛의 속도가 진공에서 가장 빠르게 이동하는 것입니다. 빛이나 전파는 초당 299,792,458미터의 속도로 한 시간에 10억 킬로미터를 이동합니다. 즉, 전자기파도 이 속도로 진행합니다. 이는 질량이 없는 입자는 무조건 빛의 속도로만 달린다는 것이고 깜박이는 가로등의 불빛도 그 속도는 초당 299,792,458미터인 것입니다. 현재까지 질량이 없는 빛은 가장 빨리 이동하지만 아직 우주에서 더 빨리 움직이는 것을 발견하지 못한 것도 사실입니다. 다만 일부 우주이론에서 팽창우주의 끝에 빛보다 빨리 우주가 팽창한다는 가설은 존재하지만 이는 증명하지 못한 문제고 사람들의 눈에 보이는 빛에 대한 한계는 분명 있으며 이 빛에는 처음 우주의 탄생비밀을 간직한 정보를 가지고 꾸준히 진행합니다. 즉 시간의 타임머신이기도 한 것입니다.

빛(광자)을 압축하면 일어나는 현상

사람들이 느끼는 빛(광자)의 성질은 무한히 뻗어나는 직진성입니다.

물론 빛은 입자성과 파동성의 두 가지 성질을 가지고 있는 매우 특이한 모습이지만 빛(광자)은 매초 299,792,458미터(30만km)의 속도로 무한한 우주로 나가고 있습니다. 그래서 빛은 우주의 타임머신 같은 정보의 과거 기록일 수 있습니다.

만약 이런 빛(광자)을 모아서 압축을 시킨다면 어떤 현상이 일어날지에 대해 알아보겠습니다.

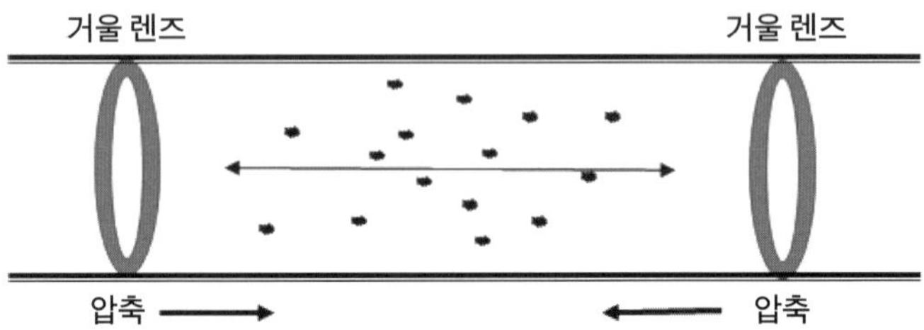

거울렌즈 사이에 광자를 넣어 두고 양측 렌즈를 밀면서 압축을 시킴

폐쇄된 공간의 양 끝에 거울을 두고 그 안에 일정량의 빛(광자)을 넣고 양측 거울의 간격을 줄여나가면 빛(광자)은 양측 거울 사이를 반복적으로 반사하고 움직이면서 빛(광자)은 점차 압축됩니다. 마치 주사기에 공기를 넣고 피스톤을 밀면 처음에는 잘 압축되다가 어느 정도 밀면 저항이 커지듯이 빛(광자)의 압축도 이와 유사한 현상이 일어납니다. 이는 빛(광자)은 비록 질량이 없지만 그 자체에 운동에너지를 가지고 있어 운동에너지가 압축되어 나타나는 현상입니다. 하지만 빛(광자)의 압축을 더 강하게 하면 저항이 계속 강해지지 않고 순간적으로 없어집니다. 이런 현상은 빛(광자)이 가지고 있는 양자역학적 입장에서 보면 당연한 것입니다. 양자역학에서 빛(광자)은 입자의 성질뿐 아니라 파동의 성질도 같이 가지고 있으므로 빛(광자)의 위치 값은 정확히 정해져 있지 않고 모호한 확률적인 존재로 있기 때문입니다. 또한 빛(광자)은 다른 입자와

다르게 서로 가까워져도 전기적인 반발이 일어나지 않습니다. 빛(광자)의 밀도가 특정 한계치를 넘으면 빛(광자)의 존재 확률이 서로 겹쳐져 마치 하나의 빛(광자)처럼 행동합니다. 이처럼 겹쳐진 빛(광자)은 파동처럼 움직여 서로 구분이 어려워집니다. 이 현상이 빛(광자)의 압축에 대한 특이한 반응입니다.

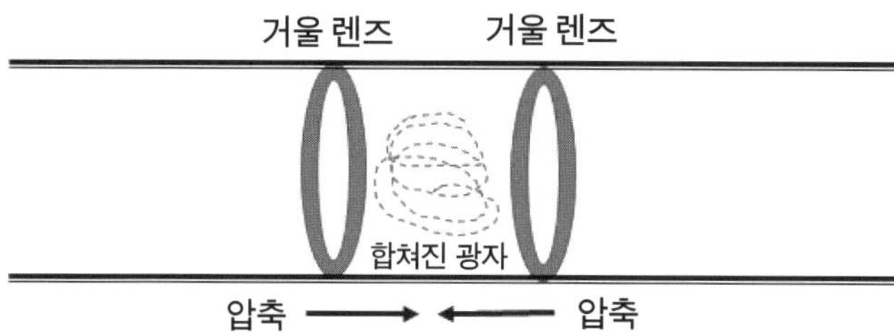

서서히 압축되어지던 광자는 어느 시점에서 파동의 형태를 보임

여기서 빛(광자)의 압축에 관해 설명하는 이유는 빛(광자)에는 수많은 과거의 정보가 들어있는 타임머신과 같은 역할을 하기에, 빛(광자)에 대해 좀 이해하면 시공간에 대한 문제와 사람들의 생각과 죽음에 대한 올바른 이해가 쉽기 때문입니다.

기억을 압축할 수 있을까?

앞 장에서 빛의 압축에 관해 설명했는데 만약 시간을 압축하거나 더 나아가 사람들의 의식이나 기억을 압축할 수 있을까에 대해 이야기해 보려고 합니다.

먼저 시간을 압축할 수 있는가에 대해 다양한 생각을 할 수 있습니다. 현재도 컴퓨터 기억장치의 데이터에 대해 가장 노력하는 부분이 용량의 확장과 더불어 접근속도에 대한 프로세싱 부분일 것입니다. 이를 한마디로 집약도라 할 수 있는데 이는 기억량과 시간의 압축이 이루어낸 가장 두드러진 부분입니다. 컴퓨터 데이터의 압축을 위해서는 기억소재를 잘 만들어 가능한 원자나 양자단위로 배열하는 기술을 가지고 기억소자를 만들면 정보의 유실 없이 많은 정보를 저장할 수 있습니다. 그리고 가능한 전도성이 높은 미세한 리드선을 이용하여 정보의 입력과 출력을 조절한다면 이는 처리속도의 향상과 처리시간의 단축을 가져오므로 이것이 시간 단축이고 이 또한 시간의 압축과 같은 현상이라 할 수 있습니다. 컴퓨터의 데이터 압축방법 중에 인간의 입장에서 감지하기 어려운 부분을 생략하고 잘 인지하는 부분만 남겨 보관하는 방법을 가장 많이 사용하는데, 이는 사람들이 평소 시험공부 할 때 요점정리를 하는 것과 유사합니다. 이런 압축기능을 이용해 귀가 감지할 정도의 음향파일만 간추리거나 눈이 인식할 정도의 그림파일 용량을 줄이는 방법을 통해 더 많은 정보를 보존하고 전송해 데이터의 보관과 전송효율을 높일 수 있습니다. 이것은 데이터 전송시간의 단축과 데이터 저장공간의 확보가 가장 중요하기에 컴퓨터의 시간과 공간의 압축작용이라 할 수 있습니다.

사람들은 이런 작용을 잘 활용해 학습방법에 이용하는데 평소 접하는 많은 정보를 다 외우거나 인식해 의식이나 기억으로 남겨두기 어렵지만 이들을 유사한 것끼리 또는 상관관계를 이용해 배열을 하면서 요약해 축약된 정보를 기억해 두었다가 필요할 때 이를 꺼내 상황에 맞게 풀어갑니다. 이 과정을 잘하는 사람들을 머리가 좋다고 할 수 있는데 이런 사람들은 시험을 보거나 일상생활에 잘 활용하면 성공할 확률도 높습니다. 하지만 정보를 순차적으로 하나씩 습득하는 사람들은 비효율적이고 학습도 늦으며 이를 사용할 때도 순차적으로 기억을 꺼내야 하므로 매우 비능률적이고 인지능력도 저하됩니다. 그러다 보니 일부 융통성이 없다는 소리도 듣는데 이는 훈련이나 교육을 통해 어느 정도 개선이 가능하지만 근본적으로 이런 성향은 잘 변하지 않고 사회에 적응하는 데 다소 어려움이 있습니다. 결과적으로 데이터 압축은 정보관리면에서 입력과 재생 그리고 작용시간의 단축에 대한 문제지만 실재의 정보와 복원정보가 꼭 일치할 필요가 없고 일상에서 사용하는 데 큰 차이가 없다면 굳이 실재의 정보를 고집할 이유가 없습니다. 사람들의 뇌 또한 들어오는 모든 정보를 정확히 기억하거나 정보처리를 할 수 없기에 효율적인 정보가 들어오면 뇌에서 처리하는 과정도 쉽게 기억하고 잘 관리할 수 있습니다. 그렇기에 이는 결국 기억을 얼마나 효율적으로 저장하고 필요할 때 빨리 꺼내 활용하는가에 대한 압축효용의 문제가 됩니다.

기억을 압축하면 생기는 현상

사람들의 생각, 즉 사고(思考)는 매우 빠르게 움직입니다. 그러다 보니 우주를 순간 이동할 수 있습니다. 단 우주에 대한 지식이 있는 경우에 한해 우주의 이곳저곳을 이동한다는 것이지 우주에 대해 전혀 모르는 경우에는 이런 순간이동은 불가능합니다. 다시 말하면 경험했거나 학습된 지식공간에서 생각은 매우 자유롭고 빠르게 이동이 가능하다는 것입니다. 그러나 가장 큰 한계는 이런 현상이 단지 사람의 뇌 안에서만 가능하다는 것입니다. 앞 장에서 의식이나 기억의 압축에 대해 언급했듯, 기억을 잘 관리하는 것으로도 충분히 압축을 이룰 수 있습니다. 하지만 이런 과정뿐 아니라 극심한 환경에서 입력되는 정보를 처리하는 과정 중에는 다양한 현상이 발생하기도 합니다. 즉, 기억 또한 압축이 가능하지만 심한 압축에 도달하면 생각(사고)의 혼돈이 생기는 것입니다.

고래는 수면 중에 한쪽 뇌만 수면을 취하고 다른 쪽 뇌는 계속 각성하면서 주위를 살핍니다. 그러다 보니 고래는 오랜 시간 수면을 유지할 수 있습니다. 대체적으로 수면이 긴 동물일수록 수명이 깁니다. 사람의 뇌는 대부분 좌우 뇌가 동시에 수면에 작용하므로 수면 중 좌우 뇌는 활동이 저하됩니다. 하지만 사람들의 수명이 긴 이유는 깊은 잠을 자기 때문입니다. 과거 사람들은 적으로부터 보호하기 위해 깊은 잠을 자기 힘들었지만 점차 거주지를 만들어 위험으로부터 보호함으로써 깊은 잠을 잘 수 있었고 동시에 좌우 뇌도 깊은 수면에 몰입할 수 있었습니다. 이런 진화의 과정 중, 뇌는 충분한 휴식을 취해 사람들의 수명은 비약적으로 증가하였습니다. 수면 중 뇌는 피로물질을 줄이고 낮 동안 얻은 정보를 최적화하면서 불필요한 정보는 버리고 필요한 기억을 재배치하는 과정을 거칩니다.

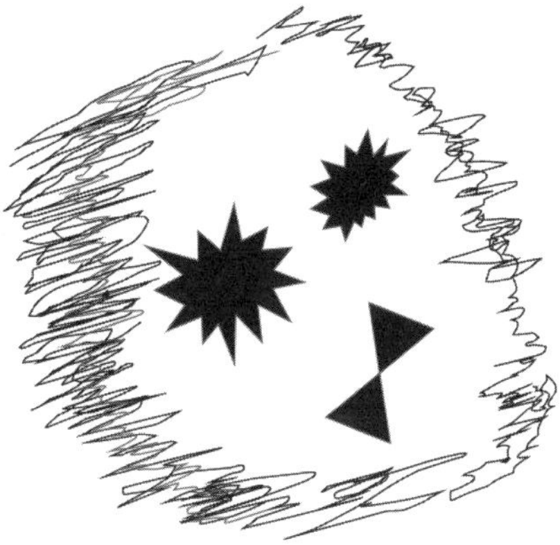

멘붕 상태

사람들은 뭔가 급하거나 의식적으로 짧은 순간 정보를 많이 받아들이면 뇌의 기능이 어느 순간 급격히 다운되는 것을 느낍니다. 그러면 의식이나 기억은 정지되며 뇌의 발작을 유발하기도 합니다. 이런 경우가 멘탈이 붕괴된 상태로 '멘붕'이 왔다고 하는 것입니다. 하지만 의식이나 기억을 천천히 압축하면 사람들의 뇌의 반응은 도리어 빨라지며 인식하는 느낌은 고속촬영으로 기록한 영상을 보듯 슬로우 모션(slow motion)과 같이 천천히 진행하는 현상이 나타납니다. 이는 추락하는 과정이나 차량 추돌 시 주위 환경이 서서히 움직이는 것처럼 느끼며 주변 상황이 매우 정밀해지고 천천히 진행하는 것처럼 보이는 것입니다. 반대로 의식이나 기억을 팽창하면 저속 촬영 시 장면이 끊기듯 패스트 모션(fast motion)처럼 빠르게 상황이 전개되며 주마간산(走馬看山)의 모습처럼 주위 환경이 빠르게 흘러갑니다. 그러므로 집중하면 입력되는 정보량이 증가하고, 산만하면 정보량이 줄어들고 뇌의 기억 부위에 정확히 각인되지 못해 바로 기억이 흐려지며 장기기억이 안 됩니다. 이런 기억의 현상은 빛과 성질이 같아서 급격한 압축된 상황에서 나타나는 빛의 현상과 매우 유사하다는 것을 알 수 있습니다. 빛을 강하게 압축하면 갑자기 빛의 압축에 저항하는 힘이 없어지고 도리어 빛의 성질이 변하고 겹쳐지는 현상처럼 의식이나 기억이 급격히 폭주하면 멘붕이 오는 것과 같이 일정 한계치를 넘으면 생각과 빛은 유사한 작용을 보이는 것은 매우 흥미로운 현상입니다.

의식이란 무엇인가?

사람들은 '자신이 뭔가를 하고 있다 해서 의식이 존재한다고 할 수 있을까?' 에 대해 정확한 설명을 하지 못하고 있습니다. 영혼이란 영적인 의미도 있지만 사람에게 있어서 두뇌의 활동이 가능한 경우에 국한해서 이루어지는 두뇌 안에서 일어나는 의식의 정신작용이라 할 수 있습니다. 즉 의식은 두뇌의 전기신호를 따라 이동하는 연결신경망의 상호작용에 의해 형성된다고 하며 두뇌 안의 전기신호의 복잡성과 신호의 강약에 크게 작용하면서 의식 활동을 유지합니다. 즉 각성 시 의식은 매우 강한 반응을 하지만 졸립거나 명상상태에서 의식이 점차 얇아지다가 잠이 들면 의식은 일시적으로 소실상태까지 빠지게 됩니다. 특히 수면 중에 나타나는 뇌의 반응을 보면 수면 상태에 따라 다양한 변화를 나타내는데 REM수면 상태에서 꿈을 꾸기도 하고 약물에 의해 마취가 된다면 완전히 의식을 잃기도 합니다.

사람들은 1분에 48개의 생각작용을 할 수 있고 1시간에 3,000개의 생각을 합니다. 이는 하루에도 66,000개의 다양한 생각을 한다는 것이기에 끊임없는 뇌의 작용은 다양한 문제에 대한 반응이라 볼 수 있습니다. 이렇듯 일상을 통해 뇌의 전기신호 강약에 따라 각성과 이완이 주기적으로 일어나며 하루하루를 다양하게 보냅니다. 이런 변화의 과정이 점차 기억으로 축적되며 시간이라는 순서를 만드는데 이런 경험이 쌓여 과거를 만드는 것입니다. 이는 일반적으로 생각하는 종교와 신의 세계에서 언급하는 영혼의 문제가 아닌 과학적인 분석에서 의식을 의미하기에 매우 생소하고 당황스럽기도 할 것입니다. 만약 초월적인 능력을 가진 영혼이 의식을 만들어낸다고 가정하면 의식은 언제나 명료해야 하고 변화 또한 없이 일정한 의식수준을 유지해야 하는데 이런 사람들은 결코 존재하지 않고 의식은 수시로 변화합니다. 즉 영혼이 뇌의 영역이 아닌 독립적인 존재라면 사람에게만 영혼이 있어서는 안 되고 모든 생명체에 영혼이 존재해야하며 그 영혼의 능력 또한 평등해야합니다. 또한 윤회의 과정에도 모든 생명체를 포함하지만 현재에는 영혼의 인정은 사람만 유일하고 영혼의 윤회 또한 사람들에게만 이어진다는 사람만의 전유물로 보는 종교적 입장은 사실 논리적 모순이라 말할 수 있습니다. 그러므로 앞으로 제시할 시간에 대한 관점에서 영혼을 해석한다면 죽음에 대해 새로운 이해가 생길 것입니다.

REM수면과 꿈

사람의 수면은 크게 빠른 안구 움직임이 관찰되는 REM(Rapid eye

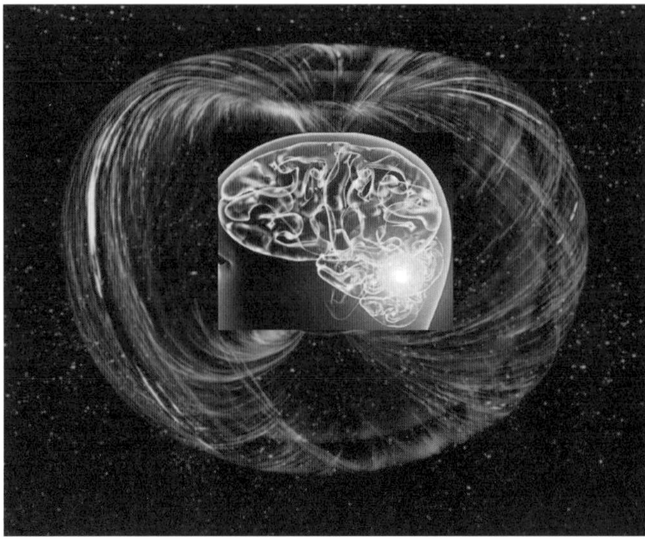

다양한 의식 작용

movement)수면과 안구 움직임이 없는 NREM(Non-rapid eye movement) 수면으로 구분합니다. NREM수면은 1~2단계 얕은 수면과 좀처럼 깨우기 어려운 깊은 수면인 3~4단계 수면으로 나뉩니다. 이때 흔히 깊은 수면이라 말하는 서파수면(Slow wave sleep)이 생기며, 이후 역순으로 점차 잠이 얕아지면서 REM수면으로 바뀌는데 이 과정이 하룻밤에 4~5회 반복됩니다. 수면 시 뇌 상태는 신경세포가 분비하는 화학물질 종류에 따라 전환되며 REM수면의 꿈 역시 그에 따라 달라집니다. 낮과 밤에 뇌 상태는 각각 다르게 변화해, 낮엔 각성 상태로, 밤엔 수면 상태로 작동합니다. 신생아는 두 상태를 하루에도 수십 번씩 오가지만 성장하면서 낮과 밤의 주기에 영향을 받아 수면 시간은 점차 밤에 집중하게 됩니다.

렘(REM)수면을 켜는 스위치 세포(REM-ON, '렘온')는 대뇌각교뇌피개핵(PedunculoPontine Tegmental nucleus, 'PPT')과 등쪽외측피개핵(Lateral Dorsal Tegmentum nucleus, 'LDT')에서 아세틸콜린을 생성합니다. 반면, 렘수면을 끄는 스위치 세포(REM-OFF, '렘오프')는 청반핵(淸斑核)에서 혈관 수축과 혈압 항진, 기관지 팽창 등에 작용하는 노르에피네프린을 생성합니다. 렘수면의 꿈은 렘오프 세포가 비활성화되어 노르에피네프린 분비가 끊겨야 만들어집니다. 이때 노르에피네프린 생성 세포의 발화가 중단되면 뇌는 렘수면 상태로 진입합니다. 렘온 상태일 때 만들어지는 아세틸콜린이 기억의 연상 작용을 활발하게 해주는 반면, 렘오프 상태일 때 생성되는 노르에피네프린은 주의집중을 유도하므로 렘수면 중 꾼 꿈이 뚜렷이 떠오르지 않는 이유는 이 때문입니다. 그래서 수많은 꿈을 꾸지만 잠에서 깨어난 순간 꿈의 내용을 대부분 잊어버립니다.

사람이 꿈을 꾸는 건 서파수면에 막 접어들 때(20%)와 렘수면 중(80%)입니다. 렘수면 시 꿈은 매 순간 놀랍고 역동적 움직임으로 가득하지만, 서파수면 시 꿈은 시각 장면 반복이 잦고 좀처럼 하나의 이야기로 엮이지 않습니다. 일반적으로 낮 동안 정신 활동은 관심 대상에 주의를 집중하는 형태로 이뤄지지만, 렘수면 중 꿈에선 어떤 장면이 등장하느냐에 따라 주위가 분산됩니다. 여기에 아세틸콜린의 작용으로 꿈에 등장하는 기억의 단편들이 서로 원활히 연결되며 짧은 이야기가 만들어지기도 합니다. 꿈에 대한 다양한 문제는 아직도 신비하여 이로 인한 비과학적인 이야기도 많이 생기는 것입니다. 잠들 때부터 깨어날 때까지를 기준으로 했을 때 렘수면은 약 90분 간격으로 4~5회 발생하며 짧게는 10

분, 길게는 30분가량 진행되는 게 보통인데 대부분 사람이 이 시간 동안 꿈을 꾸는데 전체 수면 시간 중 렘수면이 차지하는 비중은 나이가 들수록 줄어듭니다. 어린 시절 꿈을 많이 꾸던 사람이 나이가 들면서 꿈의 횟수가 줄어든다고 느끼는 건 이런 이유입니다.

꿈은 잠이 드는 1단계 수면에서부터 시작됩니다. 이 시기에는 환각적인 꿈을 꾸게 되는데 젊은 남녀의 경우 이성과의 만남이나 신체가 허공을 떠다니는 느낌 등을 경험합니다. 그러면서 깊은 서파수면으로 빨리 빠져들어가므로 처음 잠이 드는 것은 매우 중요하고 이때 가장 질 좋은 수면을 하는 것입니다. 이후에 반복되는 수면 주기에 따라 수면의 질은 점차 얕아집니다. 램수면이 되면 꿈은 수시로 등장하는데 꿈을 꾸는 중에 몸이 움직이는 것은 정상적인 반응으로 운동을 관장하는 소뇌가 함께 작용하기 때문이고, 대부분의 꿈이 서 있거나 움직이는 것을 경험하듯 낮 동안 있었던 활동적인 사건들을 재연하는 과정에서 생기는 진화의 한 단면입니다. 그리고 같은 꿈은 없고 매번 다른 꿈을 한 주기마다 4~5회씩 꾸게 됩니다. 밤사이에 5주기를 반복한다면 대략 20번 정도의 꿈을 꾸게 되고 수면주기를 거듭하면서 램수면의 시간도 증가하므로 새벽이 밝아지면서 꿈 또한 점차 많아지는 것입니다. 램수면 시 꿈은 위급하거나 의외의 장면이 연관성 없이 나타나는데 이미 돌아가신 분들이 나타나서 아무런 의심 없이 이들과 이야기도 하고 행동을 같이 합니다. 이는 꿈이 시간을 무시한 과거와 현재가 혼재된 상황을 갖는 것인데 꿈은 과거의 경험이 발현되는 것이지만 꿈을 꾸는 중에 중요한 구성요소들이 조금씩 바뀌면서 사건의 시간과 장소가 바뀌게 되고, 시간적 순서를 생성하는 전두엽이 수면 중에는 서로 연결이 안 되기 때문입니다. 그러다 보니 꿈의 내용은 논리적이지 못하고 짧은 토막의 상황적인 이미지로 남습니다. 또한 밤사이 많은 꿈을 꾸었는데도 일치하지 않는 장면만 생각나는 것은 꿈 자체가 눈을 통한 직접 자극 없이 뇌의 파편적인 기억에 의해서 생기므로 이런 현상은 감각입력이 없이 생기는 일종의 환각작용입니다. 사람들은 가끔 꿈과 현실을 구분하지 못해 혼돈이 발생하는데 이 또한 꿈과 뇌의 각성이 시간적인 차이를 가지면서 나타나는 시간지연의 착각입니다. 그러므로 꿈에서 시간이라는 것은 큰 의미가 없고 시간을 명확히 구분하지 못하는 뇌 안의 세계가 존재하는 것입니다.

참고로 건강한 수면습관에 대해 알아보면 다음과 같습니다.

1. 낮잠은 피합니다.
2. 규칙적인 수면습관을 갖습니다.
3. 누워있는 시간을 야간에 잠자리에 드는 시간으로 제한합니다.
4. 초저녁 과도한 운동은 흥분을 일으켜 수면을 방해합니다.
5. 야간에 과식은 수면을 방해합니다.
6. 카페인이 든 음료, 술, 담배는 수면에 도움을 주지 않습니다.
7. 잠들기 전 따뜻한 물에 목욕을 하면 수면에 도움이 됩니다.
8. 침실을 잠들기 편하고 조용하며 어두운 분위기로 만듭니다.
9. 침실에 시계를 두고 자다 깨었을 때 시간을 확인하는 것은 수면에 도움을 주지 않습니다. 침실의 시계를 모두 치웁니다.

수면은 모든 건강뿐 아니라 성기능장애와도 매우 밀접한 관계가 있으므로 잘 자는 것이 성기능을 회복하는 데 좋은 방법 중 하나입니다.

의식은 빛보다 빠른가?

분명한 것은 사람들의 의식이나 생각은 빛보다 빠르게 이동이 가능하고 다양한 경험을 공유할 수 있는 능력을 가지고 있다는 것입니다. 그래서 상상 속에선 이루지 못하는 것이 없다고 주장하기도 합니다. 하지만 이 현상에서 가장 중요한 문제는 사람들이 경험하거나 유추해서 생각하지 못하는 새로운 경험에 대해 이런 작용을 허용하지 않는다는 것입니다. 즉, 현실이든 이론이든 가상적이든 경험한 상태의 정보가 있어야 가능하다는 것입니다. 그래서 이런 사람들의 빛보다 빠른 생각은 이미 알려진 지식의 상태에서 가능한 현상인 것입니다. 현대에는 이런 실재의 세계를 벗어난 가상현실의 세계에 대해서도 확장성이 커져 사람들이 생각하는 우주의 영역도 더 넓고 커지며 다양화하고 있습니다. 그 중 하나가 메타버스와 이와 유사한 가상세계들입니다. 하지만 이런 확장성이 큰 세상을 이해하더라도 한 가지 꼭 알아두어야 할 것은 이런 현상은 뇌 안에서 일어나는 것이고 뇌 안의 시공간에서만 가능한 체험이라는 것입니다. 즉, 사람의 뇌를 벗어난 시공간에서는 결코 일어날 수 없는 한계적 뇌 내 현상입니다. 하지만 사람들은 이를 일반화해 우주의 시공간에서 일어나는 현상으로 착각하며 살아가기도 합니다. 그래서 사람들의 수만큼 다양한 우주가 있다고 믿습니다. 과거에는 지식정보가 부족해 획일적인 우주관이 통용되었지만 현재는 넘치는 정보로 이를 거부하고 있습니다.

지금까지 세상은 한 방향 소통이 보편적이었기에 정보도 획일적이었고 사상과 믿음 또한 주류에서 벗어나지 않고 많은 사람들에게 영향을 미치며 세력을 확장해 왔습니다. 하지만 현대는 소통 또한 쌍방향, 다방향으로 전개되면서 대부분의 커뮤니티는 다양성과 독창성을 가져 한 방향 집합이 어려워지고 있습니다. 사람들은 자신에 맞는 정보를 취사선택하고 여기에 맞는 자신만의 해석으로 정보를 관리하며 생각을 정리합니다. 그래서 국가관이라든가 애국적인 관점은 점차 희미해지고 극히 개인적이고 취향에 맞는 소그룹으로 연결되는 다변화 사회가 주를 이룹니다. 유튜브나 특정 SNS 등을 통한 소규모 단위의 팬덤 현상이 크게 활성화되는 것도 이 때문입니다. 이제 가족보다 이런 팬덤이나 생각과 의견을 공유하는 사람들과의 관계가 더 우선시 되는 세상에서 현실 세계보다 가상 세계에서 활동하는 사람들이 점차 더 많아질 것이고, 이들만의 세계는 급속히 확장할 것입니다. 미래에는 사람들 하나하나가 소우주를 이루며 새로운 다중우주의 세계로 확장될 것입니다. 이 소우주 속에서도 새로운 질서를 만들고 삶과 죽음을 영위하거나 개척하며 또 다른 세계로 나아가는 항해자의 길을 갈 것입니다. 메타버스와 같은 디지털세계나 거시세계의 다중우주로 나가다 보면 사람들은 운명에 대해서도 또 다른 해석을 할 것입니다. 또한 사람들의 의식과 생각이 빛보다 빠르기 때문에 언젠가는 빅뱅 이후 138억 년간 빛나던 빛의 정보량보다 더 많은 정보량을 가질 것입니다.

어두운 밤하늘

구름이 없는 밤하늘은 매우 어둡습니다. 반짝이는 수많은 별들로 가득 찬 밤하늘은 마치 은가루를 뿌려 놓은 것 같지만 밤은 역시 어둡고, 특히 달이 없는 그믐날은 칠흑같이 어둡습니다. 차라리 별이 안 보이는 구름 낀 날이라도 달이 밝으면 지척이 분간되는 것은 그만큼 별이 많아도 달빛을 못 쫓아간다는 것입니다. 하지만 저 별들은 대부분 태양보다 더 크고 밝은 항성들이 대부분이고 엄청난 에너지를 내뿜는 무서운 열덩어리들이라는 것입니다. 사람들은 이런 별들이 어둠을 밝혀줄 만큼 밝지 않은 것에 대하여 나름 의심하였지만 그렇다고 크게 생각한 것은 아닌 것 같습니다. 다만 태양은 가까이 있고 저 별들은 너무 멀어서 빛이 약해진 것이라는 정도로 가볍게 생각한 것입니다. 하지만 수많은 별들의 빛이 계속 내뿜어져 오는데 그 빛과 열을 다 모은다면 우주는 강한 빛과 열기로 가득 찰 것이고 열역학 제2 법칙에 따라 빛의 에너지가 점차 모이고 사라지지 않아서 우주는 점차 밝아져야 하지만 그렇지 않다는 것입니다.

그러던 중에 독일 천문학자 하인리히 올베르스(Heinrich Wilhelm Matthäus Olbers, 1758~1840)는 밤하늘 즉 우주가 어두운 이유를 당시의 천문학적 지식을 바탕으로 올베르스의 역설로 발표하였습니다. 별들은 멀리서 날라 오기에 오는 도중에 먼지 등의 성간물질에 부딪히고 흩어지면서 산란과 흡수를 통해서 별빛이 감소한다는 것이었습니다. 그러나 그 어둠의 비밀은 20세기에 들어와서 에드윈 허블(Edwin Powell Hubble, 1889~1953)이 허블법칙을 발표하면서 명확히 밝혀졌습니다. 허블은 우주가 팽창하고 있기 때문에 우주의 빛은 적색편이를 보이고 별들과 별들은 서로 멀어지고 있다고 했습니다. 결국 빅뱅이론의 우주팽창 현상을 확인하였고 밤하늘뿐만 아니라 우주 전체가 어둡다는 것을 밝힌 것입니다. 고정불변의 정상우주론이 대세였던 당시 아인슈타인도 역시 우주는 불변이라고 믿었던 시절이기에 허블의 우주 팽창론의 발견은 정말 대단한 것이었습니다. 허블의 주장에 의하면 우주 전체는 빛의 속도보다 더 빠르게 팽창하고 있고 그 팽창은 점차 가속화되어 먼 우주일수록 더 빨리 팽창하기에 빛이 모이지 못한다는 것입니다. 이는 빛보다 더 빠른 것이 없다고 하는 특수상대성원리와는 맞지 않는 것 같지만 우주에는 빛보다 빨리 날아가는 물체가 없다는 것이지 우주의 공간팽창의 속도가 빛보다 빠른 것은 특수상대성원리의 빛보다 빠른 물질의 문제가 아니라는 것입니다.

그러다 보니 빛 또한 너무 빨리 팽창하는 우주공간에서는 팽창 속도를 못 따라가기에 먼 거리의 별빛일수록 그 빛이 지구에 도달하는 것보다 더 빠른 속도로 점점 더 멀어지고 있으며 전 우주에서 같은 현상이 일어납니다. 이런 현상은 비록 지구에서 사람들이 인지하지는 못할지라도 어제의 별빛보다 오늘의 별빛은 조금은 더 어두워진다는 것입니다. 이는 넓어진 우주만큼 빛은 줄어들게 되고 언제인가 우주는 완전히 어두워진다는 것입니다. 결국에 우주가 계속 팽창을 하다 보면 별들의 거리는 무한히 멀어지고 암흑의 우주가 되리라고 유추해 볼 수가 있습니다. 비록 그날이 언제일지는 모를 머나먼 이야기일지라도 분명 그 끝은 있을 것입니다. 하지만 이런 팽창이 결코 나쁜 것은 아닙니다. 만약 빛이 너무 강하면 지구에는 생명체가 존재하지 못했을 것입니다. 물론 아직 발견하지 못한 다른 우주의 생명체 또한 처지가 비슷할 것입니다. 빛이나 열이 줄어들지 않고 계속 쌓였다면 그 어떤 생명체도 살기 힘들었을 것이고 지금도 여름에 태양 하나만 있어도 더워서 힘든데 이정도에 그저 감사할 뿐입니다. 단 아쉬운 것은 지금 보이는 저 별빛은 더 이상 보지 못할 것이고 앞으로 다시 못 볼 더 많은 별빛들이 있다는 것입니다. 미래의 후손들 또한 아무리 과학이 발달하여도 빛의 속도보다 더 빨리 팽창하는 우주를 따라 잡을 수도 없거니와 더욱 더 미래로 나아갈 수도 없기에 별빛에 대한 우리 후손들은 점차 삭막해지는 밤하늘을 보면서 지난 과거를 회상할 것입니다. 예전에 은하수는 참 아름다웠다고.

빛의 장난

예로부터 사람들에게 경이롭고 신비로운 빛은 큰 두려움의 대상이었고 수많은 신화나 전설에 빛 이야기가 전해집니다. 그리고 빛은 사람들의 마음속에 많은 기적과 공포를 주기도 하고, 같은 빛이라도 사람마다 각기 다른 의미와 생각을 가져다주기에 빛은 참 오묘한 현상입니다. 그러다 보니 일부 사람들은 빛의 산란과 굴절 등의 성질을 교묘하게 이용하여 속이거나 왜곡시켜 기만하고 혼란을 주기도 하며, 자신의 권력과 재물을 모으는 데 이용하기도 합니다. 이와는 반대로 일부 잘 속는 사람들은 혹세무민(惑世誣民) 하는 경우도 많았고 지금도 이런 속임수에 당하는 경우도 많습니다.

간혹 빛을 이용한 마술은 속임수일지언정 사람들에게 즐거움과 웃음을 줍니다. 물론 마술공연자의 입장에서 보면 사람들에게 이런 속임수는 피해를 주지 않기에 큰 무리는 없다고 봅니다, 지난날 숟가락이나 포크를 구부리는 마술에 놀라움을 금치 못하던 유리 겔라(Uri Geller, 1946~)라는 마술사가 있었습니다. 당시 형상기억합금이 발명되어 잘 알려지지 않던 시절에 마술사는 이 금속으로 숟가락과 포크를 만들어 마술공연에서 손으로 비벼 열을 내어 구부러지는 마술로 사람들을 속였습니다. 당시에는 정말 놀라운 마술이었기에 전 국민이 유행처럼 숟가락과 포크 구부리기에 열중하였던 경우도 있었습니다. 물론 일부 마술사는 TV 영상의 특성과 착시현상을 이용하여 시청자 눈의 사각을 왜곡시켜 구부러지는 모습을 나타내기도 하였는데 이런 경우도 빛의 착시현상을 이용한 것입니다. 또한 어린 시절 많은 사람들은 투명인간과 투명망토에 대한 호기심이 있었을 것입니다. 빛에 대한 매우 중요한 성질을 안다면 완전한 투명은 쉽게 실현이 되기 어렵다는 것을 먼저 이해할 수 있을 것입니다. 빛을 통해 사물을 보기 위해서는 빛의 반사와 투과 그리고 흡수에 대한 이해가 필요합니다. 사람의 눈은 이런 빛의 흐름을 눈의 수정체를 통해 모아서 눈의 뒷면에 있는 망막에 상을 맺히게 하고 여기에 있는 시각세포를 자극하여 전기신호로 바꾸어 이를 뇌의 시각중추에 보내어 물체의 모양을 의식하게 합니다. 이는 뇌가 뭔가를 직접 보지는 못한다는 것입니다. 그리고 눈을 통해서 모든 것을 볼 수도 없습니다. 단지 가시광선대의 빛만 감지가 가능하고 인지하는 것이기에 아주 좁은 영역의 정보만 볼 수가 있습니다. 그리고 이런 보는 능력도 사람마다 매우 차이가 크기에 편차가 매우 넓습니다.

사람들이 빨간 사과를 보고 빨갛다고 느끼는 것은 가시광선 중의 빨간색 파장을 반사하기 때문인데 빛이 100% 흡수된다면 도리어 검게 보입니다. 그러기에 투명이 되기 위해서는 빛을 모두 투과시켜야만 합니다. 투명인간이나 투명망토 또한 빛을 모두 투과시켜주어야 가능하므로 이런 투명체를 만들기 위해서는 빛은 투과시키면서 빛의 굴절률이 주변의 배경 사물과 같은 굴절률을 보여야만 가능하게 됩니다. 하지만 주위 환경은 매우 다양해서 모든 굴절률을 맞추기가 어렵습니다. 물론 최근에는 완전한 투명체는 아니지만 매우 우수한 메타물질을 통해 좋은 투명도를 가지게 되었지만 아직은 완전한 투명체를 만들지는 못하고 있고 특히 투명인간의 경우 이리저리 연구해서 신체는 투명인간을 만들어도 눈의 망막은 검어야만 사물의 상이 맺히므로 완전한 투명인간이 되면 사실 아무것도 볼 수 없는 실제로 존재하지 못하는 경우가 됩니다. 그러나 언젠가 미래에는 이런 빛을 이용한 새로운 빛의 세계를 이어갈 것이고 LED의 시대를 거쳐 홀로그램의 시대를 넘어 플라즈마 광자의 새로운 시대를 펼칠 것이라고 봅니다. 그러면서 빛의 마술 쇼는 계속 이어질 것이고 더 발달된 미래에는 빛을 직접 보는 시대가 아닌 뇌나 감각으로 빛을 인지하고 느끼는 새로운 광(光)감각의 시대가 열릴 것입니다.

다시 빛의 장난으로 생긴 이야기를 계속하면 사진을 빼놓을 수가 없습니다. 사진은 빛에 절대적으로 의존하는 광학기술입니다. 다양한 빛의 성질에 대한 연구가 있던 중세부터 빛을 저장하는 방법에 대해 고민하던 중에 질산은의 물리적 성질을 알게 되면서 1826년 조셉 니세포르 니엡스(Joseph Nicephore Niepce, 1765~1833)가 석판화를 이용하여 부식방지용 아스팔트를 바른 감광제를 만들어 유리에 상을 맺히게 하는 '헬리

오 그래픽(heliography)'이라는 기법을 통해 최초의 풍경사진을 찍었는데 이런 방법은 한 장의 사진을 찍기 위해서는 7시간 정도의 긴 노출이 필요하였기에 인물 사진을 찍는 것은 거의 불가능하였습니다. 하지만 곧이어 은판이라는 질산은을 이용한 금속판을 개발하면서 사진술은 급속히 발전하면서 인물사진이 주류를 이루게 되었는데 이는 당시 초상화를 그리려면 오랜 시간과 비용이 들고 검증된 화가를 만나는 것이 어려웠던 틈새시장을 잘 파고든 새로운 혁신사업이었습니다.

옛날 사진기　　출처: 위키피디아

문제는 사진이 발명된 초기부터 이미 포토샵과 같은 합성사진 기법이 있었다는 것인데 다른 사람의 몸에 얼굴을 붙이거나 배경이 다른 사진을 합성했습니다. 이후 사진은 사실적인 표현이라는 초기의 의미를 이미 상실한 경우가 되었는데 일부 사진사들은 의뢰인의 구미에 맞게 사진을 조작하기 시작한 것입니다. 1850년대부터 이런 사기 행각은 널리 퍼져 심령사진이라는 새로운 장르가 생기기 시작했습니다. 의뢰인의 인물 사진을 찍으면 그 뒤에 의뢰인이 보고 싶다거나 죽은 사람의 영상이 같이 나타난다는 것인데 가장 흔한 심령사진들은 사진을 찍을 때 두 번 노출을 시킨다거나 두 개의 다른 필름을 겹쳐서 인화하는 이중노출기법이 흔히 사용되었고 당시 사진에 대해 무지한 사람들은 속을 수밖에 없었습니다. 심령사진 사기사건의 유명한 인물 중에 '윌리엄 멈러(William H. Mumler, 1832~1884)'라는 미국인 사진사는 의뢰인이 사진촬영을 예약하면 미리 의뢰인의 집에 몰래 숨어 들어가서 이미 죽은 사람의 과거사진을 훔쳐 이중노출을 통해 영혼으로 표현하여 많은 사람들의 호응을 얻었고, 당시 암살당한 에이브라함 링컨 대통령(Abraham Lincoln, 1809~1865)의 부인인 메리 토드 링컨(Mary Toad Lincoln, 1818~1882)까지 속였지만 그의 사기행각이 들통 난 건 어이없게도 훔친 사진이 살아있는 사람의 것이어서 산 사람을 죽은 사람의 영혼으로 둔갑시켰기 때문입니다. 그래도 당시 많은 사람들은 이를 한동안 믿었다고 하는데, 이는 죽은 사람에 대한 마음이 간절하기에 거짓도 진실로 보이게 한 것입니다.

사진을 찍을 때는 보이지 않았던 물체가 사진에 나타나서 놀란 경우가 있을 것입니다. 이는 사진을 찍을 당시에도 그 존재가 있었지만 자신의 눈에 의식되지 않았던 것뿐, 흔히 생기는 인식의 오류현상입니다. 이런 현상은 사진 찍을 때 생기는 난반사나 조작실수, 셔터속도의 불일치 또는 이물질의 흔적 등이 그 원인인 경우가 많습니다. 그리고 심령사진이라든가 신비한 현상이라고 하는 사진들의 가장 큰 오류는 사람의 뇌가 만드는 착시현상인데 사람의 뇌는 정확히 사물을 보는 것이 아니고 사물을 인지하는 순간 자신의 축적된 기억이나 경험적 정보를 바탕으로 익숙한 사물로 쉽게 인식하려는 파레이돌리아(pareidolia) 현상이 작용하기 때문으로 이는 불규칙한 형상에서 일정한 패턴을 추출해서 의미를 찾으려는 심리적 현상으로 구름 속에서 예수를 보았거나 그을린 식빵에서 누군가의 얼굴이 나타났다고 하며, 화성에 사람의 얼굴이 있다고 하는 것입니다. 특히 사람의 얼굴과 연관된 파레이돌리아 현상은 사람은 대부분 다른 사람의 표정을 보고 상황을 판단하기에 생긴 익숙함의 무의식적인 행동입니다.

현재에도 이런저런 가짜 사진은 계속 양산되고 있고 과거의 애교스럽던 조작 사진들은 점차 자취를 감추었지만 더 정교한 편집기술을 이용한 아예 없는 사실을 가짜로 새롭게 만드는 영상을 통해 더 교묘하게 사람들의 마음을 혼란스럽게 하고 속이면서 자신의 이득을 위해서 악용하는 것에 더 큰 문제가 생기는 것입니다. 특히 자신의 모습을 포토샵 하여 변형을 시키는 현실에서 사진은 점차 그 진실성을 잊어버리고 단지 오락적 영상의 이미지로 전락한 면도 크기에 사진이라는 사실성의 표현은 이미 사라진 지 오래되었다고 봅니다. 사회적으로도 한동안 흔하게 퍼졌던 가짜 사진들은 영혼과 귀신 사진이나 UAP(Unidentified Aerial Phenomena, 미확인 항공현상)의 외계생명체와 우주선 출몰과 네스호수의 괴물 사진 등입니다. 그나마 이런 사진들은 훗날 진위가 가려졌지만 더 무서운 것은 처음부터 남을 속이기 위해서 만든 범죄와 연관된 조작사진들입니다. 이런 사진이나 영상을 통해 많은 사람들이 고통을 받고 억울한 누명을 쓰기에 이를 밝혀내는 기술도 발전하고 있지만 역시나 조작하려는 사람들을 따라가는 것도 버거운 것이 현실입니다. 앞으로 범죄 수사의 새로운 기법은 계속 나올 것이고 NFT(Non-Fungible

Token) 같은 새로운 위조방지 기법이 활성화되겠지만 이를 무력화하는 기법이 나오면 또 다시 새로운 방지책을 찾아야 하는 어려움을 겪을 것입니다. 이런 문제의 바탕에는 역시 빛이라는 것이 중요한 원인이므로 빛을 잘 이해하는 것이 중요한 미래의 과제라고 봅니다.

뇌가 인식하는 시간기전

사람들이 인식하는 시간은 뇌가 있기에 가능하며 기억이 존재하기에 시간을 의식합니다. 기억을 만들어내는 뇌의 기전에서 중요한 것은 편도체인데, 이곳에서 조건화된 감정학습을 담당하고 있고 편도체를 보조하는 HPA(시상하부-뇌하수체-부신)축, 소뇌, 대뇌 감각피질, 선조체, 전두엽 그리고 해마복합체(Middle Temporal Lobe)가 함께 연관되어 기억을 생성합니다.

특히 사람들이 의식하는 중요한 기억의 핵심은 일화기억(episodic memory)입니다. 이런 일화기억이 생성되기 위해서는 몇 가지 주요 부위가 함께 작동해야 합니다. 그중에 HPA(시상하부-뇌하수체-부신)축은 스트레스와 연관된 반응과 소화계, 면역계, 감정과 기분, 성반응, 에너지 저장 및 소모를 비롯한 다양한 신체 과정을 조절하지만 기억과정에도 중요한 역할을 합니다. 소뇌는 조건화된 조건반사와 운동기억을 관장하고, 대뇌 감각피질은 기억의 저장과 개념을 점화시킵니다. 대뇌 기저핵의 선조체는 습관화된 행동기억을 관장하며, 전전두엽은 두 부분으로 나뉘어져 등쪽은 작업기억과 예정기억에 관여하고, 배쪽은 의미

대뇌변연계(limbic system)

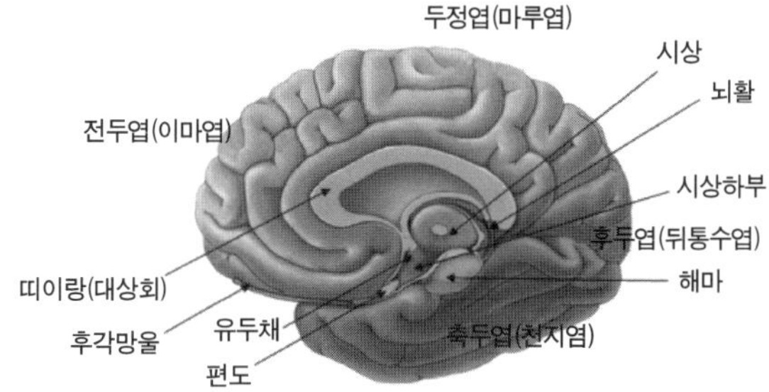

대뇌반구의 안쪽과 밑면에 해당하는 부위이며, 종족유지에 필요한 본능적 욕구와 직접적 관계를 가지고 있다.

기억(semantic memory), 자발적 회상, 과거기억을 불러오거나 불필요한 기억을 소거하는 작업을 합니다. 해마복합체(Middle Temporal Lobe)는 일화기억을 담당하는 중요한 부위로 기억을 맥락화하고 기억을 공고화하여 장기기억으로 남겨둡니다. 여기서 사람들이 인식하는 현재라는 의미는 작업기억이 작동되는 순간으로 매우 짧은 0.5초 내외의 시간이지만 작업기억이 중요한 것은 작업기억이 작동되는 순간을 의식이 작동되는 시간이라고 할 수 있고 이런 상태가 현재이기에 작업기억이 곧 의식작용이라고 할 수 있습니다. 대부분 이후의 기억은 일화기억(episodic memory)에 의해서 기억의 순서가 정해집니다.

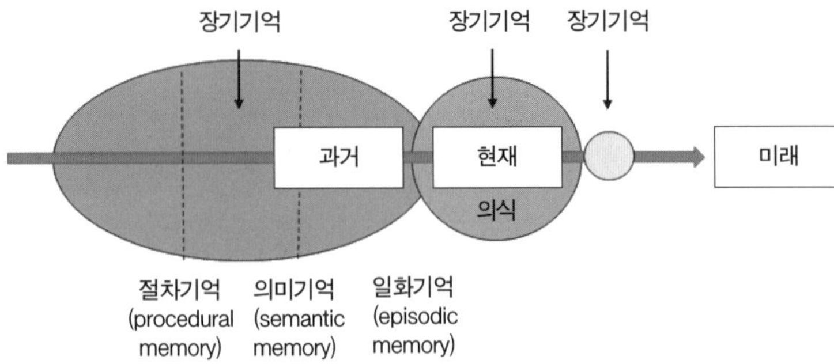

시간과 기억의 관계

기억에 대한 뇌의 전반적인 기전을 좀 더 알아보겠습니다. 일상의 시간 흐름에 대하여 사람들은 약속이나 해야 할 미래의 일에 대한 계획 등을 기억하는 예정기억을 가지면 곧이어 작업기억이 발생하는데 이를 현재의 시점에서 발생하는 기억으로 보는 것입니다. 작업기억은 0.5초 내지 1초 정도에 사라지는데 자신과 연관된 순간순간에 마주치는 건널목의 신호등 신호나 거리의 지나가는 사람들, 주위의 물건들이 이런 작업기억에 속합니다. 이런 작업기억 중에 필요하다고 인식되는 일부 기억들은 반복적인 작업에 의해서 장기기억으로 넘어가서 오랫동안 유지합니다. 장기기억은 또다시 세 가지 기억으로 분류되는데 사건의 어느 시점과 장소가 명확히 기억되는 일화기억(episodic memory)과 학습에 의한 지식적인 기억인 의미기억(semantic memory) 그리고 훈련과 경험으로 익힌 절차기억(procedural memory)으로 남게 됩니다. 이런 장기기억은 사람들의 의식 속에 과거의 존재로 남게 되는 기억들입니다. 일상에서 접하는 다양한 사건들은 대부분 순간적으로 소거를 통해 기억에서 지워지는데 이중 일부 기억들은 전두엽에서 중앙처리시스템(central executive system)을 활성화시켜 기억을 유지하기 위해 관심과 주의를 주고 시간과 순서를 조율하여 이야기가 이어지는 맥락적 일화기억을 형성합니다. 이때 중요한 것은 반복 훈련을 통한 작업기억이 있어야만 장기기억으로 넘어가는데 이 기능을 활성화하기 위해서는 암송하거나 메모를 통해서 기억하거나 사건의 장면을 순서적으로 작업해 장기기억으로 전환시킵니다. 장기기억의 기전에는 사건의 요소를 기억하는 서술기억(declarative memory)과 평소 습득된 자전거 타기 등의 기술적인 암묵적 기억으로 표현되는 절차기억으로 구분합니다. 서술기억은 다시 시간과 공간의 의미가 강한 일화기억과 시간과 공간의미가 약한 의미기억으로 남습니다.

일화기억은 장기기억의 한 형태로 삽화기억이라고도 합니다. 일화기억은 자신이 경험한 어떤 사건에 대한 기억으로 공간적, 시간적 맥락정보를 가지고 있는데 즉 언제, 어디서 그 사건이 발생하였다는 명확한 과거 기억을 유지하는 것입니다. 주로 어린 시절의 기억이 구체적으로 뚜렷하고 자신과 깊은 연관이 있는 사건을 중심으로 순서적인 기억이 삽입됩니다. 그리고 시간의 흐름이 뚜렷하기에 사건의 순서가 잘 맞고 정확한 구연이 가능하고 연관된 기억을 함께 가져오기도 합니다. 이를 통해 사람들은 과거를 쉽게 인식하고 시간의 흐름에 대하여 크게 혼돈하지 않게 되는 것입니다. 일화기억이 되기 위해서는 일반적으로 3단계의 과정이 필요한데 첫째 정보의 부호화로서 기억 속에 들어오는 과정이 필요하고, 둘째는 보존으로서 기억 속에 유지되는 과정이 필요합니다. 셋째는 연출로서 기억을 필요로 할 때 즉각적으로 떠올라야 됩니다. 이런 일화기억은 기존 지식과 연관되거나 부호화가 잘 되거나 주위와 연관된 단서가 많을수록 더 잘 기억되고 발현됩니다. 일화기억과 대비되는 기억으로는 의미기억이 있는데 이는 시간과 공간의 연관이 잘 안 되는 학습된 기억이 주를 이룹니다. 예를 들면 '태정태세문단세……' 같은 조선왕조를 순서대로 외운다거나 우리나라 초대 대통령은 누구? 등의 지식적 기억이 주를 이루는데 이런 기억은 시점을 알기 어렵고 단지 지식으로 즉석에서 기억해내는 경우입니다.

Ⅲ. 죽음

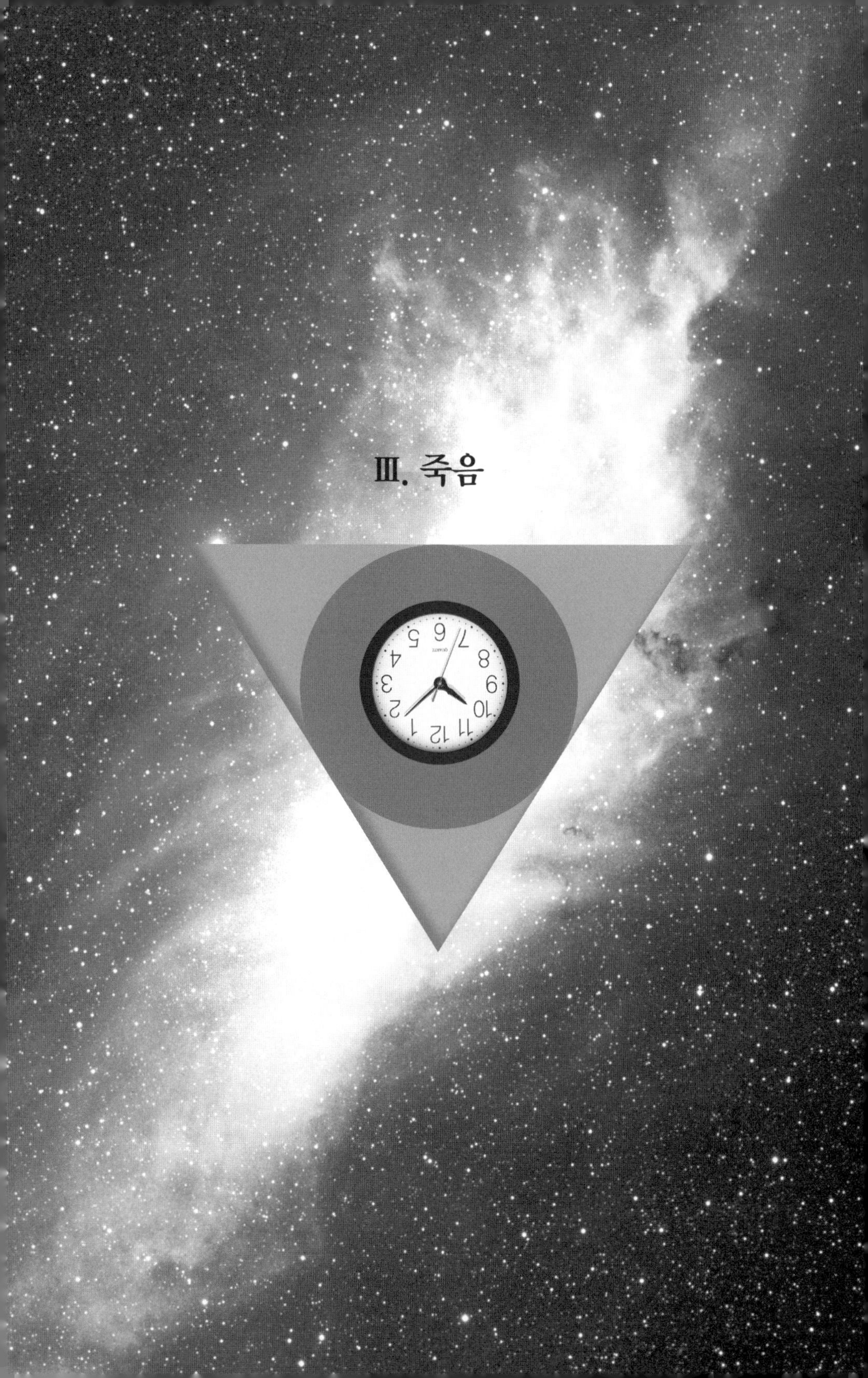

죽음 직전 뇌에서 무슨 일이 일어날까?

사람이 죽기 직전 당사자에게 무슨 일이 일어날지 정확히 아는 것은 불가능합니다. 비록 죽음 직전에 다양한 경험을 했다 하더라도 그것을 표현할 방법이 없고, 죽음의 문턱에서 다시 살아났다 해도 그것이 진정한 죽음의 상태를 표현했다고 보기 어렵기 때문입니다. 하지만 분명한 건 죽음 후 이야기는 모두 살아있는 사람들이 하는 이야기란 점입니다. 즉, 일방적인 제3자들의 뇌피셜일 수 있습니다. 하지만 객관적인 검사를 통해 죽음 직전에 어떤 일이 일어나는지 알기 위한 노력은 계속 필요하다고 봅니다. 이는 의학, 공학의 발달로 정밀한 측정기기가 나와 임상에서 환자의 생체반응을 분석하는 과정을 통해 많은 정보를 얻는 게 가능해졌고, 분석한 데이터를 축적해 객관적인 결과를 도출할 수 있기 때문입니다. 최근 연구에 의하면 죽기 직전 응급환자의 뇌에서 감마파가 60초 정도 활발하게 나타나는 현상을 확인하고 이에 대해 분석했습니다. 일반적으로 감마파는 사람이나 동물의 뇌에서 극도로 주위를 경계하거나 뭔가 주의를 기울일 때 발생하는 뇌파입니다. 즉, 집중하거나 상상하거나 기억의 검색을 통해 정보를 처리하는 높은 차원의 인지기능과 연관이 있다는 것입니다. 그러므로 죽음 직전과 죽음 직후 비록 짧은 시간이지만 감마파가 나온다는 것은 마지막 순간에 자신의 삶을 정리하는 과정이라 볼 수 있습니다.

이 현상은 근사(임사)체험(Near-Death Experience)에도 나타나, 이를 특이한 전생체험, 혹은 사후세계에 대한 이야기로 확대 표현합니다. 이 현상의 특징은 시간을 느끼는 감각이 변화되거나 마치 하늘을 나는 기분이거나 어두운 터널을 통해 밝은 곳으로 나가는 느낌을 가집니다. 이런 경험과 더불어 과거 죽은 사람들 또는 신비로운 누군가의 인도를 받아 대화를 하였다고 말합니다. 이런 현상은 사후세계의 이야기가 아닌 죽음 직전 일어나는 뇌의 활동에서 발생하는 뇌 내 현상의 일종으로 바로

HUMAN BRAIN WAVES

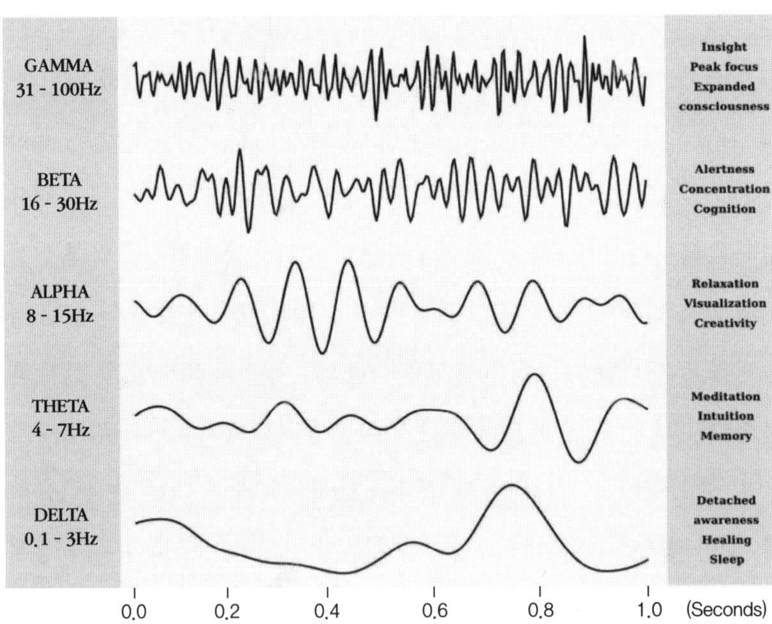

이때 감마파가 감지되는 것으로 보입니다. 또한 죽음 직전의 사람들에게 시간에 대한 상대적 현상도 함께 나타나는데 시간이 느리게 흐르는 것을 느끼거나 유체이탈을 경험하기도 하고 자신을 위에서 바라보는 느낌을 가지는 일종의 해리현상이 나타나기도 합니다. 이 과정에서 시간이 분리되는 느낌이 들고 과거와 현재의 시간이 뒤바뀌기도 합니다.

암이나 중증 질환을 진단 받고 죽어가는 과정

대부분의 사람들은 급사하지 않는 이상 서서히 나빠지는 변화를 보이면서 죽음에 이릅니다. 죽음에 이르는 시간 동안 사람들은 저마다 다양한 특징을 가지고 죽음을 맞이합니다. 다음 페이지 그래프에는 시간축으로 기울여진 경사도가 보입니다. 시간축으로 기울기가 심하냐 완만하냐는 죽음을 재촉하는 다양한 요인에 의해 결정되지만, 결국 그 기울기에 맞춰 죽음을 맞이합니다. 사람들은 이 기울기를 조금이라도 늦추고 싶어 노력하는데 이는 곧 시간을 늘리려는 간절한 노력이라 할 수 있습니다. 환자가 가진 병의 위중이 덜하면 기울기는 완만하고 사망에 이르는 시간은 길어지지만 무한히 이 시간을 늘릴 수 없기에 과학의 힘을 빌리거나, 자연치유나 환경의 개선을 통해 변화를 줄이려 합니다. 하지만 앞서 설명한 열역학 제2법칙에 의해 점차 엔트로피는 증가하고 결국 한 생명으로서 혼돈의 카오스에 빠지면 생을 마감하게 됩니다.

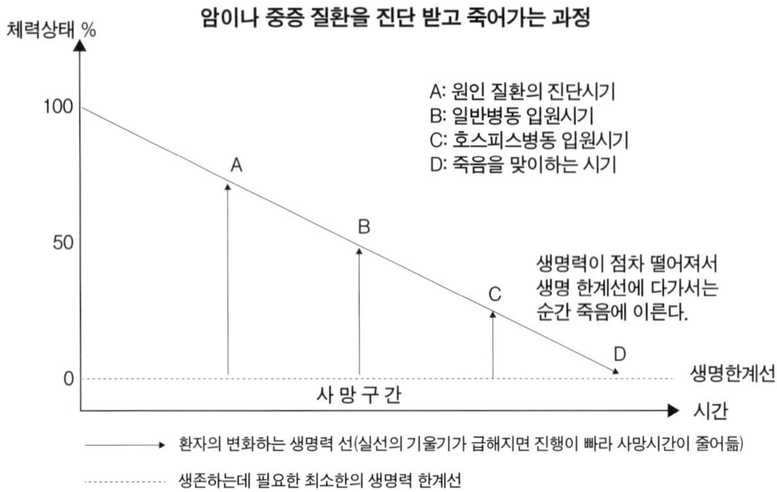

이때 중요한 것은 노화에 대한 이해입니다. 노화는 모든 생명체에게 적용되는 보편적인 자연현상입니다. 그리고 지금까지 알려진 절대 진리이기도 합니다. 이런 노화는 시간이 흐르면 점차 기질적인 현상으로 나타나서 노환으로 변화되어 다양한 고통으로 이어집니다. 이를 노인증후군으로 표현하기도 하지만 질병으로 분류하기도 애매하고 그렇다고 원인이 명확한 것이 아니기에 적극적인 치료를 하는 것도 나름 한계가 있습니다. 이런저런 노인증후군은 결과적으로 이차적인 다양한 문제를 발생시켜 낙상이나 배변장애 정신적인 문제가 심해지고 점차 쇠약해지면서 마지막에 면역기전의 저하나 식이장애 또는 감염에 의해서 죽음을 맞이하게 됩니다. 이때 대부분의 장기는 그 기능을 다해서 최소한의 활동만 남아 있다가 급기야 마지막 심장과 폐 그리고 뇌의 활동이 더 이상 유지하기 어려워 사망을 하게 됩니다.

여기서 가장 중요한 지표는 시간입니다. 얼마나 시간을 환자 자신의 것으로 만들 것인가에 따라 삶의 질과 만족도는 높아지겠지만 그 반대로 고통과 불행으로 생을 마감할 수도 있습니다. 이런 일련의 과정은 어느 정도 환자 자신과 주위 사람들의 노력으로 조금 극복할 수 있고 잘 마무리할 수 있습니다. 하지만 이런 죽음 앞에 당당히 자신의 시간을 잘 활용할 수 있는 사람은 그리 많지 않을 것입니다. 그 이유 중 하나는 젊었을 때나 삶이 편안한 시기에는 시간이 흐르는 걸 잘 인지하지 못하고 여명(餘命)을 향해 달려가기 때문입니다. 즉, 죽음에 대한 준비가 없다는 것입니다. 준비 없는 죽음은 언젠가 닥칠 죽음의 문 앞에서 매우 당황할 것이고 어찌할 바를 몰라 올바른 행동이나 처신을 못 한 채 죽음을 맞을 것입니다. 그래서 한도 생기고 억울함과 후회도 생기지만 이런 걸 느낄 때면 더는 시간이 없는 상태고 그들의 시간은 살아있는 사람과 달리 무척 빨리 흘러갑니다. 이 경우 시간은 매우 상대적인 변화를 보여줍니다.

영생(永生)은 무엇인가?

영생을 얻기 위한 무한한 노력은 인간의 자연수명을 많이 끌어올려 평균수명 100세 시대를 맞이하게 했습니다. 하지만 수명연장의 한계는 생명체의 특성상 노화라는 과정을 넘어서지 못하는 한계에 부딪혔습니다. 이는 주어진 시간에 대한 나름의 저항일 수 있지만 시간이라는 것이 같은 시대를 살아가는 사람들 간의 상대적 시간에서 일어나는 일이라 봅니다. 이는 시간의 한계에서 삶이 양에서 질로 가야 한다는 반성을 가져왔고, 어떻게 아름답게 죽을까에 대한 해답을 찾고자 죽음학 분야가 만들어졌습니다. 그동안 인간은 죽음을 극복하기 위한 다양한 시도를 해봤지만 영생을 얻지 못했고 죽음에 대한 완전한 답도 찾지 못했습니다. 그러나 끊임없는 노력으로 앞으로 사람의 수명은 더 늘어날 것입니다. 단 삶의 질에 대한 문제는 계속 큰 과제가 될 것이라 예측합니다. 이에 대하여 종교는 죽음 후 또 다른 세상인 영생과 윤회로 그 해답을 찾고, 철학은 죽음을 미화하거나 다양한 가치를 부여하며, 예술은 죽음의 모티브를 통해 영생을 표현하기에 이 모든 것이 어우러져 문명과 문화를 이룹니다. 아직은 사람만이 유일하게 문명과 문화를 만드는 생명체지만, 언젠가는 사람과 유사하거나 더 우수한 문명을 가진 다른 우주의 생명체를 만날 수 있을 거라 기대합니다.

저자의 생각으로 믿음으로서의 영생은 존재한다고 봅니다. 영생이 있다는 건 희망이 있는 것이고 그 희망 속에 죽음에 대한 의미를 찾는 것은 죽음을 준비하는 데 많은 도움이 될 것입니다. 하지만 증명되지 않은 영생이나 사후세계를 무조건 믿고 따르는 것은 무리가 있다고 봅니다. 그래서 좀 더 쉽고 빠른 방법을 찾아보는 것이 필요합니다. 옛 속담에 '호랑이는 죽어서 가죽을 남기고 사람은 죽어서 이름을 남긴다.'고 했듯이 자신의 자취를 남김으로써 삶의 의미와 생존 시 보여주었던 정신을 다음 세대에 전해줄 수 있습니다. 또 다른 하나는 자신의 신체 장기나 조직을 필요한 사람에게 나누어주는 장기공여방식으로 이는 사후에도 충분히 가치 있고 보람된 행동이라 생각합니다. 불확실한 영생과 사후세계에 자신을 맡겨 안심하기보다 자신의 흔적을 세상에 남겨 후대에 전하는 것은 설령 다시 환생하더라도 더 의미가 있으며 자신이 살아왔던 삶의 가치를 더 크게 하는 것입니다. 그렇다고 나쁜 행위로 흔적을 남기는 건 두고두고 자신과 사후의 자신에게도 불행이 될 수 있으니 조심해야 합니다. 석가모니 깨우침의 흔적은 불경이 되었고, 예수 그리스도의 기적은 성경이 되었습니다. 지금도 이들의 행적은 인간이 존재하는 한 영원히 사람들의 마음속에 남아 있을 것입니다. 그것이 진정한 영생이며 그들이야말로 진짜 영생을 얻은 것이라 봅니다.

진정한 영생은 믿음의 문제가 아니고 죽음 앞에서 진실한 삶을 살았느냐 하는 실천의 문제라 할 수 있습니다. 그저 두려움에 영생이나 사후세계를 믿고 다른 세상에 가면 지금의 고통을 다 벗어버릴 수 있다고 생각한들, 당장은 자신의 죽음이 너무 초라하고 허무할 수밖에 없습니다. 허무한 죽음은 안타까운 일이기에 영생이나 사후세계를 찾아가도 허무하긴 마찬가지입니다. 지금 시간이 얼마 안 남았다는 생각이 들더라도 살아있는 동안 하나라도 이루려는 적은 노력을 통해 영생을 얻는 기적을 행할 수 있습니다. 기적은 멀리 있지 않습니다. 그동안 못했던, 아니 잘못했던 점을 고치고 반성하며 다시 시작하는 것들이 모여 기적은 이루어지고 영생을 얻게 합니다. 남아 있는 자들에게 좋은 기억을 주는 것으로 충분하기에 기독교에서 말하는 회개하라는 의미도 이렇게 해석하면 이해할 수 있습니다. 자신의 흔적을 다음 세대에 남기거나 잊히거나 하는 선택에서 자신의 영생도 선택 가능하고 다시 태어날 수 있음을 앞에서 말했듯, 우리는 역사 속에 위대한 업적을 이룬 많은 위인을 만납니다. 그들을 면면히 살펴보면 자신의 삶 속에 목표를 가지고 그것을 이뤄냈습니다. 우리는 그들의 전기를 읽고, 역사를 배우며, 각자의 맡은 분야에 그 업적의 기술들을 이용하면서 그들이 다시 살아나는 것을 봅니다. 이것이 죽음이 영생의 성취를 얻는 성공한 죽음이라 생각합니다.

현대 사회와 죽음의 문제들

과거에 사람들은 죽음을 아주 간단히 인식했습니다. 살아있지 않으면 죽은 것이라는 단순한 논리로 죽음을 맞았지만 현대 사회에서 죽음은 그리 간단한 문제가 아닙니다. 죽음의 종류도 많아졌고 그 정의도 각 분야마다 달라 죽음에 대한 분류도 복잡해졌기 때문입니다. 그러나 죽음에 대한 진실은 하나입니다. 생명이 있으면 반드시 죽는다는 것입니다. 그래서 현대 사회는 죽음을 다각도로 보면서 좀 더 넓은 시야에서 알아가는 노력을 하고 있습니다. 죽음에 대해 알아가는 방법으로 '죽음에서 나를 뒤돌아본다.'는 역설적인 방법으로 접근한다면 막연했던 죽음이 조금은 이해될 것입니다. 머리는 분리되었지만 몸통이 붙어 태어난 샴쌍둥이처럼 동반자라는 확신이 들면 더 이상 죽음은 피하거나 거부할 대상이 아닙니다. 죽음은 항상 나의 삶과 함께하며 내가 죽어야 삶도 끝나는 것이기 때문입니다.

예일대학교의 죽음학 철학자 셸리 케이건 교수의 글 중에, '죽음을 통해 삶을 볼 수 있기 때문이며, 자신이 죽을 거라는 사실을 볼 수 있기 때문이며, 자신이 죽을 거라는 사실을 진심으로 받아들일 수 있을 때 인생의 우선순위를 바꾸고 비로소 생존경쟁의 쳇바퀴 속에서 벗어날 수 있기 때문이다.'라는 구절이 있습니다. 이는 시간이라는 방향성에 대한 의미를 말하는 것이며 불가역적인 죽음을 인식하고 살아있는 동안 시

샴 쌍둥이 창과 앵 벙커 (Chang, Eng Bunker) 형제
방탕한 형의 죽음으로 한 몸으로 있던 동생도 하루 만에 같이 죽음을 맞이함

간을 허비하지 말라는 것입니다. 과거 사람들이 가졌던 종교적인 죽음관보다 점차 객관적 죽음에 대해 알려는 사람들이 많아지면서 죽음에 대한 많은 이론과 가설이 나타났습니다. 심지어 죽음을 미리 체험하려는 시도도 생겼습니다. 그러나 죽음은 아직 미지의 세계이며, 사람마다 100인이면 100인 모두 죽음에 대한 생각이 달라 죽음을 하나로 정리하는 것은 불가능합니다. 죽음은 모든 사람이 반드시 한 번 겪는 경험이기 때문입니다.

지난 수십 년간 죽음은 사람들로부터 멀어져 있었습니다. 오래전 가족이 다 함께 살던 시절에는 죽음이 생활의 일부였지만, 급속한 핵가족화와 의학의 발전으로 대부분의 죽음은 병원에서 이뤄지는 생소한 경험이 된 것입니다. 하지만 최근 급격한 고령화와 수명 연장에 따른 사회문제가 점차 국가적 부담과 많은 문제를 양산함으로써 그 해법을 찾고 개개인이 자신의 죽음을 재인식하는 계기로 죽음은 하나의 이슈가 되었습니다. 가족과 가정의 해체는 죽음을 앞둔 사람들에게 매우 심각한 문제며 불안을 가져다주는 고통입니다. 그 결과 고독사나 자살의 증가, 그 외 다양한 형태로 스스로 자신을 포기하는 모습으로 나타납니다. 결국 노후가 너무 불안정해지는 것입니다. 정부나 사회도 급격히 늘어나는 노인인구를 점차 감당하기 힘들고 그 부담을 젊은 국민이 다 짊어지기에는 큰 희생이 따릅니다. 사람들이 착각하는 것 중 하나가 이런 복지사업이 정부나 지자체 또는 사회단체에서 관리하고 지원하는 것이 모두 정부 돈으로 가능하다고 생각하는 것입니다. 정부는 돈을 버는 조직이 아닙니다. 돈을 쓰는 조직이기에 모든 재원은 국민으로부터 거두는 것입니다. 그러니 국민에게 선심을 쓰든 낭비를 하든 정부는 당장 별 부담이 없습니다. 그러니 마구 지원정책을 발표해 인기만 올리면 된다고 생각하는 것입니다. 그 피해는 결국 국민에게 돌아가지만 이를 해결할 좋은 방법을 아직 찾지 못한 것도 사실입니다.

종교가 이런 문제에 적극적 도움이 되면 좋겠지만 특히 죽음에 대한 문제는 종교 간에 크고 작은 다양한 이견이 있고 게다가 젊은 세대의 종교 기피현상은 점점 커져 종교가 사회적 지침을 주기엔 세상이 너무 변했습니다. 그저 죽음이란 사회적인 문제에 한 목소리를 낼 뿐 근본적인 해결은 아닌 것입니다. 존엄사와 안락사에 대한 법률적 문제와 더불어 연명치료와 의학기술의 발달로 우리나라는 죽고 싶어도 죽기 어려운 노인 나라가 되었습니다. 세계 70세 이상 노인이 가장 오래 사는 나라라는 기록을 보유하게 된 현실에 다행히도 연명치료에 대한 거부와 죽음의 자기결정권에 대한 인식도 점차 커지고 있습니다. 이제 소극적 안락사에서 적극적 안락사로 법률적·종교적·사회적 논의도 필요한 시점에

왔다고 생각합니다.

이런 현대사회의 죽음에 대한 변화 속에 셸리 케이건 교수의 '죽음이란 무엇인가?'에 대한 질문의 답은 이렇습니다.

> "끝이다. 더 무엇인가 바라지마라, 그냥 끝이다. 그래서 이 짧은 삶이 소중한 것이고, 너무 짧으니 신중하게 생각하고 판단해서 살아야 한다. 무언가 불필요한 것들에 시간을 낭비해서가 문제가 아니라, 그 낭비로 인해 꼭 하고 싶은 것을 할 시간이 없기 때문에 신중해야 한다."

정말 많은 걸 생각하게 하는 답입니다.

임종이란?

임종(Dying)은 더 이상 생명을 회복할 수 없는 상태의 모습으로 완전한 죽음이 아닌 죽음에 임박한 죽어가는 과정입니다. 임종을 맞이하고 죽음에 이르면 이는 곧 사망이라 하며, 생물학적 정의로 모든 유기체에서 생명과정이 총체적으로 중지된 상태고, 종교나 일부 죽음학자들이 말하는 영혼이 신체를 떠나 사후세계로 갔다는 뜻입니다. 임종 또한 시간이라는 한계 속에서 일어나는 일이기에 임종에 가까운 사람의 경우, 점차 자신의 신체와 정신의 엔트로피는 높아지고 안정에서 불안정으로 급속히 변화하는 과정을 맞이합니다. 이 순간 임종자의 시간은 매우 급속히 진행되는데 다시 말하자면, 상대적으로 시간이 빠르다는 것입니다.

임종은 일종의 죽음의 과정이기에 좀 더 자세히 그 단계를 알아보겠습니다.

임종이 가까워지면 신체적 변화와 정신, 심리적 변화의 두 가지 측면이 나타납니다. 먼저 신체적 변화는 죽음을 맞이하는 자연적인 현상으로 손과 발부터 점차 차가워지고 창백해지며, 잠이 많아집니다. 의사소통도 어렵고 신체반응도 느려지며, 자주 혼돈과 혼미가 찾아오면서 괄약근의 무력증이 생겨 대소변 조절이 불가능하고, 가슴에서 돌 구르는 '그르렁' 거리는 가래 끓는 소리가 나오는데 이는 새로운 질병이나 통증이 있어 생긴 증상은 아닙니다. 그 외에 먹는 것이 감소하고, 불안정해지는 반복동작을 하며, 소변이 줄거나 안 나오면서 사망이 가까워지는데 호흡 중간중간 무호흡이 생겨 이 증상이 심해지면 죽음에 이릅니다. 정신, 심리적 변화는 반응이 점차 없어지며 위축되고 말이 없어집니다. 환상과 같은 경험을 하여 누군가를 만났거나 뭔가를 보았다고 말하기도 합니다. 이는 일종의 종말체험(Deathbed vision)으로 볼 수 있습니다. 특히 뭔가를 자주 되풀이하고 불안해하는 경우, 환자의 마음에 아쉽거나 해결하지 못한 문제가 있을 수 있으므로 잘 관찰해 해결해주는 것도 필요합니다. 점차 사람들을 피하고 방어기전이 생기기도 하는데 평소 믿음이 있는 한두 명하고만 있고 싶어 합니다.

죽음을 경험하며 기억에 남는 말은 마지막 임종과정에 너무 슬퍼하거나 아쉬움을 보여주면 생명줄을 놓지 않는다는 옛 어른들의 말씀이었습니다. 임종자의 가족은 편히 죽을 수 있게 끈을 풀어주어야 합니다, 너무 큰소리로 울거나 흔들고 소란스러우면 임종자는 불안정한 죽음을 맞이합니다. 마지막 이별인사는 간결하고 명확하게 표현하고 눈물과 함께 애도의 슬픔 가운데 조용히 깊은 잠에 들게 해주면 평안한 죽음을 맞이합니다. 이 순간부터 망자의 시간은 멈추고 살아있는 사람들의 시간은 계속 흘러갑니다. 그리고 망자의 시간은 기억이라는 살아있는 사람들의 의식 속에 축적되어 과거로 인식됩니다. 물론 기억 또한 시간이 지나면 흐려지고 왜곡되기에 혹자는 기록이나 상징물 등을 남겨 오래 보존하기도 합니다.

남아있는 죽음의 시간인 여명

여명이 60년, 6년, 6개월, 6일 남았다면 사람들은 어떤 행동을 할까요?

태어나서 아무리 오래 살아도 우주 나이에 비하면 아주 짧은 시간입니다. 하지만 현실에서 우리는 60년의 시간을 말하면 길다 하기도 하고 아쉽다고도 하겠지만 어린 시절을 제외하고 크게 아프지 않은 정상적인 성인으로 살아가는 시간은 대략 60년 정도입니다. 이 60년의 시간이 자신에게 주어진 매우 소중한, 자신만의 시간인 것입니다. 누군가 의사에게 60년 시한부 인생을 선고받았다면 대부분 놀리냐고 비웃겠지만 단 6개월의 시한부 삶을 선고받았다면 커다란 충격, 슬픔, 부정이 생길 것입니다. 이는 삶이 상대적 가치와 절대적 가치 사이에서 충돌하기 때문에 발생하는 현상이고, 우리의 의식이 죽음이라는 것을 피하고 싶어 하는 내면의 거부반응에서 생기는 괴리라 봅니다. 이렇듯 주어진 삶에 대한 가치는 사람마다 다르고 환경에도 많은 영향을 받지만 이 또한 교육의 영향으로 더 많은 변화와 선택이 이루어집니다. 특히 '죽음학'을 이해하는 사람이라면 이런 삶의 가치에 대한 다양한 선택과 판단을 좀 더 쉽게 내리고 불필요한 시행착오도 줄이며 죽음에 대한 준비과정도 신속하게 할 것입니다. 이런 분명한 차이는 죽음 앞에서도 확연한 결과로 나타날 것입니다. 정리된 죽음은 평온과 행복이 있고 그동안 살아온 삶에 대한 축복과 만족이 있겠지만 준비 없는 죽음은 한탄과 분노, 아쉬움 속에 많은 걱정을 가지고 죽을 것입니다.

오로지 돈에만 목적을 두고 60년 돈만 벌며 살아온 사람과 6년간 자기가 원하는 어느 분야 혹은 보람된 활동에 집중한 사람의 경우 누가 더 후회 없는 삶을 살았다 할 수 있을까요? 이런 고루한 예를 드는 것은 한평생 살면서 가치 있게 산다는 것이 그만큼 어렵기 때문 아닐까요? 이런 가치를 따지기 전에 남은 시간에 크게 개의치 말고 자신이 하고 싶은 것을 열심히 하고 작은 성과를 얻는 것으로도 충분할 듯합니다. 이루기 힘든 계획만 세우느라 시간을 낭비하거나 걱정만 하며 보내거나 모든 것을 외면하고 잠만 잔다면 그보다 더 아쉬운 건 없습니다. 남은 시간을 아쉽게 보내는 것보다 작은 목표라도 이루는 것이 죽음을 준비하는 데 필요한 실천적 행동이라 생각합니다. 모든 사람은 제각기 자기의 시간을 가지고 자신의 공간에서 삶을 영위합니다. 전 세계 인구가 80억에 이르니 사람들은 각각 주어진 80억 개의 상대적인 시간을 가지고 다양한 우주를 이루고 있습니다. 이는 우리가 알고 있는 우주가 멀리 있는 게 아니고 바로 곁에 존재하며 나 자신이 우주라는 것이기도 합니다. 그리고 아직까지 우주는 분명 시작과 끝이 있는 시공간이기도 합니다.

죽음도 삶의 성장과 진화의 과정

죽음이 있다는 건 삶에 대한 또 다른 기회이며 자신의 새로운 성장을 향한 한 축이라는 걸 이해하면, 자기 죽음을 정리를 할 수 있는 시간을 충분히 가질 수 있습니다. 게다가 마음의 여유까지 있는 삶이라면 더 가치 있는 시간을 보낼 수 있겠지요. 어린 시절 방학숙제를 미루고 놀다 개학이 내일 모레로 가까워지면 급 당황하고 불안해집니다. 결국 조급함에 부모님의 도움을 청하고 밤을 새운다고 난리치기도 하지만 역시나 부실한 숙제가 되고 맙니다. 우여곡절 끝에 개학 전날 밤 겨우 숙제를 마치면 마음이 시원해지는 게 희열까지 느껴집니다. 그래도 매학기, 매년 이것은 반복됩니다. 개학이라는 새로운 세계에 들어가기 위한 고통이 있었던 것처럼 죽는다는 것은 이보다 훨씬 큰 새로운 경험일 것입니다. 앞서 숙제 이야기처럼 새로운 곳으로 가는 길에 남아있는 숙제를 다 하였다고 하면 도리어 두렵기보다 기대되는 설렘까지 생길 수 있을 것입니다. 그래서 삶을 나름 잘 정리하였다고 한다면 두려울 것이 없다고 봅니다.

만약 살아온 삶이 부족하고 아쉽고 후회된다는 생각이 들면 지난 과거의 아쉬운 일들은 과감히 버리고 남은 시간에 할 수 있는 한 가지 일을 정해 완성하는 것은 삶의 정리에 매우 유익한 일이 될 것입니다. 한 가지 일이라도 잘 정리한다면 죽음 앞에서 매우 만족하고 편안함을 느낄 것이기 때문입니다. 이런 행동을 종교적으로 표현하면 자기 스스로 구원을 받거나 크게 보아 해탈이라 부를 수 있습니다. 지난 잘못은 스스로 용서를 빌고 새로운 삶의 목표를 달성하면서 진정 삶의 가치를 다시 얻을 수 있습니다. 그리고 구원을 받고 행복하게 죽으면 자신이 죽은 후에 주위 사람들에게 좋게 기억될 것이고 계속 기억해 줄 것입니다. 이런 것이 진정한 영생 아닐까요? 하지만 죽음 전 과거에 아무리 좋은 삶을 살았어도 마지막에 정리를 잘못하면 불행하게도 가족이나 주위 사람에게 외면당하고 오히려 힘든 죽음을 맞겠지만, 그렇더라도 마지막에 정리를 잘하여 구원받은 사람이 되어 더 좋게 기억에 남을 것입니다.

인간만이 유일하게 죽음을 알까?

앞에서 시간은 인간이 존재하면서부터 있었다고 하였듯이 사람의 삶에 시간은 매우 중요한 지표이며 기준이 됩니다. 이는 현존하는 다른 생물과 분명 구분 지을 수 있는 인지적 구분이고 문화와 문명을 이루는 가장 중요한 요인이기도 합니다.

죽음에 대한 한 가지 확실한 명제는 '사람은 누구나 죽는다!'라는 사실을 안다는 것입니다. 안다는 것은 그만큼 새로운 가능성과 그와 함께 방어할 수 있는 여유를 가지게 되는 긍정적인 효과와 이와는 달리 미리 알기에 포기하거나 회피하는 부정적인 부분 모두를 가질 수 있습니다. 이는 받아들이는 사람마다 좀 더 다양한 선택을 할 수 있는 기회가 될 수 있지만 이로 인해 문제가 발생하기도 합니다. 그래서 문제없는 죽음 없고 이유 없는 죽음이 없는 것 같습니다. 긍정적으로 죽음을 이해한다면 대부분 올바른 삶의 가치를 부여할 것이고 열심히 살아가며 정해진 자신의 삶에 목표를 충실히 따라갈 것입니다. 물론 부정적으로 받아들인다면 염세적이거나 무능해지거나 비도덕적이거나 방탕해지기도 하겠지만 이 또한 시간이 지나면 점차 후회하고 순응하는 긍정의 삶으로 돌아갈 것입니다.

죽음학을 이해한다는 것은 많은 책을 보거나 죽음에 관한 학문을 연구한다거나 죽음과 관련된 일을 하면서 배우는 것도 있지만, 사람들은 뉴스나 SNS 등을 통해 일반적인 죽음의 정보를 얻습니다. 때론 자기가 아프거나 힘들면 잠시 생각하고 고민하지만 대부분은 주변에 아는 사람의 죽음에 참여하는 정도로 죽음에 대한 나름의 접근을 할 것입니다. 이런 일반적인 죽음에 대한 접근방법은 좋다고 봅니다. 살아갈 시간도 바쁜데 죽음만 생각하며 지낼 수는 없으니까요. 하지만 그저 남의 일처럼 주마간산(走馬看山)식으로 죽음에 대한 이야기를 흘려보내기보다는 죽음에 대한 한 권의 책을 읽으면서 자신의 죽음에 대한 생각과 무엇이 다르고, 다른 사람들은 죽음을 어떻게 생각하는지를 이해한다면 이미 죽음에 깊은 관심과 지식을 얻은 것입니다. 배움은 교육으로 얻는 것보다 스스로 얻는 것이 진짜 자신의 것입니다. 그렇지만 죽음을 안다면 어디까지 알아야 하고 무엇을 알아야 하는가에 대한 정답은 없습니다. 단지 죽는 것이 두렵다거나 무서운 공포가 아니라는 것을 스스로 이해하는 정도면 충분하고, 자신의 죽음 앞에 일어나는 연명치료에 대해 이해하고 타인에 의한 수동적인 치료나 처치를 자신의 의지로 선택하는 죽음결정권을 행사할 수 있으면 더할 나위 없다고 봅니다. 이런 일련의 죽음에 대한 생각과 문제들은 나 자신이 죽음에 대해 알기 때문에 가능한 일이고 언젠가 미래에 일어날 자신의 일이기 때문에 호기심 반, 두려움 반의 관심이 존재하는 것입니다. 관심이 커지면 실천이 되고 실천을 하다보면 뭔가 다른 긍정적 성과를 가져올 것입니다. 그래서 아는 것이 곧 힘이라 하는 것 아닐까요?

그럼 인간만 죽음을 미리 알고 다른 생물은 모르고 지내는 것일까?에 대한 의문이 생깁니다. 죽음에 대한 대부분의 자료가 인간 중심의 죽음예찬이나 두려움을 떨치라는 교훈적 내용이고, 사후세계나 전생에 대한 언급과 죽음에 대한 종교적 내세관이 주를 이룹니다. 하지만 정작 현실의 삶에 함께 존재하는 수많은 생명체에 대한 죽음과 사람과의 차이에 대한 언급은 거의 없는 것 같아 한 번 짚어보겠습니다. 생명이라면 당연히 자신을 보호하고 위험과 두려움을 피하는 본능을 가지고 있습니다. 생명이 있는 모든 생명체는 생로병사(生老病死)의 과정을 겪는게 당연하지만 사람들의 종교적 의식과 고정된 시선은 이를 무시하는 것 같습니다. 하지만 자연계에 존재하는 대부분의 생명체들은 어떠한 가르침 없이 스스로 자신을 위하고 생명을 유지하기 위한 다양한 노력을 하는 걸 보면 죽음을 알거나 두려워하며 나름 생존을 위한 본능과 방어행동이 있다는 것이 엿보입니다. 특히 고등동물은 인간의 능력만큼은 아니지만 죽음에 대한 두려움과 죽음이 무엇인지 안다는 걸 관찰할 수 있습니다. 죽음에 대한 자신들만의 고유한 표현도 하고 지나간 죽음에 대한 기억도 하는 것을 보면 더욱 그렇습니다. 반려동물의 경우 키우다 보면 자신의 죽음을 인지한다는 걸 확인할 수 있는 행동을 보이는데 특히 고양이나 개는 죽기 직전 무리나 집을 떠나 자신만의 장소에서 죽음을 맞이하는 행동을 하는 것은 죽음을 인지한 본능적인 행동처럼 보입니다. 사람과 깊은 교감을 하는 반려견의 경우, 죽음이 임박할수록 더 사람에게 의지하려 하고 죽음에 대한 두려움을 행동으로 보여줍니다.

이는 죽음을 겪어 본 사람이라면 공감할 것입니다. 이와 달리 자연계에서는 죽음이 임박하면 스스로 무리에서 벗어나 홀로 죽음을 맞이하는 경우가 많지만, 일부 코끼리, 고래, 유인원 같이 집단생활을 하는 동물들은 무리 간에 정서적 유대감과 죽음에 대한 나름대로의 집단적 보호 행동을 하는 것을 보면 인간만이 유일하게 죽음을 아는 능력을 가진 것은 아닌 것 같습니다.

아는 만큼 더 알게 되는 죽음

대부분의 사람들은 나이가 들면서 다양한 경험을 통해 점차 자신의 생각과 철학이 정해집니다. 이는 시간이 흐르면서 엔트로피가 점차 증가하여 생기는 현상이지만 엔트로피가 증가한다고 무조건 현명해지는 건 아닙니다. 하지만 좀 더 일찍 죽음에 대한 생각과 정리를 한다면 죽음을 더 잘 이해할 수 있고 불필요한 불안이나 공포 또는 회피하려는 어리석은 일은 많이 줄어들 것입니다. 사람은 마음이 나약해지면 의지하려는 경향도 커집니다. 그래서 이를 이용하려는 많은 기만과 거짓이 항상 존재했고 특히, 수명 연장과 건강을 이용한 사기와 불법적인 행위는 예나 지금이나 별반 달라진 게 없습니다. 그래서 예나 지금이나 남의 불행을 이용한 불법상혼이 난무하는 것도 사실입니다. 마음을 흔드는 무속행위나 엉터리 심령치료, 불법의료 등은 그렇지 않아도 심신이 지치고 많은 경제적 압박을 받는 사람들에게 더 큰 어려움과 돌이킬 수 없는 피해를 가져다줍니다. 이런 행위가 결국 죽음 후에도 가족에게 커다란 피해를 주기 때문에 결코 행복한 죽음이 될 수 없습니다. 또한 마지막 순간 가장 결정하기 어려운 연명치료에 대한 자기결정권을 포기하는 경우, 불필요한 치료에 의한 피해는 자신뿐 아니라 가족 모두에게도 심한 경제적 부담을 주기도 합니다. 사람은 죽기 전까지 삶을 포기하지 않으려 하기에 아직은 연명치료 거부를 스스로 정하기 어렵습니다. 그래서 더더욱 교육과 결심이 필요한 것입니다.

죽음의 시간 앞에서 과도한 기적은 결코 일어나지 않습니다. 기적은 지금 내가 살아있는 것이 바로 기적입니다. 특별한 운이 나에게 있을 거라 해보았자 그 운도 결국 일시적인 희망만 주는 것이지 영구적이지 못하고 그 운만 기다리다 결국 죽음이라는 천운을 맞이할 것입니다. 기적, 운, 요령을 피우기에는 자신의 삶이 그리 길지 않습니다. 그리고 시간은 기다려주지 않습니다. 남은 시간 가장 하고 싶은 것 중 단 한 가지라도 마무리하고 정리하면 그것이 바로 놀라운 기적일 것입니다. 이렇듯 죽음에 대한 올바른 선택을 위한 죽음학 교육은 아는 만큼 자신의 죽음을 행복하게 할 것입니다. 시간은 누구에게나 공평하고 주어진 시간의 가치는 누구나 동일하지만 시간의 기회는 누구나 같지 않습니다. 죽음을 앞둔 사람에게 하루는 멀쩡한 사람의 1년과 맞먹는 가치가 있습니다. 이는 사람마다 시간이 매우 상대적이고 그 가치를 예측하기가 어렵기 때문입니다. 나 자신에게 남아 있는 시간을 어떻게 허용하는가에 따라 우주의 시간에서 비록 짧은 순간이지만 삶의 가치는 매우 크다고 봅니다.

IV. 영혼(靈魂)

침묵의 시간

우주는 138억 년 전 아주 작은 점이 순간적으로 대폭발을 일으키면서 빅뱅의 대사건이 일어났습니다. 빅뱅 이후 10^{-37}초에서 10^{-32}초 사이에 우주는 10^{50}배 정도로 급격히 팽창했는데 이때 우주는 작은 소립자들로 구성된 플라즈마 상태의 농축된 쿼크들의 구성 물질로 형성되었습니다. 빅뱅 이후 4억 년 전까지 우주는 암흑시대였습니다. 소립자의 물질로만 구성되었고 빛이 나는 항성(별)은 아직 없던 상태였습니다. 그 이후 최초의 원소인 수소로 가득한 공간 속에서 수소끼리 합쳐지는 핵융합 반응이 급속히 일어나면서 엄청난 에너지 방출과 함께 스스로 빛을 발휘하는 항성이라는 별들이 형성되었고 암흑의 우주에 빛이 생겨났습니다. 이런 항성들이 생기는 과정에서 주위의 여러 가스군과 먼지들이 서로 합쳐지고 무리를 이루면서 은하라는 커다란 별들의 집합체가 생겼습니다. 이런 은하의 형성은 새로운 우주의 질서를 만들었고 다양한 은하들이 각각의 특성을 가지면서 발달했습니다. 지구가 속한 은하계에서도 빅뱅 후 생긴 수소가 헬륨(He)으로 융합하고 헬륨에서 탄소가 형성되었습니다. 이 후 다양한 산소, 규소, 철 등의 원소가 차례로 만들어졌습니다. 이런 별들이 만들어지는 과정에서 다시 수명을 다한 별들은 붕괴하고 폭발하면서 중성자별과 블랙홀이 만들어졌고 또 다른 원소들이 우주로 흩어지면서 새로운 별들이 생성되었습니다.

태양은 45억6,721만 년 전에 탄생하기 시작했고 우리 은하계의 중심부에서 약간 치우쳐진 변방에 존재하기에 태양을 포함한 태양계도 은하의 중심부를 향해 공전하고 있습니다. 태양계가 만들어진 시기에 지구를 비롯한 여러 행성들도 만들어졌는데 초기 태양계에 수많은 우주 물질들이 서로 충돌하고 뭉쳐지면서 혼란스러웠지만 시간이 지나면서 점차 안정된 태양계가 되었습니다. 한편 사람들은 달에 대해서도 많은 궁금증을 가지고 있습니다. 가장 많이 알려진 달의 형성 학설은 소행성의 지구 충돌설입니다. 달의 나이를 확인해보면 지구의 나이 45억 년보다 조금 늦은 44억 년인데 이는 초기 불덩어리 지구에 날라 온 화성 크기 정도의 테이아(Theia)라는 소행성이 충돌하면서 지구의 일부가 튕겨나가 그 파편들이 뭉쳐져 형성되었다고 합니다. 그리고 지금의 공전주기를 가지면서 지구에 조석 차이를 만들고 생명의 탄생에도 많은 역할을 합니다. 달이 지구에서 튕겨 나간 것을 알 수 있는 현상 중 하나는 지금도 지구에서 조금씩 멀어지고 있다는 사실입니다.

초기 지구는 혼돈의 시기를 보내고 뜨거웠던 불덩이 지구도 점차 식어가면서 무거운 원소는 지구 내부로 모여 핵이 되고 가벼운 원소들은 표면에 올라와 맨틀을 구성했습니다. 그 후 엄청난 화산활동도 안정되고 마그마가 식으며 원시지각을 형성하였습니다. 이때 지표가 급격히 식으면서 다량의 수증기를 형상해 지구 대기로 배출하기 시작했습니다. 지구 대기에 가득 찬 수증기는 지속적으로 비를 내렸고 아직도 뜨거운 지구를 식히면서 다시 수증기가 생기는 현상을 반복해 바다를 만들었습니다. 비가 그친 지구는 매우 삭막하고 바다와 지각 일부만 보이는 단순한 모습이었습니다. 지구는 정말 우연인지 신의 묘수인지 모르지만 태양의 뜨거운 빛과 열에 적당히 떨어져 생명체가 살 가능성이 높은 골디락스 존(goldilocks zone)에 있었고 자전축이 약 23.5도의 기울기를 가지면서 태양을 공전해 사계절이 생겼습니다. 그 덕분인지 고요했던 바다 속에는 38억 년 전 새로운 변화가 일어났습니다. 그 속에 녹아있던 무기물과 유기물 중 일부 유기물이 서로 작용하면서 융합하는 현상이 일어났고 이 현상이 점차 확산되면서 원시 단백질을 만들기 시작했습니다. 이 단백질들은 점차 성장하고 분리되는 과정을 거쳐 자가 복제를 했고, 이 유기화합물들은 스스로 겉을 둘러싸는 능력을 가짐으로써 하나의 온전한 객체로 발전해 원시세포가 되었습니다. 이후 RNA라는 단백질 정보전달물질을 구성하면서 세포에 정보를 전달하고 이를 통해 유사한 세포들을 형성하면서 좀 더 발전된 생물체로 진화했습니다. 이런 원시 생명체는 보다 유전적으로 안정적인 DNA라는 핵을 유지하는 구조를 형성하면서 자가 복제의 유전적 정보를 지속적으로 이어나가 같은 개체군을 안정적으로 번식시켰습니다. 이 단세포적인 생명체는 오랜 기간 바닷물의 성분만 이용해 번성하며 다른 생명체를 공격하거나 흡수해 좀 더 강한 생명체로 변화했고 그 결과 진핵세포(eukaryotic cell)들이 나타났습니다. 진핵세포란, 현재 동식물의 근간이 되는 핵과 색소체, 소포체, 미토콘드리아 등 세포들의 소기관을 가지고 있는 완전한 생명체를 형성하는 세포입니다. 진핵세포는 외부의 유기물과 화합

지질연대표

지질시대의 절대길이	대	기	세	각 시대의 길이 (백만년)	B.P (현재이전) (백만년)
신성대	신성대	제4기	홀로세	0.01	0.01
			플라이스토세	1.79	55.80
		제3기 신고	플라이오세	9.7	33.9
			아이오세	21.9	23.0
			올리고세	10.9	5.3
			에오세	17.7	1.85
			팔레오세	3.5	
중생대	중생대	백악기		81	146
		쥬라기		54	200
		트라이아스기		51	251
고생대	고생대	페름기		48	299
		석탄기	펜실바니아기	19	318
			미시시피아기	45	359
		데본기		57	416
		실루리아기		17	443
		오르도비스기		45	458
		캠브리아기		54	542
선캠브리아누대 원생누대	원생누대	신원생대		356	900
		중원생대		700	1,600
		고원생대		900	2,500
시생누대	시생누대	신시생대		300	2,800
		중시생대		400	3,200
		고시생대		400	3,600
		시선생대		1,000	4,600

출처 : 지구과학사전

물을 흡수하면서 생존하는 동물세포와 태양 빛을 받아 광합성을 하는 식물세포로 진화하였습니다. 하지만 아직도 이 시기의 지구는 고요한 상태로 단순한 생명체만 존재하는 에디아카라기(ediacaran period)의 시대를 보내고 있었습니다. 에디아카라기는 선캄브리아시대의 가장 마지막 신원생대 시기인데 일반적으로 6억3,500만 년 전에서 5억4,000만 년 전 사이의 다세포생물군이 처음 발견된 시기입니다. 지구가 처음 생기고 40억 년이란 장고의 시간 동안 아주 조금씩 변화의 싹을 보이면서 생명이라는 새로운 지구의 주인을 점차 받아들이기 시작했습니다. 참으로 긴 침묵의 시간이라 할 수 있지만 그 침묵 속에는 다양한 물밑 작업들이 활발히 존재했던 시기이기도 합니다. 사람들은 이 시기를 아주 먼 과거 지구의 사건으로 보고 있습니다.

시련의 시간

지구는 45억 6,500만 년 전 태양과 함께 만들어졌습니다. 어찌 보면 태양과 같은 등급의 형제 관계라 할 수 있습니다. 이는 다른 항성과 행성들의 초기 생성이 비슷하듯 어느 날 갑자기 창조된 건 아닙니다. 나름 다양한 사건과 우연 그리고 운이라는 것이 모두 작용해 현재의 지구가 생겨난 것입니다. 지구는 현재도 계속 다양한 변화를 보이고 앞으로도 계속 변화할 것이며 언제인가는 그 수명을 다할 것입니다. 마치 살아있는 생명체와 같다고 할 수 있습니다. 지구를 벗어난 파편들이 모여 달을 형성했고 달 또한 우연의 우연을 거쳐 지금과 같은 위치에서 지구와 함께 자전과 공전을 하면서 서로 외롭지 않게 도움을 줍니다. 달은 조석작용과 지구의 생명체에 긍정적인 작용을 합니다. 이런 현상을 전화위복이라 말할 수 있습니다. 이 시기부터 원시지구는 엄청난 수증기로 비가 내리고 낮은 곳에 물이 가득 넘쳤습니다. 대기는 맑아졌고 태양빛은 지구를 고르게 비췄습니다.

지구의 지질시대는 크게 명왕누대, 시생누대 원생누대 그리고 현생누대로 나누어 구분합니다. 지질학자들은 지각의 커다란 변화를 기준으로 지질 시대를 정합니다. 지구 표면은 30억 년 전까지는 하나의 커다란 대륙이었다가 나누어지고 다시 합쳐지기를 수차례나 겪으면서 2억 8,000만 년 전 존재한 거대한 판게아대륙이 다시 나누어져 현재의 7개 대륙으로 만들어졌습니다. 지구가 만들어진 후 5억 년간을 명왕누대라 합니다. 이 시기에 지구는 급격히 식어가면서 가장 오래된 암석과 광물을 만들었고 지구의 맨틀과 지각이 생겼지만 바다는 형성하지 못한 시기입니다. 아무런 생명 흔적도 없던 그냥 덩어리 지구의 모습이었습니다. 하지만 지구는 커다란 자석덩어리입니다. 이는 지구의 내부에 강력한 철 성분의 원소들이 모인 지구 핵이 있기 때문인데 이로 인해 자기장을 형성해 지구를 감싸고 있어 강력한 태양풍과 우주로부터 나오는 많은 자기장을 막아주어 지구 대기는 안정화될 수 있었습니다.

시생누대는 40억 년 전부터 25억 년 전까지 긴 시간을 보내면서 고온의 지구는 수증기를 분출하고 엄청난 비를 내리게 하여 바다를 만들고 지구를 적당히 식혀 온화한 환경을 만들었습니다. 기울어진 자전축 덕에 이때부터 사계절의 기온변화가 있었는데 이미 바닷물 속에는 아주 원시적인 유기화합물들이 무기화합물을 이용하여 원시생명활동을 시작했습니다. 원생누대는 25억 년 전부터 5억4,200만 년 전까지로 이 시기에 광합성을 하는 생명체가 번성하면서 산소농도가 높아져 대기 중으로 확산되었습니다. 또한 태양빛과 작용한 산소가 반응하여 오존층도 생겨나 우주의 강력한 자외선을 차단하는 효과를 가져왔습니다. 이는 육지에 생명활동을 가능케 한 중요 원인이 되었습니다. 그러나 이 시기에 지구는 대기에 있던 메탄가스의 급격한 감소로 지구를 감싸던 온실효과는 사라졌고 급기야 원생누대의 신원생대시기에는 기온이 떨어져 얼음행성이 되었습니다. 이 시기에 광합성을 하던 생명체와 단순한 생명체들은 번성하던 것을 멈추고 멸종 위기를 맞이하는데 다행히 깊은 바다 속이나 해저화산 부근에 있던 생명체들은 겨우 살아남았다가 다시 지구가 화산활동을 하면서 이산화탄소가 증가하고 기온이 회복되자 다세포생명체로 진화했습니다. 이로써 에디아카라생물군의 폭발적인 생명활동을 시작한 것입니다.

이 시기부터 현생누대가 시작되었고 식물들이 번창하면서 높아진 산소농도로 인해 육지에 생명체가 살 수 있는 여건이 조성되어 몸집이 커진 생명체들이 등장합니다. 고생대와 중생대는 공룡과 다양한 동물의 조상들이 나타났던 시기입니다. 하지만 이런 좋은 시절도 고생대의 마지막 시기인 2억 5,200만 년 전 페름기 시기에 현재의 시베리아지방과 중국에 거대한 화산이 폭발하면서 CO_2가 대기 중에 대량 방출되어 수온 상승과 바닷물의 산성화가 급속히 진행되었습니다. 그로 인해 바닷물 속의 용존산소가 줄어들어 육상생물의 70%와 바다생물의 95%가 아주 짧은 시기 동안 멸종했습니다. 이 시기에 고생대를 대표하는 삼엽충도 멸종했습니다.

이 시기를 고생대가 막을 내리고 중생대가 시작하는 전환점이라 말할 수 있습니다. 살아남은 생명체들은 더욱 분화하고 커지면서 트라이아스기와 쥬라기, 백악기에 걸쳐 공룡들이 번성하고 그들이 지구를 지배했습니다. 오랜 기간 다양한 공룡들은 지구의 주인으로 공룡시대를 열었지만 중생대 말에서 신생대 시기가 되기 직전 6,500만 년 전 유카탄반도에 지름 10km 정도 되는 운석 충돌로 인해 천지가 진동하고 파괴되면서 거대먼지가 생기고 태양빛을 차단해 또 한 번의 빙하기가 왔습니다. 이 사건으로 공룡과 수많은 생명체들이 멸종했지만 당시 땅에 숨어 살던 나약하고 작은 포유류들은 생존해 공룡이 없어진 지구에 다양한 포유류의 시대가 시작되었고 현재에 이르렀습니다. 지구의 지질시대는 크고 작은 생물군들의 멸종에 가까운 몇 번의 시련과 사건이 있었지만 그때마다 살아남은 생명체들은 더 발전하며 지금까지 끈질긴 지구의 생명체 군을 이루고 있습니다. 비록 한 시대에 번성했다가 갑자기 멸종한 수많은 생명체들이 있었지만 결코 강한 생명체가 살아남는 게 아니고 약하지만 잘 적응한 것들이 살아남았다는 것은, 시련이 결코 나쁜 것만은 아니라는 지구가 주는 교훈이라 할 수 있습니다.

찰나(刹那)의 시간

찰나(刹那)의 시간이란 10^{-18}의 시간을 의미합니다. 불교에서는 찰나를 아주 가는 비단실을 날카로운 칼로 끊는 데 필요한 시간이라 말합니다. 사실 그 짧은 시간을 사람들은 인식하지 못하겠지만 참 짧은 시간을 의미하는 건 사실입니다. 하지만 이 또한 상대적인 시간 중 짧은 부분이기에 138억년의 우주의 역사에서 보면 수백만 년은 찰나(刹那)의 순간이 되지만 사람들의 시간으로 보면 매우 긴 시간이 될 수 있습니다. 이렇듯 시간은 매우 상대적이기에 누구나 같은 시간을 가지고 살 수는 없는 것입니다. 오랜 기간 지구는 선캄브리아 시기(고생대 캄브리아시기의 이전 시기)를 보내며 거의 침묵의 시간을 보내는 것 같은 정적인 환경이었지만 바닷물 속에는 아주 원시적인 생명체의 일부가 존재했습니다.

이런 미미한 변화가 흐르던 중 5억 1,400만 년 전 고생대 초기인 캄브리아시기에 들어오면서 다양한 생명체들이 폭발적으로 증가했습니다. 이 시기에 척추동물의 조상도 나타나기 시작했는데 빛을 감지하는 수용체의 발생이 있던 시기와 거의 일치합니다. 이는 시각기관인 눈을 통해 상대를 볼 수 있어 포식자의 성질을 가진 생물체가 생겼고 이를 피하려는 피포식자인 생명체들은 딱딱한 껍질, 가시, 지느러미 등의 다양한 모습의 회피 수단을 가지며 진화했습니다. 이후 지구는 고생대(5억4,200만 년 전~2억5,000만 년 전)와 중생대(2억5,100만 년 전~6,600만 년 전) 그리고 신생대(6,600만 년 전~현재)를 거치면서 다양한 생물군들을 형성했습니다. 이 기간 동안 생물들은 진화와 번성 그리고 일부 대 멸종을 맞으면서도 그 생명력을 꾸준히 이어오고 있습니다.

고생대 바다에는 삼엽충이 번성하였고 처음으로 척추를 가진 어류가 등장했습니다. 3억9,000만 년 전쯤 지구의 해수면 위에 한 덩어리의 거대한 육지였던 판게아(pangaea)에 이런 생물들이 기어 올라오면서 공기 중에 노출돼도 살아갈 수 있게 점차 다양한 생물군으로 진화했습니다. 특히 고사리 같은 양치식물들이 육지에 퍼지면서 대기에 산소농도가 급속히 증가했습니다. 그로 인해 거대한 곤충들이 많이 번성했습니다. 이것은 지층 구조와 화석을 통해 확인이 가능합니다. 그 중 거대한 나무들이 지구에 넘쳐났지만 당시에 목질 분해박테리아가 없었기에 지표면에서 썩지 않는 목질들이 겹겹이 쌓여 석탄의 근원이 되는 석탄층을 형성했는데 이 시기를 석탄기라 합니다. 그러다 2억5,000만 년 전 지구의 화산폭발로 페름기(permian period) 대멸종을 맞이하는데 이때도 많은 생명체들이 사라졌습니다. 해양생물의 95%와 육지생물의 70%가

멸종했는데, 당시 살아남은 일부 종들은 중생대로 접어들어 공룡, 어룡, 익룡 등 거대한 파충류 시대를 만듭니다. 식물도 은행나무 같은 겉씨식물이 번성하였고 꽃을 피워 번성하는 속씨식물들도 출현했습니다. 중생대는 공룡 같은 파충류뿐 아니라 설치류 같은 작은 포유류들도 그 틈새에서 힘들게 살아갔습니다. 이 시기 판게아의 대륙은 지각운동의 영향으로 서서히 분리되기 시작했고 극지방, 밀림, 초원, 사막 고원 등 다양한 기후와 지형을 이루면서 현재의 대륙 모양을 갖췄습니다. 하지만 신생대가 시작되던 6,500만 년 전 멕시코의 유카탄반도에 지름 10km 정도의 운석이 충돌하면서 거대한 지진과 화산폭발과 함께 해일과 수많은 먼지 구름을 형성, 태양빛을 가리면서 식물 대부분이 멸종하였고 뒤를 이어 공룡들이 멸종하며 지구상의 생명체 75%가 대멸종을 하게 됩니다. 하지만 땅 속에 기거하던 포유류들은 일부 살아남아 공룡이 없는 지구 전 지역에 번성합니다. 초기의 작은 쥐와 같은 포유류들은 다양한 변이와 진화를 통해 고양이과 육식동물, 소, 말, 곰, 늑대 고래, 박쥐 등 생물군으로 진화하고 각자의 특성에 맞게 번성했습니다. 일부 생존한 공룡 중에는 작은 파충류와 새의 조상으로 발전하기도 했습니다. 이때부터 지구에는 다양한 단세포 생물부터 어류, 양서류, 파충류, 조류, 포유류 등 현존하는 대부분의 동물과 식물의 조상이 나타나게 되었습니다.

특히 영장류의 출현은 매우 의미 있는 사건으로 수천만 년 전부터 작고 원시적인 영장류가 진화해 나무 위에 존재하다가 지금으로부터 400~500만 년 전 나무 위에 살던 영장류 중 일부가 땅으로 내려와 직립보행을 시작했습니다. 이들 중 고인류의 조상이 되는 오스트랄로피테

쿠스(australopithecus)라는 직립원인이 나타났고 그 후 230만 년쯤 손으로 도구를 이용하는 호모 하빌리스(homo habilis)가 출현하면서 점차 사람 같은 모습을 갖추기 시작했습니다. 그렇게 변화를 거듭하며 급기야 불을 이용할 줄 아는 호모 에렉투스(homo erectus)라는 한층 진화한 고인류가 나타났습니다. 날로 먹던 음식을 불을 이용해 굽거나 익혀서 먹기 시작하면서 턱뼈가 줄어들고 어금니가 덜 발달하면서 뇌의 용량은 급속도로 커지기 시작했습니다. 20만 년 전 나타난 신생인류의 직접 조상이라는 호모 사피엔스(homo sapiens)가 출현하였을 때는 고인류보다 4배 이상 큰 뇌 용량을 가지게 되었으며 이 중 일부는 아프리카를 벗어나 점차 지구의 모든 영역으로 뻗어나갔습니다. 이때부터 인류는 새로운 영역의 확장과 탐험의 유전자를 가지고 힘든 환경에도 적응하며 고난을 이겨내 새로운 지구의 지배자가 되었습니다. 물론 과거부터 다른 유사한 고인류 군들이 구대륙에 호모 사피엔스와 함께 존재했고 일부 유전적인 섞임도 있었지만 결국 멸종했고 현생인류인 호모 사피엔스는 인류의 유전적 계통을 계속 이어나갔습니다. 현존하는 다양한 사람들은 비록 피부색, 외모, 골격이 다르더라도 현생인류라는 한 종의 계통을 이어나가고 있습니다. 이런 외형의 다양성은 형질이라는 유전의 한 현상이기에 세상에는 같은 호모종이지만 같은 사람이 존재하지 않습니다.

인류는 역사시대에 이르러 또 한 번 커다란 변화를 맞이합니다. 이른바 농업혁명입니다. 수렵시대에 사냥을 위해 이동하면서 힘들지만 자유로운 방랑생활을 하던 사람들은 비옥한 토지를 발견하고 정착하면서 농사 기법을 이해하고 물 관리를 하면서 1만 년 전부터는 국가라는 개념이 생겼고 다양한 계층과 구조의 문명사회를 이뤘습니다. 이는 곧 고대국가라는 새롭고 막강한 힘을 가진 중앙집권적 집단으로 커졌습니다. 이 힘을 바탕으로 인류는 강한 자가 약한 자를 지배하는 경쟁의 시대를 맞이하였고 인간 위에 새로운 절대자인 신을 믿기 시작하면서 신권을 통한 권력의 지배를 꾀했습니다. 군대를 조직하고 서로서로 노동력과 부를 차지하기 위해 끊임없이 투쟁했습니다. 이런 모습은 현재에도 변하지 않고 계속 이어지고 있습니다. 특히 문자의 발명은 문학과 예술, 과학을 기하급수적으로 발전시켰고 후대에 교육이라는 아주 완벽한 영생 방법을 통해 지식을 전달했습니다. 진정한 영생이란, 과거 조상들의 지식과 행동을 후대에 잘 전달하는 것입니다. 작은 시행착오라도 잘 전달하면 후대는 이를 타산지석(他山之石) 삼아 시행착오 없이 잘 해결할 것이므로 이런 교육이 진정한 영생이라 할 수 있습니다. 인류는 아직까지 우리가 아는 한 우주에서 유일한 지적 생물체로 산업혁명과 디지털혁명을 겪으며 비약적인 발전을 이뤘습니다. 생명의 근원부터 우주의 생성과 그 운동법칙까지 이해하면서 고도의 과학문명도 이루고 있습니다. 하지만 아쉽게도 아직 문명에 비해 문화는 조금 부족하기에 이에 대한 요구를 다양한 방법으로 해결하고자 노력하고 있습니다. 그중 철학이나 종교 또는 예술을 통해 문화적 아쉬움을 해결하기도 하고 인터넷이나 가상세계의 새로운 영역을 찾아 지구 외의 또 다른 세계를 만들어 가기도 합니다. 즉, 인류는 아프리카를 벗어나 지구의 모든 곳에 도달했듯 지금도 새로운 영역의 개척을 위해 끊임없이 노력하는 것은 이미 태초부터 가지고 있던 도전적 유전자의 힘이라 할 수 있습니다.

45억 년의 지구의 역사 속에서 인간은 불과 수 천 년의 찰나(刹那) 시간 동안 그 어떤 생명체들보다 가장 번성했고 지배적인 존재였지만, 지구의 역사에서 보면 아주 위태롭고 보잘것없는 시간이며 언제든 한순간에 사라질 수 있는 존재입니다. 그러므로 교만하거나 너무 방심해서는 안 됩니다. 우리가 지구의 역사를 공부하면서 알아야 할 중요한 대목은 가장 번성했던 종들이 지구의 대멸종시기에 다른 어떤 종들보다 먼저 멸종했다는 사실입니다. 삼엽충이나 공룡이 그렇듯 당대에 가장 강한 종들은 언제든 지구와 우주의 시련 속에 취약하다는 것을 알아야합니다. 인류라는 종은 아직 매우 나약하고 위태로운 불완전한 생명체이고 이 모든 현상이 찰나(刹那)에 이루어진 것이라는 것을 다시 한 번 기억해야겠습니다.

RNA. DNA.

지구에 처음 생명체가 있던 시기는 아주 오래전입니다. 최근 연구에 의하면 45억 년의 불덩어리 지구에서도 이미 생명의 싹은 존재했고 지구가 식어가기 전 43억 5천만 년경 현무암이 생성되면서 유기물질을 이용한 원시 생명현상들이 나타났습니다. 당시 지구는 매일 짙은 수증기 속에 한없이 비가 내렸고 천둥번개가 끊임없이 내리치는 참 요란한 시간을 보냈는데 이때 지구 자체가 커다란 하나의 실험실이었고 그 안에 다양한 화학반응이 생기면서 유기물질들을 계속 만들었습니다. 지금 같은 지구 환경이라면 박테리아 같은 세균들이 있어 이런 유기물질들을 바로 분해하고 에너지로 사용해 사라졌겠지만 그 당시에는 그 어떤 세균도 존재하기 전이라 유기물질의 양은 계속 늘어나 현무암 틈새와 바닷물 속에 쌓였습니다. 이렇게 자연적으로 형성된 유기물질은 서로 결합하고 이어지면서 수많은 생명실험을 하며 오랜 기간을 보냈습니다. 이 과정 속에 진화하던 유기화합물질 중 다른 유기화합물질의 에너지를 이용해 환경에 잘 적응하면서도 고유한 특성이 유지되는 자가복제를 통해 구조가 좀 더 복잡해진 유기체들이 등장했습니다. 그로 인해 생명체와 유기물의 중간단계 물질이 생겨났고 점차 새로운 생명체의 가능성을 보이며 자가 복제와 유전적 잠재력을 가지고 약 5억 년의 시간 동안 잠복기를 보냈습니다. 아직 생명이 존재했다고 말하기 어렵지만 이후 사람들이 말하는 생명이라는 의미가 부여되었습니다.

현대에도 이런 구성물질을 보여주는 RNA바이러스가 존재하듯 매우 오랜 역사를 가진 RNA생명체들은 아주 일찍부터 존재했습니다. 최근 유행한 코로나-19 바이러스도 이 종류의 RNA바이러스입니다. 리보핵산이라는 RNA(ribonucleic acid)는 유전자정보를 매개로 유전자의 발현을 조절하는 핵산으로 다수의 뉴클레오티드(nucleotide)가 연결된 구조입니다. 지구상엔 이미 수소, 탄소, 산소, 질소가 충분해 인이라는 원소가 더 추가되면 RNA는 쉽게 만들어집니다. 이런 인들은 당시 작은 소행성이나 유성들의 지구 충돌로 인해 많은 양의 인이 지구에 유입되어 생명체가 더욱 생성하기 좋은 조건을 가졌습니다. 이 현상은 이미 현재의 과학실험실에서도 유사한 환경을 만들어 인공적인 생명체를 만들었기에 입증이 된 사항입니다. 원시 RNA들은 점차 복잡한 구조의 RNA집단으로 발전했고 현재의 바이러스 크기만큼 성장했습니다. 그 중 일부 RNA생명체는 복제를 하면서 완전한 생명체의 모습이 되었는데 이 중 형질보존과 자가 복제가 유리한 변이들이 생기면서 DNA를 형성해 보다 안정적이고 자가 복제가 원활한 완전한 세포의 모습이 된 생명체를 만들었습니다. 그리고 DNA는 세포의 핵을 구성하면서 기존의 RNA를 이용해 생존을 위한 정보를 전달하고 받아들이면서 자가 복제를 위한 안정적인 유전자 확보를 할 수 있게 발달된 진핵세포(eukaryotic cell)의 모습을 갖는 계기가 되었습니다. 이런 생명 탄생의 조건은 매우 까다롭거나 특별해 보이지만 수억 년에 걸친 수많은 실험 환경에서는 수많은 시행착오가 있었을지언정 적당한 환경 즉, 어느 정도 뜨거운 행성으로부터 떨어져 있어 생명이 살 수 있는 물과 대기가 존재하는 골디락스 영역(Goldilocks zone)의 행성들에게는 좀 더 쉽게 생명체가 존재할 수 있었을 것입니다. 이 가능성이 있는 행성들은 의외로 우주에 많이 존재하기에 외계생명체가 있을 가능성도 크다고 보고 있습니다.

과거에도 그렇듯 미래에도 이런 진화의 변화는 계속 이어지고 새로운 생명의 탄생은 꾸준히 나타날 것입니다. 이를 통해 유추해 보면 환경에 잘 적응하는 종들은 오래 남고 그렇지 않은 종들은 도태되어 사라질 것입니다. 하지만 이런 현상은 오랜 시간 아주 멀리서 봐야 그 변화를 감지할 수 있습니다. 그래서 현재 왜 새로운 종이 나타나지 않느냐 의심하는 것은 사람의 입장에서 보면 이런 변화는 매우 느리고 아주 오랜 시간이 걸리는 사건이기에 쉽게 인식할 수 없기 때문입니다. 지금 사람들이 보는 수많은 종들이 미래에도 계속 함께 한다고 할 수 없습니다. 모든 생물은 조금씩 변하면서 현재의 모습이 아닌 다른 모습으로 나타날 것입니다. 이 현상은 이미 원시생명이 존재하였던 때부터 예견되었고 지구상의 모든 생명체는 한 번도 쉬지 않고 계속 진화하며 변해왔기 때문입니다. 수많은 시행착오 중 살아남은 생명체들은 처음부터 100%의 완벽한 생명체가 아니므로 새로운 도전을 통해 지속적으로 발전하고 있습니다. 하지만 이 발전은 종의 유지와 지속에 좋은 방향도 나쁜 방향도 될 수 있어 결과적으로 살아남는 것은 선택을 받는 것입니다. 이런 선택은 누구도 미리 알 수 없고 상황에 닥쳐야만 알 수 있을 것입니다. 그래서 생명체는 다양성을 가지고 계속 환경에 따라 변화, 진화의 과정을 겪어야 합니다. 지구를 포함한 우주 또한 강한 자가 살아남는 것이 아니고 오래 버티는 자가 살아남듯 크고 무겁다고 좋은 게 아니고 구조적으로 단단하고 질량이 충분히 존재해야 합니다. 그래서 이 충분한 질량으로 중력이 존재하여 대기를 붙잡아둘 수 있고 물이 존재하는 행성들이 더 유리한 것을 보면서 우주 자체가 이미 생명의 모습을 보여주는 것이라 할 수 있습니다.

현재 지구상에 존재하는 수많은 생명체들은 38억 년 동안 나름의 생존 방식을 통해 적응하고 진화하였기에 어떤 것이 더 우수하거나 열등하다는 차별은 안 되며, 이것 또한 사람의 입장에서 본 잘못된 인식입니다. 사람의 입장에선 미미한 생명체일지라도 오랫동안 다양한 시련 속에서 진화를 거듭해 오늘에 이른 것이며 존재 가치가 있기에 현재의 모습으로 생명군을 이룬 것입니다. 사람만이 가장 우수한 종이라거나 세균도 세월이 지나면 고등동물이 된다는 건 잘못된 생각입니다. 인류의 조상인 호모 종들은 겨우 400만 년의 짧은 역사만 가지고 있지만 세균은 이미 수억 년의 진화를 거쳐 현재에 생존하는 진화의 결과물이기 때문입니다. 모든 생명체는 우열이나 차별이 있어서는 안 되고 동등한 생명 그자체로 인식해 현재 지구라는 별에서 공존하며 동반자라는 인식을 가져야 합니다.

죽음의 시간 끝에 영혼이 존재하는가?

많은 사람들은 삶은 삶이고 죽음은 죽음이라 분리해서 생각합니다. 이는 우리 주위에 죽음을 점차 멀게 하는 사회적 분위기에 죽음을 직접 체험하는 기회가 적어지면서 생긴 문제라 봅니다. 하지만 코로나-19가 대유행을 하면서 죽음이 매우 현실적이고 바로 나 자신의 문제라는 것을 인식하는 계기가 되었습니다. 이는 죽음이 결코 멀리 있는 것이 아니고 현실의 문제며 일부 나이든 사람의 자연사, 사고사에 제3자로 담담히 죽음을 바라보던 시선을 나에게 돌리게 했습니다. 당장 코로나-19 예방주사를 맞고 죽을 수 있고 나와 가족이 감염돼 죽을 수 있듯이 마치 치열한 전투 속에 생존을 걱정하는 것처럼 죽음에 대한 공포를 가까이 느끼게 된 새로운 경험인 것입니다.

이제 죽음의 끝에 영혼이 존재하는가에 대해 생각해봅시다. 수많은 종교서적과 교리 그리고 죽음에 대한 이론과 책들은 죽음 후에 대해 다양한 해석을 합니다. 그중 영혼 또는 영체(靈體)에 대한 수많은 언급이 있지만 이를 증명하지 못하면서 이런저런 다양한 사례만 들어 간접적으로 존재를 보여주려고 합니다. 그중 근사(임사)체험자들의 주장을 통해 빛의 세계에 대한 경험을 이야기한 것이 있습니다. 현실에선 못 본 황홀감과 아름다운 세상이 있고 긴 터널의 끝에 새로운 세상이 있다고 합니다. 이 특별한 세상에 대해 대부분 안락하고 평온했다는 것에서 마무리하고 다시 깨어났다 합니다. 이 또한 일부 뇌 과학자들의 견해처럼 인간의 뇌에서 만들어 낸 새로운 경험의 표현이라 봅니다. 물론 영적세계에 대한 종교적 차원의 주장을 무시하거나 거부하는 건 아닙니다. 주요 종교에서도 과거부터 이런 근사(임사)체험에 대한 언급은 자제했던 것이기에 크게 얘기하긴 어렵다고 봅니다. 단지 과학적이고 의학적인 경험을 통한 입장에서 보면 사망 직전 뇌의 일시적인 발작과 순간에 분비되는 마약성 물질의 화학반응, 전기신호의 반응이 극적효과를 보여준 것으로 극한의 상황에서 커다란 기합을 냄으로써 새로운 힘을 높이는 것과 유사한 현상이라 할 수 있습니다.

전자공학을 전공했던 시절이 있고 지금도 가끔 전기 작업을 하는 저자도 220볼트 전기에 감전된 적이 있습니다. 목장갑을 끼고 있었지만 순간 엄청난 현상을 경험했습니다. 거의 근사(임사)체험자들이 말하는 그런 느낌이 순간 들었고, 눈에서 하얀 빛과 아름다운 붉은 빛이 아른거렸습니다. 이 현상은 뇌가 강한 외부 충격에 자신을 보호하려 만든 반응으로 보입니다. 만약 여기 소량의 마약성 물질까지 분비된다면 더 확실한 근사(임사)체험을 했을 것입니다. 좋은 예는 아니었지만 이런 근사(임사)체험에 대한 자세한 이야기는 나중에 다시 언급하겠습니다. 어린 시절 우주 저 끝에는 지구와 다른 세상이 있을 거라 생각했지만 과학이 발전하고 더불어 물리학, 천문학의 발달로 우주 저편에도 지구를 구성하는 소립자와 원자, 분자들과 똑같은 물질로 존재한다는 것과 중력, 전자기력, 강력, 약력의 힘이 고르게 존재한다는 것을 알게 되면서 우주의 신비는 점차 풀리기 시작했습니다. 의학도 생리학·생화학의 기초학문을 넘어 이제는 분자 원자의 세상에서 나노 의학기술로 발전하여 새로운 생명물리학으로 해석하며 세포 하나하나의 신비가 벗겨지면서 생명이라는 근원적 목표에 다가가고 있습니다. 이 과정에서 영혼과 영체라는 혼의 존재는 점차 나약해지고 이로 인해 마음(mind)이나 의식(consciousness)이라는 의미가 더 중요시되고 있습니다.

또한 전생에 대한 많은 이야기는 종교의 간증체험 만큼 많지만 지금 몇 가지만 제외하면 그 힘을 잃어가고 있습니다. 전생의 문제는 인문학적인 표현으로 가설이 아닐까 생각합니다. 사람의 상상력은 사후에 대한 구체적 세계관을 만들었지만 이런 과정에 모순이 생겼습니다. 사람만이 영적으로 완벽하고 내세관을 가지며 죽은 후 사후세계에 간다는 과거의 의식 수준에나 통하는 인간 중심의 편협한 지적 한계를 보여줍니다. 특히, 시간이라는 실체에 우리가 경험하는 현실은 매우 상대적이고 주관적이며 절대성이 존재하지 않는다는 것을 이해한다면 많은 사람들이 생각하는 영혼은 매우 취약한 모습일 것입니다. 이 또한 사람들의 입장에서 영혼을 생각하고 인식하는 것입니다. 대부분 종교의 내세관은 사람 외 타 생명체에 대한 영혼이나 영적인 문제에 대해 설명하지 못합니다. 과거 저자가 17년을 키웠던 순이라는 반려견은 마지막까지 저와 함께 했지만 지금은 존재하지 않습니다. 나름 정성을 다해 보살폈지만 나이는 어쩔 수 없어 죽음으로 이별했는데 순이는 죽기 전까지 자신이 강아지가 아닌 사람으로 인식하고 살지 않았나 궁금합니다. 사람만이 영혼과 영체가 존재한다면 반려견 순이는 아무것도 아니라 그냥 미물이었을까요? 죽음에 대한 문제에서 인간만이 유일한 영혼과 영체가 존재하는 생명체라는 것에 강한 의심을 가지게 됩니다, 생명의 근원에 대한 영혼과 영체보다 좀 더 현대적인 표현인 마음과 의식으로 죽음에 대한 다양성을 인정하면서 너무 복잡한 교리나 성령적 이야기는 죽음학에서는 자제했으면 하는 마음입니다. 영혼과 영체가 사람에게만 중요하다면 신은 왜 완벽한 사람을 만들지 못하고 불안정한 삶을 살게 하거나 죽음에 대한 불안을 가지고 살아야 할까요? 그리고 일부사람들이 말하는 사후세계도 자살자와 정상적 사망자 사이에 차이가 있고 동물에게도 차이가 있다면 이는 매우 인위적인 인간의 잣대로 사후를 보는 건 아닐까요?

시간이 멈추는 사후에 대해 너무 고민할 필요가 있을까?

사람들은 대부분 죽음을 벗어나기 위해 시간을 역행하려는 행동을 합니다. 그 중 하나가 불로장생(不老長生)을 위한 처절한 노력이고 이것이 불가능하다는 것을 알게 된 현대에는 안티에이징(Anti-aging)에 대한 많은 연구와 노력을 시도하고 있습니다. 하지만 이런 노력에도 불구하고 사람들의 평균수명은 늘어났지만 죽음은 결코 정복하지 못하고 있습니다. 더욱이 코로나-19의 발생은 인간의 노력만으로 해결되는 것이 아닌 자연의 순응이 더 유용할 수 있다는 것을 보여주고 있습니다. 참으로 신기한 것은 지구상에 존재하는 고등생물 중 가장 많은 총량을 가진 호모사피엔스(Homo sapiens)라는 현존인류는 지구상에 출현한 지 20~30만 년이 지나면서 가장 번성했지만 어이없게도 코로나-19에 힘없이 무너진 것입니다. 지구학 학자들은 과거 지구에서 일어난 수차례의 대멸종에 가장 우세한 지배종들이 제일 먼저 멸종하였다는 것을 주장했습니다. 만약 또 다른 지구멸망이 온다면 인류라는 종이 가장 먼저 멸종될 것이라 예상합니다. 결국 인류도 언젠가 멸종이라는 파멸을 맞이한다는 것입니다.

이런 유한의 죽음에 대해 생각해보는 죽음학은 조기에 배워야 하고 알아야 한다고 생각합니다. 그 이유는 결국 어떻게 살다 행복하게 마지막 죽음을 맞이할까에 대한 매우 현실적인 문제를 이해하기 위함입니다. 어떻게 살까에 대해서 수많은 철학자, 사회학자, 종교가들은 이미 우리의 상상력에서 표현할 수 있는 모든 것을 다 정리해 발표했기에 더 이상 언급할 필요는 없습니다. 다만 각자 자신에 맞는 분야를 찾아 공부하고 실천하며 즐기면 그것으로 충분할 것입니다. 단, 죽기 전까지 이런 자신의 가치관이나 원하는 목표를 어느 정도 달성하고 만족하는 준비를 해야 합니다. 삶의 선택은 하나가 아니며 매우 다양하고 수시로 바뀌기도 합니다. 하지만 그 마지막 정리 과정은 사람마다 다르기에 어떤 과정이든 모두 존중해야 합니다. 생의 마지막 결승선을 밟으며 지난 삶에 대해 충분히 만족했다면 그보다 더 행복한 삶은 없습니다. 하지만 항상 미진한 것이 인생이고 아쉬운 것이 현실이므로 반성하고 되돌아보는 것도 가치 있는 삶입니다. 어떤 사람은 생의 마지막 결승선을 밟기도 전에 자살하는 경우도 있고 불의의 사고로 자의와 상관없이 실격 처리되는 것처럼 불행한 죽음도 있지만 그들이 살아온 삶의 가치를 무시해선 안 됩니다. 불행의 원인을 찾고 다음엔 이런 실수나 사고가 없도록 예방, 교육, 관리하는 반면교사(反面教師)를 교훈 삼는 것은 살아있는 사람들의 몫이라 봅니다. 또한 남은 가족과 피해자에게도 관심과 위로를 주어야 먼저 떠난 사람의 죽음 후에 대한 걱정이 줄어들 것입니다. 사람들은 일어나지도, 일어날 수도 없는 문제에 괴로워하며 많은 시간을 허비합니다. 사후문제도 이런 불필요한 걱정을 가져다주기에 이것을 이용한 감성 팔이나 죽음상술이 점점 많아지는 것입니다. 이 또한 혹세무민(惑世誣民)은 아닐런지요.

사후에 대한 다양한 해석이 있다는 것은 역으로 생각하면 별 신빙성이 없다는 것이기도 합니다. 문제 해결 방법이 많다는 것은 다시 말해 그리 중요하지 않고, 하나 안 하나 마찬가지라는 것입니다. 그러니 너무 깊이 빠지거나 집착하거나 맹신하는 것은 피하고 사후에 대한 고민이나 불안은 버려야 합니다. 사람들 중에는 죽음을 깊이 고민하다 염세적이거나 회의, 회한에 빠져 자신을 스스로 포기하거나 쾌락, 향락에 빠지는 경우도 있습니다. 잘못된 죽음학을 공부하면 도리어 나쁜 결과가 생길 수 있는 것입니다. 그러니 죽음학을 공부하더라도 두려움을 만들고 불안을 유발하는 책이나 자료는 피해야 합니다. 그리고 다시 한 번 강조하지만 불필요한 사후에 대한 고민으로 시간을 낭비하지 말아야 합니다. 현재의 삶은 한 번이고 죽음도 한 번입니다. 그래서 소중합니다. 오늘 만난 모든 사람이나 사물은 다 소중하며 의미가 있고 귀한 존재이기에 아끼고 사랑해야 합니다. 죽어서는 이 모든 것을 더 이상 사랑할 수도 함께 할 수도 없기 때문입니다.

나 자신이 영혼이나 영체의 문제를 떠나 죽은 후 사후세계를 갈지 안 갈지 모르겠지만 확실한 것은 육체와 자신의 모든 흔적들은 분명 그 잔재를 남기고 서서히 현재에서 지구, 우주 속으로 흩어집니다. 그리고 자신을 구성했던 물질들은 하나하나 흩어져 고르게 퍼지며 어딘가에 새로운 모습으로 우주의 한 구성물이 되어 다시 존재할 것입니다. 그것이 생명이든 무생물이든 중요하지는 않지만 그 변화의 흔적은 계속 또 다른 변화를 보여주면서 시간의 흐름에 따라 새로운 모습으로 다시 나타날 것입니다. 일부 사람들은 사후에 대한 의미를 차원이 다른 세계로 영혼이 떠나는 것이라 하지만 그들이 표현하는 4차원이라 해서 그곳도 점과 선과 면이 존재하지 않는 엉뚱한 세계는 아니라는 겁니다. 3차원 현실에서도 1차원인 점과 2차원인 선은 얼마든지 존재합니다. 차원 이야기를 하면서 논리적 해석이 안 되면 결국 4차원 후에 5차, 6차원의 이야기가 계속되기에 이는 많은 모순을 보여줍니다. 이런 차원의 이야기는 뒤로하고 현실의 입장에서 보면 2,000년 전 예수님의 폐 속에서 요동쳤던 입김이 아직도 우리의 현세에 존재한다면 믿어지십니까? 그렇습니다. 예수님의 말과 행동은 기록으로 성경에 남았고 예수님의 숨결은 어디서 누군가의 폐 속에 지금도 계속 존재하고 있습니다. 지구라는 우주가 있는 한 예수님은 항상 우리와 함께 존재할 것입니다. 수년 전 죽은 저자가 키우던 반려견 순이의 입김 속에 남아 있던 그 온기를 지금도 함께 느낄 수 있는 것처럼 인간뿐 아니고 모든 자연은 순환하고 서로 밀접하게 관계 맺음으로써 일련의 과정은 계속 이어집니다. 그 안에 죽음도 과정의 한 축이라는 것을 이해하게 됩니다. 단, 죽음은 인간으로 태어나 딱 한 번 있는 큰 사건이라는 것을 인식해야 하고 사후의 문제보다 현실 문제에 좀 더 깊은 이해와 가치를 가져야 할 것입니다. 나를 태어나게 하고 지금 존재하게 하는 것은 그 옛날 누군가의 흔적이 쌓여 만든 유기체이고 유전적 기록이라 보면, 자신 또한 이런 과정을 전해줄 중요한 미래의 자산이고 자원이라 볼 수 있습니다. 그래서 소중하고 가치 있는 것입니다.

사람이 태어나 한번 겪는 큰 사건인 필연적 죽음에 참여한다는 걸 안다면 현실의 삶에도 충분히 만족해야 합니다. 그리고 때가 되었을 때 기꺼이 죽음에 동참해야 합니다. 이 또한 기회는 한 번뿐이기 때문입니다. 진정 영혼과 영체가 존재한다면 동물도 이런 존재가 있다는 것을 인정하고 영혼의 존재를 동물과도 함께 공유해야 합니다. 과연 동물들도 사후에 그들만의 다른 사후세상에 갈 것이고 귀신이라 하는 떠돌이 혼의 모습을 볼 수 있을까요? 그렇다면 식물도 영혼을 인정해야지 않을까요? 또한 차원의 문제에 사람들이 오해하는 것 중 1차원의 점이라는 것이 찍히는 순간 이것을 확대해보거나 크게 확장하면 결국은 3차원의 면적이라는 것을 이해하게 되므로 인간이 생각해낸 차원이라는 것이 얼마나 모순인지 알게 될 겁니다. 결국 1차원의 점이나 2차원의 선도 다 같은 3차원의 모습이라는 것이고 3차원의 모습도 결국 확장하면 다차원공간이라는 추상적인 현상이 되는 건 아닐까요? 그러므로 나의 삶이 존재하는 동안에도 이런 다차원적인 경험들이 쌓여가는 축적되는 시간의 여정이라는 것에 의미를 두고 싶습니다.

시간 속에서 이해해야 할 근사(임사)체험

대부분 사람들이 생각하는 근사(임사)체험에 대한 다양한 이야기는 과거 1970년대 뉴에이지 시대에 많이 거론되었지만 21세기에 들어 의외로 사람들의 관심에서 멀어지는 것도 하나의 현상이라 생각합니다.

근사(임사)체험의 문제는 이제 과학적 연구와 증거로 새롭게 밝혀지고 좀 더 객관적인 모습으로 사람들에게 다가왔으면 좋겠습니다. 그동안 대부분의 근사(임사)체험은 경험자의 기억에 의존했습니다. 기억이라는 것이 얼마나 부정확하고 왜곡되기 쉬운가는 이미 알려졌지만 죽음을 경험한 사람들의 외적 변화와 무관하게 이런 이야기는 대부분 육체가 부양하거나 심한 경련을 일으키거나 자발적으로 움직이는 등의 변화 없이 주로 뇌에서 발생합니다. 물론 심한 사고를 당하거나 충격, 또는 급격한 외부 환경에 노출된 상태에서 발생하지만 분명한 것은 이런 신체적 상황과 근사(임사)체험은 별개로 이해해야 합니다. 즉, 대부분의 경험이 경험자의 뇌 안에서 일어난 반응이기 때문입니다.

근사(임사)체험은 죽음 후 다시 살아난 사람들의 경험담입니다. 하지만 최근 의학의 발전으로 근사(임사)체험을 하는 경우가 점차 많아지는 것도 사실이고 죽음을 이해하려는 노력으로 근사(임사)체험 연구도 많이 이루어지고 있습니다. 하지만 아직도 진실은 모호합니다. 사람들이 죽음을 이해하려는 것은 호기심도 있지만 두려움도 있습니다. 그래서 다양한 죽음에 대한 가설과 이론이 난무하고 새로운 주장도 많이 발표됩니다. 하지만 사후의 영생(永生)을 믿건 안 믿건 상관없이 죽음을 맞이하기 전 미리 준비하면 주어진 시간을 어떻게 살아갈지 정할 수 있습니다.

굳이 사후세계를 이해하려 노력하거나 영생에 너무 깊은 생각을 하기보다 과거의 삶과 상관없이 지금이라도 새로운 삶으로 거듭나면 그것이 바로 좋은 사후세계로 가는 구원의 길입니다. 천국은 멀리 있지 않고 지금 내 눈앞에 있습니다. 천국에 혼자만 가면 그것은 천국이 아닙니다. 사랑하는 가족이 있고 친지가 있는 지금 이곳이 천국인데 사람들은 막연하고 먼 또 다른 세상에 대한 동경이 너무 큽니다. 그곳이라고 이곳과 다를 수 있을까요? 그러니 지금 내가 있는 이곳이 바로 천국이 아닐까요?

대부분 근사(임사)체험에 대한 이야기가 나오면 귀가 솔깃하지만 여기에 대한 관심보다는 내가 맞이할 죽음에 대해 후회하지 않게 준비하는 시간을 만들어야 합니다. 죽음은 순식간입니다. 그리고 반복이 없습니다. 근사(임사)체험이나 사후세계, 환생(還生), 영생을 굳이 믿으라 하지 않겠지만 그렇다고 부정도 하지 않았으면 합니다. 이는 믿음의 문제고 내 마음이 곧 우주라 보기 때문입니다. 지금 있는 이곳은 그 어딘가 끝이 있는 유한한 우주의 한 부분이고 그 일부인 이곳에 잠시 머물다 떠나지만 한편으론 또 다른 흔적으로 계속 존재하고 기억되는 시공간의 소중한 영원(永遠)이 있는 곳입니다. 그래서 우주는 창조되었지만 계속 진화하고 있으며, 그 진화의 한 부분에 자신이 존재하고 앞으로도 계속 존재할 것입니다. 우주가 계속 진화하는 동안 나 자신도 영원성을 가질 것입니다.

과학과 인문학 사이의 근사(임사)체험

근사(임사)체험에 대한 자료나 책을 보면 근사(임사)체험은 확실한 실체가 있는 사후세계가 존재하는 것처럼 느껴집니다. 사실 존재에 대한 그 어떤 확실한 증거도 없지만 많은 사람들은 사후세계를 인정하기도 합니다. 그래서 다른 방향으로 한번 생각해보려고 합니다. 근사(임사)체험은 현재의 지식으로 증명할 수 있는 과학인가 아니면 믿음과 경험으로 표현하는 인문학적 사건인가를 몇 가지 예를 들어 이야기해보겠습니다.

다양한 근사(임사)체험을 통해 사후세계에 대한 비밀이 알려진 것은 그리 오래되지 않았습니다. 1960년대 이후 심폐소생술의 급격한 발달로 심정지 환자를 살리는 획기적인 치료방법이 탄생했습니다. 이런 치료가 많아지면서 근사(임사)체험 환자도 급격히 증가하였고 이들의 이야기는 의사나 과학자들에 의해 정리되고 체계화되어 널리 알려졌습니다. 특히 오랜 기간 종교에서 금기시 했던 근사(임사)체험의 이야기가 세상에 나오자 일부 종교에서는 도리어 교리적으로 당황했고 부정했지만 지금은 이를 새로운 영적 체험으로 보기도 합니다. 최근에는 심폐소생술이 발달해 더 많은 근사(임사)체험 경험자가 생기지만, 이것이 진정한 사후세계를 표현한 건 아니고 도리어 치료의 한 과정에서 생기는 의학적인 경험은 아닐까 반문해봅니다. 과거 영적체험이라 하여 전해지는 많은 이야기 중 대부분은 지금의 과학적 관점에서 보면 합리적으로 해석되는 경우가 많은데 이런 영적경험을 하는 과정에서 경험자들이 저혈당상태, 급격한 탈진, 심한 기아상태, 자연환경이 매우 악화된 경우, 심장발작증상이나 내·외부적인 충격으로 일시적 의식 상실을 당한 경우가 많았습니다. 이들의 경험은 각 민족이나 나라마다 내용이 비슷하고 이미 경험했던 낯익은 사람과 장소가 등장합니다. 이는 새로운 영적세계의 경험과는 달리 익숙함이 존재하는 너무 편협한 주변의 주장으로 보입니다.

이와 같은 개념으로 당사자가 극한 상황에 잠시 의식을 잃어버려 발생한 경험과 무엇이 다를까 생각해봅니다. 아주 젊은 시절 행글라이더를 탔던 저자는 경주 토함산에서 활공 중 기체가 조정이 안 되는 상황에 빠져 급속히 추락하면서 산 중턱에 충돌하였던 경험을 기억해보면 당시 슬로우 모션(Slow motion)으로 전개되던 주변 상황이 아직도 뚜렷합니다. 그리고 뭔가 잘못되었다는 것을 인식하고 충돌 순간 기억을 잃었던 경험은 지금도 저자에게 큰 충격으로 남아 있습니다. 이는 교통사고를 당해본 분들은 이해할 수 있을 것입니다. 이와는 다른 경우의 예로 간혹 산모가 자궁출혈이 심해 응급수술 중 과다출혈로 심정지가 발생, 가까스로 소생시킨 경우를 겪어 본 저자는 이후, 회복한 환자에게서 근사(임사)체험의 경험을 들어보지 못했습니다. 이는 다른 문헌에도 수술을 위한 깊은 마취상태나 심정지가 있던 환자의 경우 근사(임사)체험의 자료는 거의 없습니다. 물론 특정 약물에서 마취 유도나 깨어날 때 환상, 환청을 호소하는 경우는 있습니다. 뇌의 기전에 외부의 강력한 마취약이나 마취유도제가 들어간 상태에는 근사(임사)체험이 일어나지 않는다면 이는 근사(임사)체험 자체가 뇌의 일부에서 발생하는 현상이라 보여주는 증거가 아닐까요? 어린 시절 크리스마스에 가끔 읽었던 찰스 디킨스(Charles Dickens, 1812~1870)의 소설「크리스마스 캐럴」에 나오는 구두쇠 스크루지 영감은 자는 동안 유령들을 차례로 만나 과거와 현재 그리고 미래의 모습을 보고 크리스마스의 참된 의미를 깨닫는데 이 내용이 바로 근사(임사)체험과 유사합니다. 당시 스크루지 영감도 일시적인 병적 상태에서 체험한 것일 테지요.

근사(임사)체험의 내용을 알아보면 몇 가지 공통적 현상이 있지만 가장 큰 의문은 왜 근사(임사)체험에 동물이나 식물에 대한 언급이 거의 없는가 입니다. 이런 현상이 진정 사후세계에 인간만이 들어갈 수 있는지에 대한 의문이 듭니다. 그럼 인간만 사후세계를 경험하는 유일한 생명체라는 것일까요? 코끼리, 고래 영장류 등은 영혼이 없다고 하는 종교적인 입장은 제외하고라도 이런 동물들은 분명 꿈을 꾸고 뇌의 기능도 인간과 거의 유사합니다. 그래서 영혼은 분명 이들 동물에게도 있을 것이고 이들도 영적 체험을 할 것입니다. 그것이 아니면 영혼에 대한 지금까지의 가설에 모순이 생깁니다. 또 다른 의문은 정상적인 뇌기능을 가진 인간의 경우 근사(임사)체험을 통해 사후세계에 대한 많은 경험이 나왔지만 평소 정신적으로 이상이 있거나 선천적, 후천적으로 인지능력이 떨어지는 사람의 경우는 근사(임사)체험이나 사후세계에 대한 언급이 거의 없었습니다. 그렇다면 사후세계의 문은 정상적인 사람만 받아들인다는 것이란 모순이 또 발생합니다. 사후세계는 정상인만의 세상인가요?

이런 몇 가지 예를 들어보니 근사(임사)체험과 사후세계에 대한 문제를 믿느냐 안 믿느냐의 접근보다는 의학적인 입장을 배제하면 사회과학적인 인문학으로 바라보는 것이 더 타당한 것 같습니다.

시공간에서의 근사(임사)체험

근사(임사)체험 분위기가 휩쓸기 직전 1960년대 미국에는 신흥종교의 대형부흥회가 번성했고 집단적 광풍이 한차례 불었습니다. 이 시기부흥사들의 신기한 성령 경험담과 기적 행위는 수많은 추종자와 신도를 만들었고 일부는 광적인 신앙적 집단행동에 빠지기도 했습니다. 그 후 그 열풍이 사라지면서 그 자리를 근사(임사)체험 경험담이 채우고 점차 사람들의 관심을 끌기 시작했습니다. 처음 몇 명의 사람들이 경험하고 듣고 보았다는 근사(임사)체험은 대부분 경험자의 간증이나 경험담으로 이뤄졌고 일부는 TV나 매스컴, 책으로 출판하면서 널리 알려졌습니다. 특히 이 시점은 1970년 초반 히피문화와 사이키델릭(Psychedelic) 열풍이 있던 때라 마약류 약물에 취한 시대기도 했고, 현실도피 정서의 유행과 반전 분위기 그리고 뉴에이지의 열풍 속에 신비한 인도와 동양사상이 많은 사람들에게 전해졌습니다. 근사(임사)체험이라는 용어는 미국 정신과 의사 레이먼드 무디 주니어(Raymond A. Moody, JR., 1944~)가 『다시 산다는 것(Life after Life)』이라는 책에서 처음 사용했으며, 보통 죽음 체험이라 하는데 사망의 정의에 부합한 심장이 멎고, 호흡이 정지되고, 동공반사가 없는 상태에서 경험합니다. 주로 이들의 주장은 자신이 죽은 상태의 모습과 그 주위 사람들에 대한 증언이 많았습니다. 환자의 연령, 성별, 인종, 종교와 무관하게 나타나며 눈부시게 환한 빛과 포근한 느낌 그리고 이미 죽은 사람들에 대한 만남이 주를 이룹니다.

주요 경험담은 아래와 같습니다.

긍정적 감정(56%)

자신이 죽었다는 인식(50%)

이미 세상을 떠난 가족과 친지와의 만남(32%)

터널을 통과함(31%)

천상이 풍경을 관찰함(29%)

체외 이탈 경험(24%)

밝은 빛과의 교신(23%)

다양한 색을 관찰함(23%)

자신의 삶은 회고함(13%)

삶과 죽음의 경계를 인지함(8%)

레이먼드 무디 주니어 박사의 근사(임사)체험 연구로 나온 결론은 이 현상은 분명 존재한다는 것이고, 근사(임사)체험은 인종, 성별, 나이, 교육수준, 결혼 유무, 사회적 지위와 관계없이 발생하며, 종교적 믿음은 크게 영향을 끼치지 않고, 경험한 사람들은 자신의 근사(임사)체험을 실제로 확신한다는 것입니다. 이때 약물은 영향을 끼치지 않았으며, 환상이라고만 할 수 없으며, 종종 현실의 무엇과 비교할 수 없는 기분을 느끼고, 근사(임사)체험 후 사람들은 죽음에 대한 공포를 극복하고, 체험 전보다 삶에 감사하며 그 후 매우 긍정적으로 변했다는 것입니다. 이 경험은 모두에게 나타나는 것은 아니지만 어느 정도 중복되는 공통점입니다.

근사(임사)체험을 부정하는 사람들은 좀 다르게 해석합니다. 일반적으로 사람의 심장이 멎으면 뇌로 가는 혈관이 멈춰 10~20초 정도 후 뇌파가 사라지지만 근사(임사)체험은 뇌의 활동이 없을 때 일어나므로 일반적인 의학상식으로는 설명이 어렵지만 몇 가지 유사한 방법으로 경험을 할 수 있다고 주장합니다. 뇌의 측두엽 부위에 어떤 자극을 가하면 유사한 반응을 보이고, 일부 마취제나 마약을 투여하면 비슷한 환청과 환시경험을 하므로 이는 뇌 기능이 마비되기 직전에 일어나는 현상으로 보는 것입니다. 하지만 이를 반박하는 사람들의 주장은 약물이나 물리적인 자극으로 인한 환상의 경우 조각난 기억으로 연결이 일정치 않고 정리가 안 되며 누구를 만나거나 회고하는 과정이 나타나지 않는다고 말합니다. 또한 근사(임사)체험에서 만난 사람들은 일종의 소망투사(Wishful thinking)가 작용해 보고 싶은 사람을 투영한 것이라 합니다. 하지만 어린아이의 경우 부모가 살아있으면 나타나지 않고 죽은 부모만 나타났다고 합니다. 이런 경우에도 의문이 드는 건 아버지에 대한 이야기는 거의 없었는데 아이의 성장 발달과정에서 친밀도와 연관성이 있는 듯합니다. 그 외에도 근사(임사)체험에 등장인물을 살펴보면 문화적 유사성이 있고 평소 가까웠던 사람들이 나타나며 사후세계가 한 동네 정도로 작게 나누어진 걸로 보아 사후세계를 설명하기에는 매우 편협한 주장으로 보입니다. 저자의 견해로도 근사(임사)체험은 분명 존재하고 의학발전에 의해 앞으로 더 많은 사람들이 소생하는 경우 자료는 계속 축적되며 끊임없는 연구를 진행할 것입니다. 이런 현상을 정리해 보면 뇌가 심한 자극으로부터 회복하는 의학적 과정의 경험으로 보는 것이 더 쉽게 이해될 것 같습니다. 일부 사후세계를 믿는 사람들은 근사(임사)체험이 사후세계를 보여준다고 주장하지만 그 실체는 경험자의 증언 외에는 없고 도리어 최근 과학적인 입장에서 대략적인 기전이 뇌 과학자들에 의해 알려지고 있습니다.

인간만이 근사(임사)체험을 경험하는 것은 일부 종교적 입장에서 인간만이 유일한 영혼을 가진 존재라는 것이지만, 이는 나 자신의 영혼이 도리어 나 자신만을 생각하는 게 아니라, 내 안에 있는 그 무엇이 나를 생각하게 하는 두개의 영혼이 존재한다는 모순적 상태에 빠지는 일이 생긴다는 것입니다. 문제는, 인간만이 영적인 존재가 되기에 영혼의 문제는 매우 애매한 부분을 포함하고 있습니다. 동물도 꿈을 꾸고 서로 소통합니다. 이런 과정을 통해 동물들도 일부는 진화, 발전합니다. 반려동물들은 과거보다 인간과 더 친밀해져 교감의 단계를 넘어 가족과 같은, 아니 더 가까운 관계를 형성하는데 이에 대한 감정이입의 교감을 해석할 수 있는 여지를 막아놓는 것입니다. 동물들도 근사(임사)체험이 가능할지 아직 모르지만 동물과 사람이 함께 존재하는 사후세계가 아니라면 지금까지 사후세계에 대한 논의는 뇌의 일시적 혼동이 유발한 급격한 전기적 폭발현상으로 치부될 것입니다. 앞서 언급한 미성숙한 아이들의 영혼은 진정한 영혼이 아니라는 문제도 생기는데 근사(임사)체험과 사후세계는 온전한 성인들의 전유물이 되는 것 같아 아쉽습니다. 또한 성인이라도 정신적으로 미숙하거나 뇌의 발달이 낮은 사람의 경우 근사(임사)체험이 안 되는 것은 어찌 이해해야 할지 의문이 듭니다.

그렇다면 근사(임사)체험을 인간만이 인간의 뇌에서 만들어낸 일시적인 새로운 감각 반응으로 해석하는 건 어떨까요? 이런 현상들이 앞으로 더 많아지고 자주 발생한다면 특별한 경험이 아닌 죽음 직전에 나타나는 의학적인 증상과 증후(symptom & sign)의 하나로 받아들여질 수 있습니다. 감기에 걸리면 목 아픈 증상이 있고 충수염이 걸리면 우측 하복부가 아프다거나 결막염이 심하면 뭔가 눈에 아른거리는 것처럼 근사(임사)체험의 다양한 현상들도 아주 특별한 영적 체험이라기보다 하나의 의학적 증상과 증후군으로 이해할 수 있다는 것입니다.

근사(임사)체험 후 유익한 삶의 변화가 있었습니다. 근사(임사)체험과 사후세계에 대한 경험의 존재를 논하기 전 분명 긍정적인 측면은 있습니다. 연구에 의하면 유경험자의 삶은 다른 사람에 비해 공감과 이해의 수준이 향상되었고, 인생의 목적이 더 확고해졌으며, 남을 배려하고 봉사하며, 좀 더 영적으로 성숙한 삶을 산다고 합니다. 특히 죽음에 대한 공포나 두려움이 현저히 줄어들었다는 것은 삶의 질적인 면에 큰 영향을 준 것이고 죽음에 대한 가치를 더 높여준 것으로 보입니다. 단지 이런 체험을 모든 사람들이 겪는 게 아니고 시간과 공간의 개념에서 이해하려고 하면 많은 모순과 종교적 갈등 그리고 비과학적 혼돈의 난제에 빠질 수 있습니다. 특히 시간과 공간의 영역에서 근사(임사)체험은 의외로 시공간을 초월한 또 다른 세상에 대한 이야기가 됩니다. 결국 자연현상이 아닌 사람만이 가지는 인지와 감각의 능력으로 발생하는 한정된 이야기일 수 있다는 반증이 되기도 합니다.

근사(임사)체험의 빛이 표현하는 것

근사(임사)체험의 중요한 역할은 빛입니다. 빛이 있기에 근사(임사)체험의 표현은 아름답고 환상적이고 살면서 겪어보지 못한 경험으로 표현하고 있습니다. 이는 대부분의 체험자들이 표현하는 주장이고 이 빛은 무언가 선도하는 것을 잘 보여준다고 합니다.

근사(임사)체험에서 유체이탈을 느끼는 순간 새로운 세상을 경험하고 여행하면서 이미 죽었던 사람을 만났단 얘길 들으면 이는 영혼이 빛의 속도로 순간이동을 한 것인데 간혹 경험자들 중에는 아주 먼 하늘나라나 우주 저 멀리 갔다 온 경험이 있다고 합니다. 하지만 이것은 당연히 지구 안에서야 초당 299,792,458미터를 가는 빛의 속도로 1초 안에 모든 곳을 다 다닐 수 있지만 우주에서는 가까운 태양이나 목성, 토성을 가는 것도 많은 시간이 많이 걸린다는 것을 잘 이해하지 못해서 생긴 매우 불확실한 표현입니다. 영혼의 순간이동은 특별한 능력을 가져서 가능하다는 전제하에 이루어지는 소통인데 영혼이 빛과 같은 성질이라면 이는 차원이 다른 세상이라도 빛은 그 성질이 일정하고, 지구와 같은 차원의 경우에서는 입자성과 파동성의 고유한 성질에는 전혀 변화가 없습니다. 왜곡이나 빛의 속도 변화라는 것은 거대한 우주의 일부에서 일어나는 극히 제한된 공간의 현상일 뿐입니다.

우리가 아는 우주 이외에 또 다른 다중우주관을 이야기하면 이는 어찌 보면 자신의 무지를 회피하거나 새로운 이유를 만들려는 상상 속의 표현일 수 있습니다. 우주 외에 다른 우주가 있다 해도 빛과 같은 영혼은 결국 많은 시간이 걸려야 원하는 곳에 도달할 것이고 설령 그곳에 가더라도 현실의 우주는 이미 사라진 뒤의 이야기를 하는 모순에 빠집니다. 그리고 빛은 한번 떠나면 다시 돌아오지 않습니다. 그것이 빛의 고유한 성질입니다. 영혼이 공간을 자유롭게 떠돈다면 이는 빛과 같은 성질의 모습을 해서는 안 되는 것입니다. 영혼이 시공간에 자유롭게 존재한다지만 이런 공간 이동에도 시간이 필요합니다. 아직 빛보다 빨리 이동할 수 없기에 순간적으로 이곳저곳을 간다는 것은 불가능합니다. 하지만 빛보다 더 빠른 인간의 생각은 시공간을 초월하는 우수한 인식반응을 가져 순간적으로 우주의 이곳저곳을 상상 속에서 마음대로 이동합니다. 에너지 소모가 거의 없이 자유로운 만남도 가능하고 대화도 가능하며 느낄 수도 있습니다. 단, 생각은 뇌의 공간 속에서만 활동이 가능하고 뇌의 에너지를 받아야만 존재한다는 것입니다. 간혹 새로운 차원의 세상을 주장하는 사람들은 차원에 대해 이해하지 못하고 1차원 점의 세계가 있고, 그 후 2차원 선의 세계가 있고, 그 후 3차원의 면의 세계가 생겼다고 생각하기에 다차원적 상상의 허구 속에서 계속 4, 5, 6차원을 확산할 수 있는 자기모순이 생깁니다. 사람들이 살고 있는 3차원의 시공간 세상도 1, 2차원과 함께 한 번에 생겼고 다차원에도 3차원적 모습이 그대로 존재할 것입니다. 일부 사람들이 주장하는 공간상의 4차원을 무조건 어둡고 공허하고 아주 다른 감각의 세계로 표현하는 것도 결국 인간의 상상력이 만든 뇌의 인식작용이 아닐까요?

근사(임사)체험자들의 증언에 따르면 분명 빛이 존재하고 그 빛으로 많은 현상을 경험했다고 하지만 이는 빛이 아니고 뇌의 신경망에 존재하는 수많은 전기적 신호의 충돌이나 발작적인 표현일 가능성을 생각해봐야 합니다. 누군가를 만나고 서로 교감했다는 감정은 뇌 속의 다양한 신경조직의 결합에서 나타나는 뇌의 정형적 정보처리 표현 방법입니다. 즉, 컴퓨터의 비휘발성 기억장치를 생각해보면 이해될 것입니다. 이곳에 일시적인 스파크나 오작동이 생겼다고 보면 그 현상은 마치 근사(임사)체험에서 나타나는 현상과 유사할 것입니다. 물론 다시 복구하면 기억장치는 안정되겠지만 그 순간을 견딜 수 있는 극치를 넘기면 장치는 파괴되고 영원히 사용 못할 것입니다. 앞에 언급한 근사(임사)체험을 통해 죽음의 뒤에 무엇인가 있다면 종교에서 말하는 사후세상과 전생 외에 또 다른 세계가 존재한다는 것인데, 이런 논리라면 알지 못하는 세계는 점차 늘어나고 일부 종교적 교리로도 절대적 유일성에 모순이 생기는 것이 아닌가 하는 의문이 듭니다.

사람은 신체와 영혼이 존재해서 죽음 후 영혼이 신체를 떠나 새로운 곳으로 간다고 하는 영혼이동(靈魂移動)의 이원론적 관점에서 반문해보면 영혼이 숙주인 신체가 더 이상 생존기능을 못해 떠나는 기생충과 무엇이 다른가입니다. 기생충은 생존을 위해 숙주를 이용하고 조절합니다. 불완전한 자신의 생존을 위해 숙주의 영양분으로 자신의 삶을 누리지만, 숙주가 더 이상 그 역할을 못하면 숙주를 버리고 다른 곳으로 옮깁니다. 이는 기생충뿐 아니라 공생하는 모든 세균들도 같습니다. 미생물이나 기생충도 숙주가 살아있어야만 존재하기 때문입니다. 더욱 강조하고 싶은 것은 사람이나 동물도 머리(뇌) 없는 신체에선 살 수 있어도 신체 없이 머리(뇌)만으로는 살 수 없습니다. 그러므로 생명의 정의는 뇌의 문제라기보다 신체의 문제입니다. 물론 식물은 뇌가 없지만 살아있는 생명체입니다. 그래서 생명이라는 기준을 정하는 것은 의외로 복잡한 영역입니다.

영혼에 대한 다른 해석

살아있다는 것은 앞에서 설명했듯이 참으로 어려운 여러 조건에 부합하는 정의를 보여줍니다. 그래서 생명의 근원과 정의는 아직 완벽하게 표현할 수 없습니다. 그런데 여기에 영혼, 영체라는 것까지 이해하려면 정말 뭐가 뭔지 알 수 없습니다. 그저 간단히 생명은 생물이 살아있는 것을 말하고 살아있는 것을 살아있게 하는 것이 영혼이라 하면 되겠지만 이것은 너무도 무책임하고 쉽게 표현하는 것입니다. 일단 생명은 생명체가 살아 숨 쉬고 활동할 수 있게 하는 힘이라 정의하지만 생명체의 구분은 너무 광범위하고 무생물과 유생물의 중간단계인 바이러스나 그보다 더 작은 입자의 자가증식 작용이 있는 것까지 생명이 있다 하기엔 한계가 있습니다. 그러다 보니 영혼의 의미는 더 어려워지고 그 실체를 표현하기도 어렵습니다. 그래서 다양한 해석과 가설이 난무하는 것입니다.

영혼, 영체에 대해 다른 해석을 해보겠습니다. 만약, 영혼이나 영체가 빛이나 전파와 같은 성질이라면 물리법칙에 의해 입자의 직진성과 파동성을 가진 고유한 특성으로 앞으로만 퍼집니다. 물론 거울 같은 반사물질이 있다면 일부 되돌아갈 수 있겠지만 이는 빛이나 전파를 반사시킬 만한 충분한 시설과 에너지가 있는 경우입니다. 또한 빛이나 전파는 에너지가 감소하면 서서히 사라집니다. 그렇다면 영혼, 영체도 영원하지 않고 사라진다는 모순이 생깁니다. 일반적으로 영혼, 영체는 운동에너지의 일종입니다. 그리고 다양한 정보를 가진 기억장치일 수 있습니다. 송수신을 하는 나름의 감각수용체가 존재하고 서로 교류하는 방법이 일치해서 소통된다는 이론이 성립하는데 이 현상을 이해하기 쉽게 '의식의 교감(communion or rapport)' 이라 표현하면 어떨까요? 최근에는 영혼, 영체를 'Soul' 이나 'Spirit' 보다 '마음' 또는 '의식' 이라는 'Mind' 나 'Consciousness' 로 좀 더 친근감 있게 해석하는 경향이 있습니다. '마음' 또는 '의식' 이라는 의미의 '교감(communion or rapport)' 은 더 포괄적 의미로 사람 사이의 교감뿐 아니라 반려동물, 자연계의 모든 사물과도 교류하는 것을 말합니다. 실체가 모호한 영혼, 영체를 인간만이 가지고 있다는 주장은 모순이라고 앞서 얘기했습니다. 차라리 생명이 있는 모든 것에 생명체를 관리하는 에너지가 있고, 이런 에너지를 '의식'이라는 '혼(魂)' 또는 '기(氣)'라 한다면 더 쉽게 이해할 수 있습니다. 이런 에너지 현상을 거창하게 영혼, 영체라 하며 인간의 유일한 정신세계로 말하는 건 좀 과한 표현 같습니다.

또한 영혼, 영체가 영원불멸의 현상이나 물질이라는 것도 매우 모순입니다. 모든 에너지는 다른 에너지로부터 변형되어 나오는 힘과 움직임이므로 육체를 떠난 영혼, 영체도 지속적으로 에너지를 못 받으면 언젠가는 소멸될 것이기 때문입니다. 그러므로 생명체에는 영혼, 영체가 있는 게 아니고 의식이라는 혼(魂) 또는 기(氣)라는 작은 에너지의 흐름이 신체가 살아있는 한 함께 존재한다고 봅니다. 이 흐름은 에너지 준위가 너무 낮아서 감지가 잘 안 되므로 증명은 어렵지만 죽음 후 스스로 붕괴해 곧 자연으로 확산, 의식이라는 혼의 의무를 마친다고 봅니다. 단지 평소 의지가 강하고 교육이라는 훈련을 통해 일부 사람은 에너지 준위가 높아져 좀 더 오래 존재할 수 있지만 결국 자연으로 흩어지는 과정의 시간 차이일 뿐입니다. 구천을 떠돈다는 영혼, 영체는 실체가 없지만 의식이라는 혼 또는 기라는 교감의 에너지 형태로 우리의 삶에서 흔히 느끼고, 소통하고, 교류하고, 이를 통해 사랑하고, 위로하고, 더 나아가 동일집단을 유지하는 힘을 가집니다. 그뿐만 아니라 사람과 동물 간의 교감 또는 모든 자연의 생명체 공통의 교감신호로 작용하는 것을 굳이 억지스러운 추상적 이론을 도입하지 않아도 그 모두가 스스로 알고 받아들이는 것이 당연한 모습일 것입니다. 또한 이런 기(氣)의 에너지도 결국 소멸되고 자연 속에 흩어지면서 지속적으로 순환한다고 봅니다. 이렇듯 영혼, 영체 또한 우주라는 공간에서 일어나는 이야기이며 언제나 시간이라는 변수가 함께해야만 설명이 가능합니다. 지구라는 작은 공간에 다양한 종교적 믿음이나 심정적 관점에서 영혼, 영체의 설명은 가능하지만 조금만 그 범위를 넓히면 영혼, 영체의 현상은 사람들의 상상 속에서나 가능한 이야기입니다.

시공간 속에서 사후 생에 대한 생각들

죽음에 대한 다양한 이야기와 연구 그리고 사례들이 많이 소개되고 있습니다. 죽음에 대한 접근이 객관적인 책도 있지만 일부 책들은 감성적인 면을 자극하기도 하고 여러 이야기를 섞어 정작 어떤 의미를 전달하려는지 헷갈리는 때도 있지만 그 안에 공통점을 찾을 수 있습니다. 죽음에 대한 의미, 죽음과정에의 다양한 문제와 생각거리 그리고 영혼과 근사(임사)체험과 새로운 세상, 윤회의 문제 등이 그것입니다. 그래서 죽음학은 학문으로 발전하기 좀 어렵지 않을까 하는 생각을 해봤지만, 잘 가다듬고 정리하면 공감을 일으키는 죽음에 대한 믿음 같은 모습이 될 수 있겠다는 생각이 듭니다. 근래에는 죽음에 대해 공부하거나 모임에 참석하는 사람들이 늘어나고 그들은 이미 죽음은 끝이 아니고 새로운 세계로의 여정이라는 믿음이 생겨나는 듯 보입니다. 그러나 죽음학을 새로운 세계로 가는 내세관에 있지 않고 현실에서 죽음을 진솔하게 받아들이는 자세의 문제로 접근하는 것이 죽음에 대한 더 깊은 논의라고 생각합니다. 사람마다 사는 모습이 모두 다르듯 죽음도 같은 경우가 없습니다. 좀 더 넓게 보면 자연계의 모든 생명체의 죽음도 다 다르고 모든 죽음엔 그 이유가 있습니다. 이를 반문하면 이유를 밝힐 수 없다는 것일 수도 있습니다. 하지만 한 가지 법칙은 있습니다. 그것은 '영원불멸의 영속한 생명체는 없다'는 것입니다.

그런데 유독 일부 인간만 영혼이 있고 영체가 존재하고 영혼의 세계가 있어 영원한 생명이 있다고 합니다. 어느 죽음학자는 인류가 태어난 200만 년 전을 언급하며 영혼은 인간에게만 있다고 합니다. 인간의 시초가 유사한 생명체에서 분화되어 진화 과정을 통과했는데 인간이라 딱 잘라 말 할 수 있는 시기를 어떻게 알까요? 그때부터 존재했다는 '카르마'도 현재 또는 미래에 늘어날 인간의 수만큼 만들어져 있다고 주장하기도 합니다. 그럼 왜 처음부터 인간의 수를 카르마처럼 모두 한 번에 만들지 않았을까요? 우리 주위에는 이런저런 이야기가 죽음학에 많은 영향을 미치고 죽음에 대한 강의도 이루어지고 있습니다. 차라리 죽음 후, 모든 생명체가 커다란 우주라는 광장에 모여 물리적, 창조적, 진화적 다양한 현상 속에 연속과 반복으로 새로운 생명체가 만들어지고 있다면 어떨까요? 지금도 많은 사람들은 과거 지구가 우주의 중심이라고 생각했던 시절의 죽음관과 내세관 그리고 이를 결속했던 종교적 입장에서 벗어나지 못해 죽음을 두려움과 회피의 대상으로 봅니다. 하지만 죽음은 그 누구도 피할 수 없는 우주의 원리이며 사람도 우주의 한 존재이기에 우주적 법칙에서 결코 벗어날 수 없습니다. 그래서 살고 죽는 과정 또한 우주의 시공간에서 일어나는 자연현상인 것입니다.

근사(임사)체험에 대한 다른 입장

근사(임사)체험을 연구하다 보면 대부분 내용이 인간만 경험한 것으로 되어 있습니다. 이것은 사람만 영혼이 있다는 전제하에 근사(임사)체험을 언급한 것으로 다양한 가설에도 불구하고 사람 이외 생명체에 대해 확실한 언급을 못하는 것도 사실입니다. 이러다 보니 영혼의 존재나 사후세계에 대해 극히 개인적인 직간접 경험만으로 증명하려다 보니 반박하는 입장에서는 과학적인 다양한 근사(임사)체험 가설을 들고나와 부정하는 양극단의 차이가 나타납니다. 종교를 떠나 근사(임사)체험이나 영혼과 영적인 문제는 사람에 국한해선 안 됩니다. 모든 동물과 사람이 함께 존재하는 사후세계가 아니라면 지금까지 사후세계 존재에 대한 논의는 대부분 진실성이 없어질 수 있습니다. 또한 앞서 얘기한 정신적 문제가 있는 사람의 근사(임사)체험에 대한 언급도 명확하지 않고 대부분의 증언이나 주장이 정상인 사람들의 입장에서만 논의한 것도 사실이기에 이에 대한 접근도 좀 더 확장해야 할 것입니다. 그렇다면 근사(임사)체험을 앞서 말한 영혼의 존재를 알기 위한 증거나 방법으로 접근하지 말고 사람의 뇌에서 만들어낸 일시적 새로운 체험감각의 반응으로 해석하면 어떨까요?

응급구조학의 발전과 소생의학의 발전으로 과거에는 죽어야 할 사람들이 살아나는 현실에서 다행히 소생한 환자가 근사(임사)체험을 증언한다면 특별하고 신비한 현상으로 볼 게 아니라 진짜 죽음의 문턱에까지 갔다는 확증이 되므로 영상의학적인 검사로 증명할 수 없는 위급했던 상황을 증명하는 지표가 될 수 있습니다. 또한 반대로 해석하면 아직 죽을 단계에 이르지 못해 살아났다는 소생의학적인 임상척도로도 해석 가능합니다. 이런 현상을 의학적으로 표현하면 임상적인 증상과 증후라고 합니다. 이는 진단의학의 기본에 들어가는 진단과정입니다.

인문학적인 입장에서도 인본주의 철학자인 로버트 잉거솔(Robert Ingersoll, 1833-1899)은 '내가 아는 한 또 다른 삶(사후세계)이 있다는 유일한 증거는 첫째 우리에겐 아무 증거가 없다는 것, 둘째 우리에게 증거가 없다는 것이 유감스럽기에 증거가 있기를 바란다.'라고 했습니다. 또한 사람들은 커다란 충격이나 고통 또는 사고 후 외상 후 스트레스 장애(Post-traumatic Stress Disorder, PTSD)로 힘들어하기도 하지만 일부 사람들은 의외로 잘 극복하고 외상 후 성장(post-traumatic growth, PTG)을 하기도 합니다. 외상 후 성장은 신체적 손상 및 생명의 위협을 받은 큰 사고 후 자연적 회복(recovery)을 넘어 긍정적 변형(transformation)을 말하며, 심리적 다차원 영역의 성장 및 성장했다는 주관적 지각의 변화인데, 이 현상은 근사(임사)체험에 대한 긍정적인 표현 중 자주 언급되는 그 후 삶의 변화에 대한 긍정적인 현상을 설명하는 데 유효합니다. 『천국의 발명』을 저술한 마이클 셔머(Michael Brant Shermer, 1954~)는 "하늘 천국 여부는 잘 모른다. 하지만 지상 천국은 분명히 있다."라는 표현으로 지금 현재 이곳이 천국이라 생각하고 살아가는 지혜를 강조했습니다.

죽음 직전에 경험하는 종말체험

사람들이 죽음을 맞이하는 것은 결과적으로 시간의 진행으로 생기는 불가역적 현상입니다. 그래서 시간을 이기는 죽음은 없다고 합니다. 만약 시간을 역으로 보낼 수 있다면 이는 곧 불로장생의 길이 열리는 것이지만 시공간 우주의 법칙에는 이런 일은 없습니다. 결국 사람은 죽음을 맞이하고 죽은 사람의 시간은 멈춥니다. 사람들은 임종 시나 임종이 가까워지면 비슷한 체험을 합니다. 저자도 어린 시절 친가와 외가 조부모님과 같이 살면서 집안에 나이든 어른들이 오셔서 말씀하시는 일종의 종말 체험담을 많이 듣고 자랐습니다.

종말체험(Deathbed vision)은 임종이 가깝거나 노환이 깊은 분만 아니라 이런 분과 함께 사는 분도 유사한 경험을 했다는 걸 듣고 좀 의아했던 기억이 납니다. 이들은 세상을 먼저 떠난 부모님이나 형제가 꿈에 나타나 뭔가를 전해주려 하거나, 잘 아는 지인이나 친지가 반겨주거나 하는 경우가 많았는데 주로 혼자 나타나며, 이런 이야기를 주변에 하면 가족들은 부모님이 곧 좋은 곳으로 갈 것 같다는 이야기를 했었습니다. 저자의 기억에 의하면 노환으로 기력이 거의 없어 하루하루 연명하던 친할머님이 좀 기력이 나면서 "너의 할아버지가 왔었구나!"라고 하셨습니다. 그 당시 저자도 우리 할머님이 이제 곧 돌아가시겠구나 하고 생각했었지요. 이것이 종말 체험에 대한 정확한 의미인지 잘 모르겠지만 연세가 많은 분과 함께 살았던 분이라면 대부분 이와 비슷한 경험이 있을 것입니다. 아무튼 종말체험에 대한 언급은 근사(임사)체험보다 더 많이 보고되고, 흔히 살면서 듣는 소리지만 명확히 그 의미나 이유를 알려 하는 것도 아닐 것 같아 죽음의 한 과정에서의 경험으로 여기는 것 같습니다. 종말체험의 긍정적 의미는 이미 돌아가신 분들이 잘 계시다는 안도감과 자신의 죽음에 대한 안녕과 평안을 준다는 것입니다. 그래서 이를 마지막 선물(Final gift)이라 말하기도 합니다. 저자의 기억으로도 종말체험을 한 사람들의 표정은 담담했고 올 것이 왔다는 의미로 마음의 준비를 하는 것 같았습니다.

종말체험과 꿈이 어떻게 다른가 알아보면, 어느 정도 의식이 있는 상태에서 경험한다는 것이고 정신이 혼미한 상태에서는 나타나지 않습니다. 또한 꿈은 미리 예상하거나 평소 생각한 바를 꾸지만 종말체험 현상은 지난날을 억지로 기억하거나 미리 바라는 경우에 나타나는 것은 아닌 듯 보입니다. 이 경험은 죽음에 임박해서 마음(의식)이 발동하거나 간절함이 커져 자신의 죽음을 미리 인식한 뇌에서 기억 속에 있던 돌아가신 분들이 보이는 것 아닌가 생각해봅니다. 간절함이 통한 일종의 소망투사(所望投射)와 공명현상(共鳴現像)이 아닐까요? 간혹 종말체험과 반대로 죽기 직전이나 직후에 다른 가족에게 자신의 모습을 보여주는 경우도 있다고 합니다. 이런 증언들을 보면 역시 자고 있는 상태에 나타난다는 공통점이 있습니다. 각성상태의 일상생활 중에는 잘 나타나지 않고 설령 낮에 나타나도 좀 혼미한 상태로 졸거나 잠시 멍한 상태에서 보이는 것으로 인간의 고도한 뇌기능에 의한 마음이나 의식의 교류, 평소 잘 통하는 사람끼리의 공명현상(共鳴現像) 속의 이심전심(以心傳心)의 의미로 볼 수 있습니다. 이것은 사람 간에만 있지 않고 마음속에 간직했던 고향의 전경, 특별한 장소 또는 친밀했던 반려동물 사이에도 일어납니다.

시공간을 넘나드는 자각몽

조선 시대 황진이(1520?-1560?)의 상사몽(相思夢)을 읽으면 마치 시공간을 넘나들며 사랑을 찾아가는 자각몽(自覺夢, Lucid dream)을 잘 표현한 듯한 구절이 있습니다.

相思相見只憑夢(상사상견지빙몽) 그리워라, 만날 길은 꿈길밖에 없는데

儂**訪歡時歡訪**儂**(농방환시환방농)** 내가 님 찾아 떠났을 때 님은 나를 찾아 왔네!

願使遙遙他夜夢(원사요요타야몽) 바라거니 언제일까 다음날 밤 꿈에는

一時動作路中逢(일시동작로중봉) 같이 떠나 오가는 길에서 만날지어다

그리움에 대한 애틋함이 너무 커 마음을 아파하는 이 시를 저자도 좋아합니다. 이 시를 언급한 이유는 간절함이 커지면 소망이 이루어진다는 말처럼 자신의 마음이 전해지길 바라는 애절함이 자각몽으로 나타나기 때문입니다. 일부에서는 자각몽이 근사(임사)체험과 유사하다고 하는데 자각몽을 통해 다양한 영계 세계를 경험한다고도 합니다. 자각몽(自覺夢, Lucid dream)은 자고 있는 사람이 스스로 꿈이라는 걸 자각하며 꾸는 꿈입니다. 한마디로 의식이 뚜렷한 꿈이라 말할 수 있습니다. 1913년 네덜란드의 정신과 의사이자 작가였던 에덴(Frederik van Eeden,

1860~1932)이 처음 사용한 용어로 자신만의 세상을 창조하거나, 본인이 상상한 대로 펼쳐지는 새로운 '꿈 세계'에서 색다른 경험이라 할 수 있습니다. 옛 중국의 사상가 장자(莊子)의 호접몽(胡蝶夢)도 일종의 자각몽입니다. 장자는 꿈에 나비가 되어 즐겁게 놀았는데, 잠에서 깬 뒤 자신이 나비였던 기억이 너무도 생생해 '내가 나비인지 나비가 나인지 개념이 모호해지는 경험을 했다.'라고 했습니다. 미국 스탠퍼드 대학의 실험심리학자 스테판 라버지(Stephen LaBerge, 1947~)도 2004년에 쓴 그의 저서 '루시드 드리밍'을 통해 자각몽에 대해 언급하면서 자각몽이 창조적 영감과 풍부한 통찰을 촉진하고, 스트레스 완화 및 정서적 치유에 도움을 준다고 주장했습니다.

요즘은 자각몽을 꾸는 데 도움을 주는 스마트폰 애플리케이션이 개발되고, 서로의 자각몽 경험을 공유하는 모임도 있습니다. 이들은 자각몽을 꾸기 위해선 충분한 동기가 필요하고, 꿈에서 깨자마자 꿈 일기를 꾸준히 기록하며, 그것으로 꿈 세계를 이해한다고 합니다. 그리고 수면 스케줄을 조정, 좋은 시간에 잠들려고 애씁니다. 한편 자각몽에 대한 우려도 있는데 꿈에서 원하는 것을 마음대로 해볼 수 있으므로 스트레스 해소나 예술적 영감을 얻는 원천이 될 수 있지만 현실도피 수단으로 사용할 위험이 있고 자각몽에 빠져 충분한 수면을 취하지 못한다면 건강에도 무리가 올 수 있다는 것입니다. 스테판 라버지(Stephen LaBerge)는 1987년에 자각몽 연구소(Lucidity Institute)를 설립해 자각몽을 두 부류로 구분했습니다. 일반적인 꿈을 꾸다 갑자기 이것이 꿈임을 자각하는 경우(Dream recall)와 깨어 있는 상태에서 의식적인 노력을 통해 자각몽 상태로 돌입하는 경우(Wake-Initiated Lucid Dream, WILD)가 그것입니다. 이는 훈련을 통해 자각몽의 능력을 키울 수 있으며, 각각의 자질이나 노력 여부에 따라 간밤에 꾸었던 꿈을 세세히 기억하는 것부터 본인의 의지로 자각몽을 유도하는 것까지 다양한 단계에 도달할 수 있는데 이는 마치 명상수련과 유사하다 할 수 있습니다.

자각몽은 주로 REM(Rapid eye movement sleep) 수면 상태인 안구운동이 있고 깨어 있는 것에 가까운 얕은 수면에서 일어납니다. 자각몽의 중요성을 강조한 초자연주의자들은 깨어 있는 상태로 이성을 갖고 꿈 세계를 탐험함으로써 의식의 새로운 영역을 파악해 정신의 새로운 가능성을 열 수 있다고 믿습니다. 자각몽에 깊이 빠진 사람들은 유체이탈을 통해 영계나 4차원 세계의 영혼과 접촉했다는 경험을 주장합니다. 일반적인 유체이탈에서 잠시 육체와 떨어져 자신의 모습을 보거나 어딘가를 간다거나 하지만 문을 연다거나 주위 물건을 만지지는 못한다고 합니다. 크리스토퍼 놀란(Christopher Nolan) 감독은 이를 바탕으로 2010년 기업의 금전적 이익을 위해 타인의 꿈을 조작하는 영화 〈인셉션(Inception)〉을 발표했습니다. 또한 죽음과 연결 지어 본다면 사별자들이 사별대상과 만나고 싶어 하는 것을 자각몽을 통해 이루려는 경향도 있습니다. 늘 함께였던 사랑의 대상이 어느 날 갑자기 사라져버린 상황에서 다시 만나고 싶고, 부재로 인한 허전함을 채우고 싶은 마음은 이해하지만 심한 집착이나 자각몽을 통해 계속 함께하려는 것은 현실세계에 적응을 어렵게 합니다. 따라서 시간과 함께 떠난 사람을 자연스럽게 보내는 것이 옳은 선택이며 사별의 극복입니다.

간혹 자각몽을 혼자 꾸지 않고 비슷한 시기에 자신과 관계 맺은 상대와 같이 꿀 때도 있습니다. 이 현상은 매우 놀랍지만 친밀도가 높고 서로 간절한 마음으로 교감하는 경우, 강한 끌림이 있기에 가능한 현상입니다. 그래서 사랑하던 연인들은 늘 함께하고 싶다는 열망으로 동시에 상대의 꿈을 꾸고 그에 대해 놀라워합니다. 페이즈 연구센터의 설립자로 유체이탈, 자각몽, 아스트랄 투사 등으로 불리는 의식 현상에 관한 연구를 하는 미하일 라두가(Michael Raduga, 1983~)도 유체이탈이나 자각몽은 초자연적 현상이 아니라, 어떤 이유로 의식이 몸보다 먼저 잠에서 깨어났을 때나 몸이 의식보다 빨리 잠들었을 때 우리가 일시적으로 겪는 잠재의식과의 생생한 조우일 뿐이라 합니다. 이 현상을 페이즈(phase)라 하며 본질적으로 유체이탈과 자각몽은 동일한 페이즈 상태의 의식현상입니다. 이것을 적극적으로 삶에 활용하면 자기계발과 내적 성장에 큰 도움이 될 것입니다.

시공간에서 가능한 죽은 사람으로부터의 사후교신

자연의 법칙에 대해 잘 알고 있다 해도 간혹 신기한 현상이나 경험의 이야기를 들으면 매우 놀라고 진실 여부와 상관없이 믿게 됩니다. 하지만 잘 관찰해보면 충분히 이해할 수 있는 문제이거나 자연적으로 일어날 수 있는 경우가 대부분입니다. 간혹, 확인이 어렵거나 설명이 안 되는 경우도 있지만 시간이 지나면서 대부분 진실이 밝혀집니다. 그 중 하나가 죽은 사람으로부터의 사후교신입니다. 멀리 있는 지인이 마치 근처에 있는 것 같은 느낌을 받는다거나, 죽은 지 얼마 안 된 사람이 같은 공간 안에 있는 느낌, 혹은 그 사람 고유의 흔적이나 냄새, 소리가 들려

놀란 경험을 했다는 사람들이 있습니다. 이런 현상을 사후교신(ADC: After Death Communication)이라 하는데 이미 1995년 미국의 빌 구겐하임(Bill Guggenheim)이 세상을 떠난 사람이 가족이나 친척, 지인에게 소식을 전하는 것으로 정리해 미국근사(임사)체험학회에 발표하고, '죽은 자와 소통하는 12가지 유형'이 들어있는 '*Hello from Heaven!*'이라는 책을 출간했습니다.

이것은 문화와 인종과 관계없이 경험하는데 사람이 죽으면 육체는 부패, 소멸하지만 정신은 계속 유지, 존재하여 생기는 현상이라며 근사(임사)체험이나 삶의 종말체험(Deathbed vision)처럼 영원한 죽음은 없다는 증거라 주장합니다. 즉, 인간이 영적인 존재이기에 생기는 현상이라는 것입니다. 영혼의 존재가 확실하다면 타당한 이유겠지만 이런 경험은 일부에게만 나타나고 무엇보다 중요한 건 함께 있는 모든 사람에게 나타나는 건 아니라는 점입니다. 물론 예수님의 부활처럼 집단적으로 경험한 사례도 있지만 일반적으론 특정한 경우만 경험한다는 것은 영혼의 문제라기보다 죽은 사람과의 교감의 문제가 아닐까 생각합니다. 마음의 교감은 상대가 아무리 멀리 있거나, 죽었어도 서로 통하고 전달되는 이심전심(以心傳心)이 있기에 느끼는 것입니다. 이 사후교신 현상을 평소 함께하지 못하는 아쉬움과 미련(未練)이라 하면 어떨까요? 어떤 사람들은 사후교신과 종말체험, 자각몽을 구분하지 못하고 혼란스러워도 합니다. 그래서 증언들을 잘 분석해보면 모순이 나타나기도 하고 현실적으로 가능한 것을 마치 특별한 것처럼 과장하기도 하지만 일부 과학적으로 설명하지 못하는 경험도 있다는 건 부정할 수 없습니다.

빌 구겐하임(Bill Guggenheim)의 12가지 사후교신

1) **지각적 사후교신**(Sentient ADCs): 죽은 사람의 영혼이 바로 옆에 있다는 것을 직감적으로 느끼는 경우를 말하는데 이때 아무 표식은 없지만 특정한 사람에게 강렬한 느낌으로 전해집니다. 주로 자신이 사랑했거나 긴밀한 관계에 있던 사람의 경우, 서로 고유한 에너지 패턴이 있기 때문에 감지된다고 합니다.
2) **청각적 사후교신**(Auditory ADCs): 죽은 사람의 목소리를 듣는 경우인데, 외부로부터 들리는 것도 있지만 대부분 머리 안에서 울림처럼 들려온다고 합니다.
3) **촉각적 사후교신**(Tactile ADCs): 죽은 사람의 영혼이 친숙하고 가볍게 터치하거나 어루만지는 경우, 또 키스를 하거나 주의를 끌기 위해 팔꿈치로 가볍게 찌르는 것으로 간혹 안아주는 느낌을 받기도 합니다.
4) **후각적 사후교신**(Olfactory ADCs): 평소 익숙했던 죽은 사람과 관련 있는 냄새가 나는 것인데 주로 즐겨 쓰던 향수나 좋아했던 꽃향기가 죽은 사람의 방에서 나는 경우입니다.
5) **부분적 출현**(Partial appearances ADCs): 사후교신 체험 가운데 가장 특별한 것으로 직접 고인의 모습을 한 영혼이 눈앞에 나타나는 경우입니다. 가장 대표적인 것은 앞서 말한 예수님이 마리아와 열두 제자 사이에 모습을 드러낸 것으로 이는 예수의 부활을 인정하는 사람들에게서만 받아들여집니다. 부분적 출현은 영혼이 육체의 부분으로 나타나거나 전체로 나타나는데 얼굴이 빛나거나 반투

명의 상체가 주로 나타난다고 합니다.

6) **전체적 출현**(Full appearances ADCs): 죽은 사람의 전체 모습이 나타나는 경우로 비록 죽기 전에 심한 신체적 장애가 있어도 이때는 생전의 정상적인 모습으로 나타난다고 합니다. 이 현상을 경험하는 사람은 다양한 영적체험이나 자기가 원하는 것을 얻기도 한다고 합니다.

7) **시각적 사후교신**(Visions ADCs): 죽은 사람의 모습이 영상 형태로 나타나는 경우인데 죽은 자의 이미지가 외부에 나타나는 경우와 경험자의 마음속 내부에 나타나는 두 가지가 있습니다. 외부에 나타날 때는 마치 슬라이드 필름이나 영화가 상영되는 것처럼 보이고 다른 차원의 모습을 보는 것 같다고도 합니다.

8) **여명기 사후교신**(Twilight ADCs): 깊은 잠이 들기 전이나 덜 깬 경계 상태에서 죽은 사람의 방문을 받는 경우로 일반적으로 자주 경험하며 뇌 기능이 각성되기 전 흔히 뇌파가 알파파 상태라고 합니다.

9) **수면 상태의 사후교신**(Sleep-state ADCs): 완전한 수면 중 죽은 사람을 만나는 경우로 일반적인 꿈은 파편화되고 불완전하며 혼란스럽지만 사후교신은 죽은 사람이 선명하고 생생하며 현실감 있게 나타나 일반적 꿈과 다르다고 합니다.

10) **체외 이탈 사후교신**(Out-of-body-experience ADCs): 경험자가 어떤 경로로든 체외 이탈했을 때 죽은 사람을 만나는 경우인데 주로 사랑하는 가족을 먼저 보내고 상심해 있을 때 자기도 모르는 상태에서 영혼을 만나는 경우입니다.

11) **전화 사후교신**(Telephone ADCs): 흔하지 않지만 죽은 사람으로부터 전화를 받는 경우인데 주로 듣기만 하지만 어떨 때는 같이 대화할 수 있다고 합니다. 이 경우 믿기 어렵지만 생시에 정말로 전화가 와서 죽은 사람과 통화한다고 합니다.

12) **물리적 현상을 통한 사후교신**(Involving physical phenomena ADCs): 죽은 사람의 영혼이 들어오면 간혹 전등이나 라디오, TV가 꺼졌다가 켜지고 창문의 차양(遮陽)이 걷히는 등 물건이 움직이는 경우입니다. 이때 경험자가 질문을 하면 영혼은 전등을 깜빡거리는 것으로 대답하거나 영혼의 존재 증거를 보여달라 하면 나비나 무지개, 새, 동전 등으로 나타나기도 합니다.

1990년 영화 〈사랑과 영혼(Ghost)〉에는 불의의 사고로 죽어 연인에게 생전에 다 전하지 못한 사랑을 전하려는 남자주인공의 애틋한 노력을 잘 담아 사람들로부터 호평을 받았습니다. 여자주인공은 점차 다가오는 죽음의 위험으로부터 자신을 지켜주는 죽은 연인의 존재를 알지 못했지만 결국 영매사의 노력과 둘만의 반지가 저절로 움직이는 걸 보고 그 존재를 느낍니다. 바로 이 영화 안에 죽은 영혼이 산 사람에게 자신의 존재를 알리려는 다양한 사후교신이 등장합니다. 이런 죽은 사람의 영혼이 다양한 사후교신의 방법을 통해 전하려는 메시지는 대부분 자신은 좋은 곳에서 잘 지내니 걱정 말라는 것이고, 또 하나는 남은 사람들의 안녕을 비는 것입니다. 재밌는 사실은, 이 현상들은 모두 살아있는 사람에게 나타난다는 것입니다. 죽은 사람이 정말 보여주는지는 알 수 없지만 하나 확실한 것은 죽은 사람을 기억하고 애도하는 사람의 눈과 마음에만 나타나는 현상이기에 연관 없는 사람은 절대 경험할 수 없다는 사실입니다.

죽음과 바니타스(vanitas) 정물화

예전에는 죽음을 기억하는 방법으로 글과 그림 같은 예술작품이 사용되었습니다. 죽음을 간접적으로 알기 위해 많은 제약이 있었고 그것을 기록해서 전하기 위해 결국 문학가와 예술가의 도움을 받았습니다. 그래서 나온 것이 죽음을 표현한 다양한 예술작품들이라 할 수 있습니다. 현대 사람들은 이 기록을 통해 당시 죽음에 대해 알 수 있고 이해할 수 있습니다.

바니타스(vanitas) 정물화는 16~17세기 네덜란드와 플랑드르 지역에서 유행한 정물화의 한 장르로 중세 말 번창했던 흑사병, 종교 전쟁 등 비극적 경험으로 죽음을 비관적으로 보며 탄생했습니다. 당시 '인생은 짧고 덧없다'라는 의식으로 해골, 보석, 시계 동전 등 정물을 주로 표현했으며 그에 반해 영원한 것에 대한 동경을 그린 작가들의 작품도 많이 발표되었습니다. 바니타스(vanitas)의 상징인 '죽음을 기억하라(momento mori)'라는 경고는 세속적 허영, 인간적 욕망에 사로잡힌 현대인들에게도 적절한 메시지로 보입니다. 바니스타 정물화는 인간 중심의 르네상스 시대를 거치면서 죽음은 인간이 피할 수 없는 절대적인 운명이라는 걸 느끼고 신 앞에 유한한 인간의 생을 반성하며 바르게 살 것을 교훈적으로 표현한 정물을 대상으로 그린 종교적 사실화입니다.

“전도자가 이르되

헛되고 헛되며 헛되고 헛되니

모든 것이 헛되도다.”

- 구약「전도서」1장 2절

구약의 이 구절은 다윗의 아들인 솔로몬 왕으로 유추된 이가 한 탄식의 말입니다. 휘황찬란한 황금의 궁전에서 살았을 솔로몬도 이런 말을 하였다니 아마 허무주의보다 덧없는 ‘인생무상’의 유한한 삶에 부질없는 욕망과 욕심을 버리고 신의 뜻에 따라 성실하게 살라는 훈계일 듯합니다. 욕심은 한없는 불행을 가져다준다고 합니다. 무조건 많을수록 좋은 것은 아니므로 자신이 갖지 못할 것들은 사람들에게 베풀고, 버리고, 나눠줄 줄 아는 마음으로 살면 죽음도 결코 헛되지 않을 것입니다. 아마 바니타스(vanitas)의 작품을 그린 당시의 화가들도 어차피 죽어서는 소유할 수 없는 세속의 물건을 그림으로 그려 마음으로나마 기억하고 충족함을 느끼라는 의미가 아닐까 합니다.

“사람은 누구나 죽기 싫어하고, 그래서 죽음에 대해 생각하지 않으려 한다.”라는 정진홍 종교학과 교수의 말이 떠오르는 것은 죽음을 바라보는 사람들의 내심이라 봅니다.

필립 드 상페뉴(1602~1674)

피테르 클레즈 1630년대

출처: 프랑스국립박물관연합(RMN)

미래를 먼저 경험하는 임종체험은 필요한가?

사람들은 미래를 먼저 경험하기는 어렵습니다. 하지만 생각으로는 미래를 알고 싶어 하고 궁금해합니다. 죽음의 직접 경험은 피하고 싶지만 그래도 가장 궁금한 미래의 사건일 겁니다. 그래서 사람들은 죽음을 잠깐이나마 체험하고 어떤 상황인가 알고 싶어 가상의 죽음상황을 만들어 참여하는 임종체험을 하기도 합니다. 임종체험에 참여하는 사람들은 유서를 쓰고, 영정사진을 찍으며, 관에 들어가 보거나 땅속에 묻히는 체험을 모임이나 카페에서 하기도 합니다. 이 체험을 통해 사람들은 죽음을 각자 생각해보고 잠시나마 자신의 삶을 반성하는 시간을 갖기도 합니다. 죽음은 생의 마지막에 있는 단 한 번의 경험이기에 무척 두렵고 궁금합니다. 그렇다고 미리 경험할 수 없기에 간접 체험을 통해 유사한 분위기를 느껴보고 가족과도 미리 논할 수 없는 자신의 죽음을 정리하며, 진짜 자신에게 응급한 순간이 와도 차분히 준비할 마음의 여유를 갖고자 한다면 한 번 체험해보는 것도 좋을 듯합니다.

어린 시절 부모님의 꾸지람이 무섭거나 서운함에 잠시 옷장 안에 숨어 자기만의 시간을 가져보았던 기억이 한두 번은 있었을 것입니다. 나를 찾아주지 않아 오롯이 혼자라고 느낄 때 더 서럽고 엄마가 미워지기도 했었지요. 하지만 너무 답답해 옷장을 나오면 빛은 더 눈부시고 마치 자신이 새로운 세상에 환생한 것 같은 착각도 느껴보았을 것입니다. 아마 임종체험도 이와 비슷하지 않을까요? 하지만 실제 죽음은 임종체험으로 느낄 수 있는 경험이나 현상과는 다를 것입니다. 죽음은 인생에 가장 커다란 사건이므로 유사한 체험이나 환경을 겪었다 해서 다 이해할 수는 없을 것입니다. 그나마 한때 유행했던 귀신의 집이나 유령의 집의 공포체험을 하는 것과 비슷하지 않을까라는 생각이 듭니다. 이와 유사한 경험을 가까운 미래에는 메타버스 같은 가상체험으로 보다 사실적으로 할 수 있을 것입니다. IT기술의 발전으로 점차 현실세계가 아닌 메타버스나 디지털세계에서 확장하며 실감나는 다양한 경험을 할 수 있으며 임종체험도 여기에 속할 것입니다.

우주적 입장에서 죽음학은 죽음종교가 아니다

종교(宗教)란 내세관이 있고, 현세에서 선악을 구분하고 삶의 목표와 행복을 얻고자 하는 의식과 믿음을 가진 사람들의 공동체 모임을 의미합니다. 특히 죽음은 교리와 현실적 경험을 초월한 존재와 연결해 그 의미를 부여합니다. 지금과 다른 새로운 세계가 있으며 그 세계에 또 다른 내가 존재한다고 하면 이는 종교의 조건을 이미 가진 것입니다. 최근 들어 새로운 차원이 존재하고 전생, 현생, 사후 생이 있다는 주장이 나오는 것을 보며 죽음학이 죽음종교의 교리화가 되는 건 아닐까라는 기우가 생깁니다. 여기에 카르마와 전생의 모든 걸 저장한다는 심층의식의 논리는 종교에서 말하는 원죄와 무엇이 다를까요? 이것은 인간 본성의 본질적 언급이므로 현실에서 일어나는 모든 문제를 과거의 생에서 그 원인을 찾는다면 그것은 마치 한번 잘못한 사람은 영원히 잘못된다는 오해를 낳게 합니다. 무릇 현실의 잘못이 사후에 영향을 준다면 이는 종교 이상의 무엇을 말하려는 것인지 이해가 안 되는 부분도 있고, 여기에 영혼의 차이를 더해 마치 영혼도 흙수저와 금수저가 있는 것처럼 보인다면 현세와 무엇이 다른지 궁금합니다. 우주의 시공간에서 보아도 영혼이든 사후의 생이든 차별이 있으면 안 된다고 봅니다. 우주의 현상은 매우 평등하고 일반적이기 때문입니다.

한편 사후 생에 대해 차원의 문제를 거론할 때 차원도 인간의 머리에서 나온 개념이라는 것을 이해하면 그것으로 애매함을 덮어서는 안 됩니다. 그럴 경우 앞서 말했듯이 답이 막히면 또 다른 차원을 얘기하며 4차원, 5차원으로 끝없이 이어질 것입니다. 하지만 지금까지 밝혀진 천당과 지옥으로 표현되는 사후세계도 우주 속에 존재하는 것이며 이 또한 생성과 소멸이 있고, 그 안에 다양한 물리법칙과 나름의 운동성을 가진 살아있는 생명체처럼 존재하는 시공간의 모습일 것입니다. 하지만 죽음학을 연구하는 일부 학자들이 주장하는 영혼세계에 대한 높은 차원의 이야기는 현세와 다른 영혼이 존재하는 세상이 있다고 확신하면서 좀 더 이론화하고 체계화하면 교리가 되고 이를 동의하는 사람들이 많아지면 그것이 종교가 될 수 있겠다는 생각도 듭니다. 앞서 다양한 시간과 죽음을 설명하던 중 이 글을 읽고 무슨 말인지 의아해할 수 있습니다. 아직 그 누구도 죽음을 다 이해할 수 없기에 진실은 알기 어렵고 죽음과 죽음 후에 대해 각자 다양한 생각과 믿음이 존재하므로 이런저런 생각의 차이가 있음을 참고한 생각이라고 보면 좋겠습니다.

V. 윤회(輪廻)

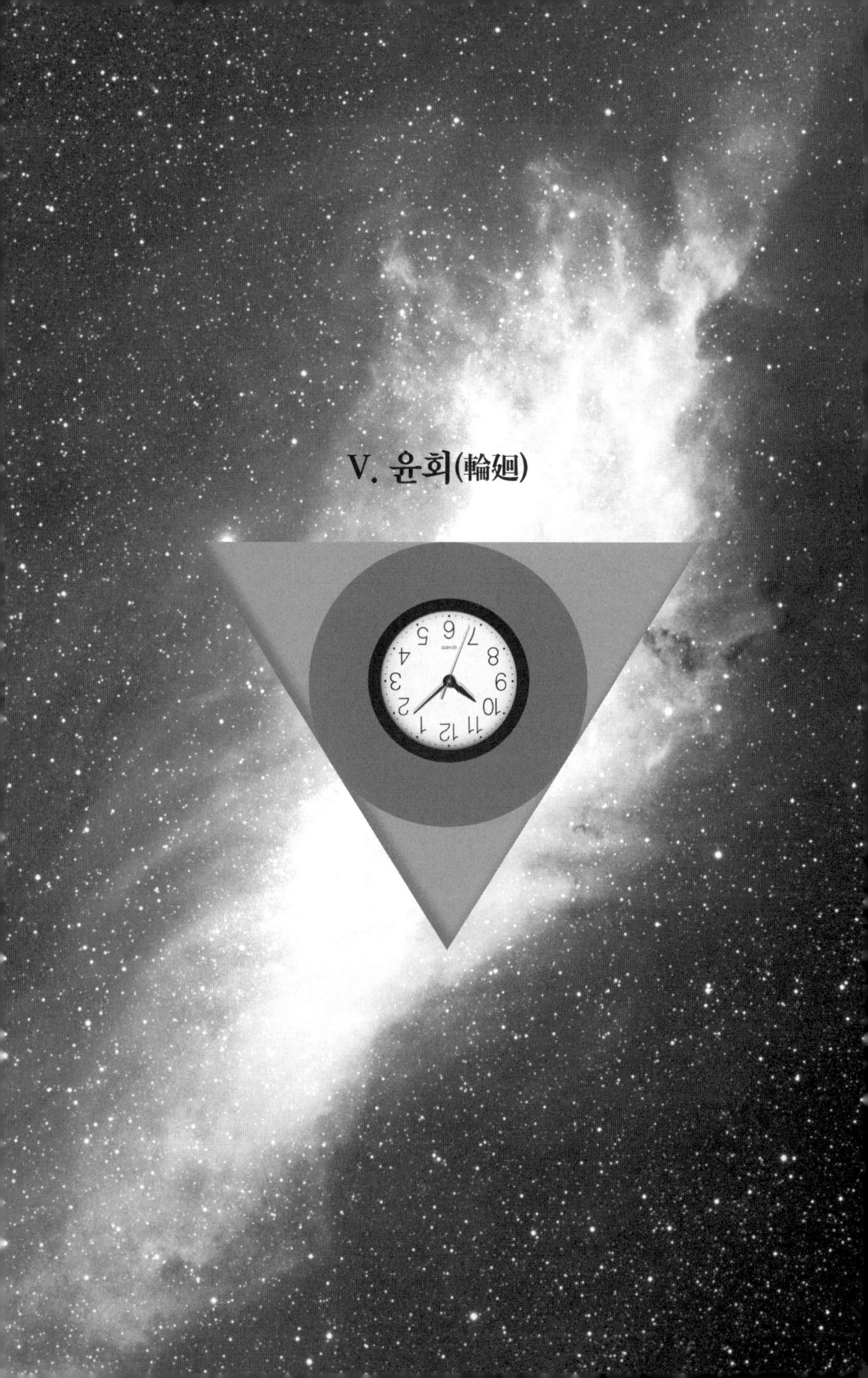

의학적으로 영생은 가능할까?

사람들은 대부분 영생을 종교적 구원으로 생각합니다. 그래서 영생이란 희망을 가지고 수많은 종교에 귀의해 가르침을 받고 믿음을 실천하며 순종합니다. 이것은 영생의 존재 여부와는 상관없이 결국 사후관과 연결되며 죽음 후에도 생을 이어가고 싶은 마음에서 나오는 두려움과 위안입니다. 일단 종교에서 말하는 영생은 따로 언급하기로 하고 현실의 영생에 대해 얘기하자면, 영생이 영원히 죽지 않고 늙지 않는다는 점에서 안티에이징과 결부됩니다. 즉, 시간을 상대적으로 느리게 해 늙지 않고 오래 사는 것입니다. 이런 안티에이징에 대해 현대의학은 어떤 접근을 하는지 알아보겠습니다. 대부분 임종환자의 마지막은 노환이 원인이 됩니다. 직간접적인 통증이나 만성적인 질환 또는 말기 암은 결국 죽음의 선행원인일 뿐 직접적 사인은 아닙니다. 환자가 이런 원인들과 싸우는 동안 천천히 힘을 잃고 더 이상 버티지 못해 심장 근육이나 신체 근육들이 작동 못하는 급속한 노쇠현상이 직접적인 죽음의 원인입니다. 이 또한 시간과의 싸움이기도 합니다. 죽음을 이겨내려면 체력의 균형과 버티는 힘이 있어야 합니다. 비록 질병이 있더라도 마지막 순간은 노쇠로 인한 자연사가 좋은 죽음이라 할 수 있습니다. 그래서 임종 환자의 관리와 돌봄은 그 목표가 노쇠에 의한 평온한 죽음입니다.

생명체는 어떤 특별한 문제가 없어도 어느 시점이 되면 종말을 맞이하는데 이에 이르는 과정을 노화라고 합니다. 그럼 왜 모든 생물은 늙는 걸까요? 그에 대한 이론은 매우 많지만 아직 그 과정을 완벽하게 설명한 이론은 없습니다. 현재 알려진 노화기전은 크게 유전적 요인 및 환경적 요인으로 나누며, 평균수명이 늘어났음에도 인간의 최대 수명은 변함없습니다. 현재 의학적으로 가능한 최대 수명은 125세인데 아직 이 나이를 넘은 사람은 없습니다. 이를 달리 말하면 현실에서의 영생(永生)은 125세 전후라 볼 수 있습니다. 현재까지 밝혀진 노화이론은 크게 두 가지 가설로 하나는 '프로그램' 이론이고, 다른 하나는 '손상' 이론입니다. 프로그램 이론은 노화를 결정하는 프로그램이 생명체에 존재한다는 이론이고, 손상 이론은 우연한 손상들이 쌓이면서 발생하는 현상이라 보는 이론입니다. 대표적인 프로그램 이론으로 '생물학적 시계 이론'이 있는데, 유전자가 순차적으로 활성화, 비활성화되는 것처럼 노화도 순차적으로 진행되고 조절할 수 있다는 이론입니다. 말단소립(Telomere) 구조, 내분비 시스템, 면역시스템 등 이러한 역할을 하는 것으로 제기된 여러 요소가 이를 뒷받침하고 있습니다. '손상 이론'을 뒷받침하는 주요 요소로 활성산소, DNA 변이 및 변성, 단백질 간의 비특이적 결합 등이 알려져 있습니다.

현재 거론되는 몇 가지 일반적인 노화설은 다음과 같습니다.

(1) 프로그램설(Programmed theory)

(2) 프로그램 소멸설(Running-out of program theory)

(3) 유전자설(Genetic theory)

(4) 체세포돌연변이설(Somatic mutation theory)

(5) 자유라디칼설(Free radical theory)

(6) 오류설(Error catastrophe theory)

(7) 자기면역설(Autoimmune theory)

이중 관심을 많이 받는 것은 세포 자체에 죽음에 관한 프로그램이 있다는 설입니다. 세포는 저마다 수명과 분열 횟수가 정해져 있습니다. 몸의 상피세포는 죽을 때까지 분열을 계속하지만 신경세포나 심장세포 등은 그렇지 않습니다. 대부분 세포가 분열을 반복함에 따라 염색체 끝에 존재하는 말단소립(telomere)이 계속 줄어듭니다. 이를 회복하기 위해 '텔로머레이스(telomerase)'라는 것이 길이를 계속 연장해 주지만 그것도 한계가 있습니다. 말단소립(telomere)이 점점 줄어들어 더 이상 분열할 수 없을 정도가 되면 세포는 죽는 것입니다. 왕성한 분열과 성장을 하는 암세포는 '텔로머레이스'가 활성화되어 훨씬 더 많은 분열을 해 문제를 만듭니다. 그 외에도 자유라디칼설 등에 의한 세포 손상, 자가면역설도 많이 거론되고 있습니다. 이런 것이 늙음 즉 노쇠이며 이 노쇠가 결국 노환으로 죽는 근본 원인입니다. 각 장기의 힘이 감소해 전체적인 균형을 유지한 채 천천히 진행되고, 온 몸의 장기가 쇠진하여 더 이상 움직이거나 반응이 어려우면 죽음을 맞이하는 것입니다. '숨 쉴 힘도 없다.'라는 표현이 바로 이 상태입니다.

임종 후 더 정확히 원인을 찾으면 다양한 문제가 발견되겠지만 전체적인 흐름으로 보아 가장 자연스러운 죽음을 맞이하는 것입니다. 그러나 병원에서 죽음을 맞이하면 노환이라는 사망 사유는 거의 없고, 다양한 질병명이 등장합니다. 하지만 굳이 이렇게까지 할 필요는 없고 사망 후 원인을 꼭 찾아야 할 필요가 없다면 망자에게나 의학적으로나 도움이 안 되고, 사회적, 의학적 낭비일 수 있습니다.

〈일반적인 노쇠에 의한 노환으로 사망하는 조건〉

1. 본인과 가족이 충분히 장수하였다고 생각한다.
2. 평온하게 잠자듯 자연스럽게 숨을 거두었다.
3. '이 병 때문에 사망했다.'는 확실한 원인이 없다.
4. '이 장기가 특별히 약해 사망했다.'는 분명한 원인이 없거나 '각 장기가 균형 있게 쇠약해져 사망하게 된' 상태이다.
5. 무리하게 생명을 연장하려고 해도 거의 효과가 없거나 오히려 역효과가 나는 상태이다(점적 주사 시 부종이나 호흡 시 천명이 더 심해지는 경우 등).

위의 예는 임상현장에선 쉽게 알 수 있지만 조금 애매한 경우도 있습니다. 이를테면 평소 천식증상이 있지만 노쇠과정에서 흡인성 폐렴이 생겨 급속히 악화되어 죽음에 이른 경우에도 노환으로 보는 것이 타당합니다. 노화가 심해지면 가래를 배출하지 못하고 폐에 염증도 생겨 폐렴이 악화되므로 이것도 노쇠로 사망한 것입니다. 이와 유사한 사례는 얼마든지 있으므로 선행된 원인질환이 있었다고 해도 충분히 여생을 보냈으므로 노쇠의 한 과정으로 이해하고 접근해야 합니다. .

〈노쇠로 인한 노환이 아닌 경우〉

1. 평균수명보다 짧게 살다 죽은 경우.
2. 죽기 전까지 괴로운 증상이 계속되어 치료가 이어졌던 경우.
3. 선행질환이 확실하고 그 질환의 후유증이나 합병증이 생긴 경우에는 병사라고 진단하는 경우.
4. 노쇠한 상태라도 사고사나 낙상사고 같은 원인으로 죽은 경우.
5. 자살이나 타살의 가능성이 있는 경우.

하지만 노쇠에 의한 노환이 항상 장점만 있는 건 아닙니다. 임종환자 중 특별한 원인 없이 노쇠 과정을 보이는 경우 임종관리가 매우 어렵습니다. 임종환자에 대한 여명을 예측하기가 어려워 임종관리에 대한 계획을 세우기가 힘들고 본인도 기력이 쇠하여 힘들지만 도와줄 수 없습니다. 긴 간병으로 환자와 그 가족들은 육체적, 정신적, 시간적, 경제적으로 힘들고 입장 차이로 인한 갈등과 원망이 생길 수 있습니다. 긴병에는 효자 없듯 그 입장에서 보면 충분히 이해됩니다. 이 경우 우연히 암이나 중증질환이 발견되면 노쇠의 기간이 줄어들고 가족의 문제도 반전됩니다. 이를 위해 임종의학전문가와 임종치유전문가는 암이나 중증질환자의 경우 될 수 있으면 노쇠로 인한 자연사로 가도록 노력하고 가족들과 충분히 상의하고 공감대를 형성해야 합니다. 가장 좋은 죽음은 제명에 살다 편히 가는 고종명(考終命)이기 때문입니다.

불교의 윤회에 대한 유교와 기독교의 입장

불교의 사후문제에서 가장 어려운 부분이 윤회입니다. 불교는 매우 과학적이고 심리적이며 철학적인 면이 있지만 근본 사상과 이질적인 사후세계의 윤회는 조금 애매한 부분이 있습니다. 물론 교훈적인 부분에서 보면 의미가 있지만 유교적 입장이나 현대사회에선 사람들을 이해시키거나 설득하기 어렵습니다.

윤회를 이야기하려면 먼저 업(業)을 이해해야 합니다. 일부 학자들은 윤회사상이 불교에 들어온 것은 부처님의 생각이기보다 인간의 선악을 확실하게 이해시키기 위해 당시 힌두교 카스트 제도의 윤리사상을 접목한 것으로 봅니다. 이 사상은 인근 중동으로 전파돼 기독교에 선악의 교훈적 내세관에 영향을 주었습니다. 불교의 업(業)은 '카르마'라 하는데 힌두교의 절대적 전생 카르마와 달리 긍정의 관점에서 인연을 중요시하고, 살면서 생긴 선업과 악업 모두 인과응보처럼 저장되어 현실은 비록 힘들더라도 다음 생에 보상 받을 수 있다는 교훈적 의미를 형성한 내세관입니다. 하지만 고대 동양사상에선 윤회는 언급하지 않습니다. 세상 음양(陰陽)이치에 형이상학(形而上學)과 형이하학(形而下學的) 모두 형(形)이 존재하는데 이것을 도(道)라는 무형과 기(器)라는 유형으로 이분하고 다시 하늘과 땅의 조화로 보아, 이 둘을 합치해야 만물이 만들어지고 생명이 존재한다는 정반합(正反合)으로 보았던 것입니다. 그래서 인간도 음과 양의 혼백(魂魄)이 존재하고 죽으면 혼(魂)과 백(魄)이 떨어져 백은 땅으로 혼은 하늘로 흩어진다고 합니다. 세상 모든 것을 이런 정반합으로 이해해 천국이나 지옥은 존재하지 않다고 했습니다. 간혹 사고사나 억울한 죽음은 혼이 급히 백과 분리 돼 액귀(縊鬼)로 한동안 떠돌지만 결국 자연히 소멸한다고 했습니다. 그래서 사라지지 못한 액귀를 위해 일정기간 신주를 모셔두거나 제사를 지내는 것입니다. 이렇듯 동양사상에서는 윤회는 없다고 보고 있습니다.

서양의 내세관 중 기독교가 주장하는 인간의 원죄와 하나님을 믿지 않으면 죽어서 구원받지 못해 지옥으로 가는 것과 그 반대로 하나님을 믿으면 천당에 간다는 주장은 윤회와 유사하면서 비교됩니다. 하지만 윤회는 기독교적 사상으로는 있어서는 안 되는 것입니다. 윤회가 있다면 죄를 지어도 되돌아갈 수 있기에 하나님의 절대적 권위가 무너지는 것입니다. 이는 기독교 신앙에서 사람을 중심으로 보지 않는 폐쇄적 우주관이 지배했기에 생긴 한계라 할 수 있습니다. 이에 반해 불교는 윤회의 의미를 사람들의 미래 가능성에 두고 잘못하거나 아쉬웠던 생에 대해 몇 번의 기회를 부여함으로써 조금 더 개선되고 나아지는 방향으로 사람들의 불안과 나약함을 극복하게 해주는 희망적 메시지로 보입니다. 우주적 입장에서 본다면 시공간을 잘 활용한 열린 우주론에 가깝다고 할 수 있습니다. 단, 윤회에 대한 가능성을 우주상수와 같은 경우의 수를 대입해 매우 어려운 확률적 가능성으로 잘 포장하여 억겁(億劫)의 다양한 해석이 가능한 출구를 잘 만들었기에 윤회를 통해 다시 사람으로 되돌아올 확률을 우주의 탄생에 비유할 만큼 어려운 것으로 설명하고 있습니다.

윤회세균

사람의 몸속에는 박테리아나 세균 같은 미생물이 아주 많이 있습니다. 대략 전체 몸무게 중 2.3kg의 세균이 함께 존재하는 것입니다. 그래서 사람을 세균덩어리라 부르기도 합니다. 세균의 종류도 사람마다 조금씩 달라 다양한 특성을 보여주기에 마치 지문처럼 사람을 구별할 수 있습니다. 세균이 가장 많은 곳은 피부인데 다양한 세균들이 수시로 접촉하고 상존하며 영향을 끼칩니다. 또한 콧구멍, 입, 식도, 위, 장 등으로 이어지는 호흡기와 소화기관에도 많이 존재합니다. 더 다양한 세균을 관찰하려면 배꼽을 보면 됩니다. 배꼽에는 약 1400종의 세균과 다양한 미생물들이 상존하지만 대부분 큰 문제를 일으키지 않습니다. 이를 통해 사람들은 다양한 세균과 공존하며 때로는 일부 세균의 지배를 받는다는 걸 알 수 있습니다. 인류의 등장 이전부터 세균은 지구를 지배했을 것이고 이후 사람들은 세균의 침입에 나름 방어하고 이겨내기도 하면서 공존의 길을 선택하면서 오늘날 유전적 변이를 통해 잘 지내고 있습니다. 하지만 면역체계가 나빠지거나 환경의 급격한 변화로 새로운 바이러스나 세균이 형성되기도 하는데 그 예로 현재 인류는 바이러스인 코로나-19의 공격에 맞서 여전히 싸우고 있습니다.

세균은 너무 많아도 문제지만 너무 적어도 문제입니다. 그래서 항상성(homeostasis)이라는 균형을 잘 유지하는 게 중요합니다. 사람은 혼자 살다 누군가를 만나 같이 생활하면 얼마간 각자 가지고 있는 다양한 세균들에 의해 힘들어합니다. 특히 신혼기에 잦은 호흡기증상이나 시름시름 아픈 것도 시간이 지나면 서서히 사라지는데 이는 서로 세균이 섞이면서 일어나는 증상으로 대부분 다시 정상적인 면역체계를 유지합니다. 이 현상은 의외로 유전적으로 잘 기억돼 일반적으로 3세대 내에서도 변이가 생겨 잘 적응합니다. 이를 과학적 입장에서 윤회의 작은 과정이라 부를 수 있습니다. 나의 세균이 다른 사람에게 전해지고, 그 세균이 또 다른 사람에게 전해지면서 일정한 특성을 보인다면 단순한 단세포 세균일지라도 나름의 의식이 존재할 수 있다고 봅니다. 비록 뇌는 없지만 무언가 기억하고 일정한 행동을 통해 생명활동을 한다면 인간 신체의 일부가 되어 영향을 미치면서 나름 생명작용에 중요한 축으로 존재할 수 있습니다. 그러므로 나의 몸이 세균에게는 곧 우주고 그 안에서 다양한 생명활동을 통해 신체의 질서에 영향을 끼치는 것은 당연한 일입니다. 오랜 시간 뒤 인간과 함께 죽음을 맞기도 하겠지만 일부는 다른 사람이나 새로운 숙주를 찾아 떠날 것입니다. 내 신체와 의식 속에서 했던 것처럼 다른 사람에게도 할 것이므로 이것이 전생의 인연이 될 수도 있고 환생과 윤회도 될 수 있습니다. 오래된 그 누군가의 세균이 내 몸에 들어온다면 내 의도와 상관없이 나는 누군가의 전생을 함께 공유하는 것입니다.

최근 장내세균총이 면역항암제(항PD-1) 효과에 영향을 준다며, 염증성장질환자에게 건강한 사람의 변을 이식해 장내세균총에 변화를 주어 치료하는 대변 이식술이라는 치료법이 있습니다. 또한 우울증 같은 정신질환에도 장내세균의 변화를 통해 효과를 본다고 합니다. 이는 사람의 미생물이 다른 사람에게 옮겨가면 새로운 삶을 영위하게 하는 세균의 윤회가 되는 것입니다. 윤회나 전생의 문제는 우주라는 큰 세계에서 보면 항상 일어나는 당연한 것이므로 이 현상도 특별한 것이 아닙니다.

사람뿐 아니라 우주 모든 삼라만상(森羅萬象) 그 자체가 윤회이면서 과거, 현재, 미래를 넘나드는 시공간의 보편적 원리이기 때문입니다.

시공간에서의 윤회

윤회의 불교적 입장은 인연(因緣)의 연속에서 생기는 무아(無我)와 윤회의 두 축에서 그 근간을 이룬다고 봅니다. 특히 윤회는 시간에 대한 대칭점(對稱點)에서 이해해야 그 의미가 존재합니다. 즉, 시간을 버려야만 윤회가 가능한 것입니다. 일부 사람들은 윤회를 불교의 기본 입장이 아니라고 말하지만 초기 불교의 윤회사상은 이미 불교의 기본에 많이 반영되었고 부처님 또한 다양한 인연의 연속에 대해 많은 생각을 가졌던 건 확실하다고 생각합니다. 종교적 입장에서 윤회는 깨우침의 믿음이고 교리의 근본 바탕이 되므로 중요하며 신앙적 믿음의 영역에서 충분히 가치가 있습니다. 만약 윤회가 없다면 불교는 내세관이 부족한 철학적 심리학이 될 수밖에 없습니다.

이와 대조적으로 앎의 영역에서 윤회는 좀 다른 의미를 가집니다. 윤회는 사람들이 인식하는 시공간의 개념에선 성립이 어렵고, 있다 해도 또 다른 세계가 존재해야 가능한 사건이기에 과학과 인문학적 입장에서 윤회를 따로 생각할 필요가 있습니다. 따라서 고대에 생긴 윤회의 생각을 현대에도 그대로 적용할 필요는 없습니다. 윤회 또한 점차 사회적 문화적 진화의 과정을 거치면서 새롭게 해석해야 한다고 생각합니다. 과거의 진리가 절대 진리일 수 없듯 윤회를 보는 새로운 입장 또한 받아들여야 할 것입니다. 윤회는 인간의 사고가 어느 정도 발달해 죽음에 대한 두려움이 커지던 시기에 생겼고 점차 인지능력이 발달하면서 윤회사상(輪廻思想)으로 이론적 논리성을 정립하며 더욱 정교해졌습니다. 이 사상은 초기 불교에도 일부 영향을 주어 좀 더 체계화되고 사람들이 쉽게 이해하도록 다양한 증례를 만들었습니다. 그 과정 중 일부 좀 억지스럽고 과장된 부분이 있지만 그 근본 사상에는 일관된 교훈과 삶의 방향에 대한 지침이 존재하고 이는 연기법(緣起法)으로 정리되어 계속 이어지고 있습니다. 하지만 현대물리학의 영역에서 보면 윤회가 생전의 업에 따라 육도윤회(六道輪廻) - 천도, 인도, 수라, 축생, 아귀, 지옥 - 로 이루어진다는 것은 매우 어색합니다. 현대물리학이 절대적인 건 아니지만 육도윤회(六度輪廻)가 이루어질 다른 어떤 세계도 존재하지 않고 성립할 수 없다는 건 대부분 알 것입니다. 특히 지구를 넘어 우주라는 확장 공간에서는 더욱더 설명이 어렵습니다. 그리고 전생의 문제 또한 사람들의 상상의 영역이지 현실적 물리영역은 아닙니다. 앞서 시간과 공간의 물리학에서 설명했듯 시간을 뒤로 보내는 건 거의 불가능합니다. 그리고 가장 중요한 문제는 과거로 돌아가 상황을 바꾸면 현재의 시공간이 존재할 수 없습니다. 만약 전생의 과거가 있다면 반대로 후생의 미래는 왜 거론하지 못하는지 그 답을 찾을 수 없습니다.

인문학적 윤회는 매우 긍정적입니다. 특히 현생의 불행에 대한 가장 적절한 보상이고 희망이기에 윤회는 필요하고 다양한 문화와 예술 활동이 가능하다고 봅니다. 많은 문학적 동기를 보면 윤회의 바탕에 만남과 이별 그리고 재회의 이야기가 주를 이루고 미술, 음악 등 예술작품들이 죽음을 찬미하거나 또 다른 유토피아를 표현합니다. 이런 일련의 예술 활동은 윤회에 대한 확실한 과학적 증명이 없기에 더 다양한 상상의 세계를 표현할 수 있고 이는 창작에 매우 중요한 요소입니다. 윤회의 진실이 밝혀지는 순간 예술 활동은 위축되고 사람들의 관심에서 멀어질 것이며 정서도 더 삭막해지거나 무미건조해질 것입니다. 그러므로 현재를 살아가는 사람들이 느끼는 윤회는 종교적 윤회와 비종교적 윤회로 구분해 보는 것이 필요합니다. 신앙으로써 윤회는 불경과 성경의 말씀에 의거해 받아들이며, 비종교적 윤회는 굳이 업(業)과 생(生)의 윤회를 강조하기보다 다양한 가능성으로 받아들여 내 존재의 흔적으로 이해하면 됩니다. 이 윤회는 다양한 문화 예술의 결과물로 후대에 전달할 수 있습니다. 그 예로 2022년 6월 8일 돌아가신 국민MC '송해' 선생님처럼 사람들 기억 속에 남는 것입니다. 예술가는 작품으로 예술혼을 남길 수 있고, 성경이나 불경처럼 후대에 계속 전해 누군가의 머릿속에서 존재한다면 이것도 윤회일 것입니다. 또한 죽음 후 육체를 우주공간에 흩어지게 해 새로운 우주의 원소가 되어 계속 순환한다면 그것이 영원한 윤회입니다.

윤회는 꼭 죽어야만 경험하는 건 아니고 현재 삶에도 끊임없이 일어납니다. 신체 일부가 탈락, 순환하는 과정과 호흡이나 배설을 통해 다양한 세포들이 자연 순환하고 하다못해 나의 몸속 세포들 또한 끊임없이 사멸과 재생을 통해 윤회를 반복하고 있습니다. 윤회는 특별한 게 아니고 그렇다고 무시할 것도 아닌 우주의 자연 순환 원리입니다. 나의 흔적을 오랫동안 다른 사람들 기억 속에 남기는 것이 올바른 윤회의 접근방법이라 할 수 있습니다. 그러므로 나의 흔적과 나의 입김은 또 다른 누군가에게 전해지고 있기에 지금이라도 남은 생을 보람 있게 보내고 좋은 기억과 아름다운 죽음을 위해 노력해야 할 것입니다.

차원과 죽음

프랑스 철학자 블라디미르 장켈레비치(Vladimir Jankelevitch, 1903~1985)는 죽음을 '일인칭 죽음', '이인칭 죽음', '삼인칭 죽음'으로 구분해 표현했습니다.

일인칭 죽음은 자신의 죽음을 의미하며 이 죽음은 직접 체험으로 관찰할 수 없기에 과학적으로 죽음을 명확하게 증명하기 어렵습니다. 더욱 죽음으로부터 다시 살아 돌아온 경우가 없어서 죽음을 직접 표현하지 못하는 한계가 있습니다. 사람들은 죽음과 잠의 유사성으로 매일 자는 잠이 죽음의 경험이라 합니다. 하지만 잠에는 꿈도 포함되고 주기적으로 뒤척이기도 하며 대부분의 장기는 계속 움직입니다. 더 분명한 건 뇌가 일부가 작동해 외부 자극에 쉽게 깨어납니다.

이인칭 죽음은 가족과 아주 친근한 범위의 관계에서 일어나는 죽음입니다. 부모, 배우자, 자녀의 죽음이나 가까운 친인척의 죽음이 여기에 해당하며 의외로 좋아하던 스타나 존경하는 사람의 죽음도 포함됩니다. 이인칭 죽음은 실제 죽음에 대한 직간접적인 영향을 끼칩니다. 또한 죽음의 전후 사안에 깊은 슬픔과 후회를 가져다줍니다. 그리고 오랜 기간 후유증이 남기도 합니다. 어떤 경우는 평생 이 죽음에 영향을 받아 삶의 과정에 문제를 일으키는데 이것은 부정적이기도 하지만 일부는 긍정적으로 작동해 삶의 변화를 가져옵니다.

삼인칭 죽음은 좀 먼 친인척이나 친구의 죽음이지만 그보다 광의의 제3자들 죽음이 대부분입니다. 이런 죽음은 매스컴이나 인터넷, SNS를 통해 전해지는데 어느 정도 객관적 입장에서 죽음을 인식합니다. 최근 이런 죽음이 영상으로 많이 전달되는데 방송을 보듯 죽음을 접하면서 가상세계의 죽음과 혼동하기도 합니다.

앞에서 언급한 죽음의 분류는 인칭을 통한 것인데 이와 유사하게 차원의 입장에서 죽음을 분류하면 죽음의 의미가 좀 더 확장됩니다.

일차원적 죽음은 나 자신의 죽음이지만 점으로 표현하는 차원처럼 존재의 흔적만 있고 실체가 없는 시공간에서 좌표적 죽음입니다. 이 죽음은 크기나 시간이 존재하지 않는 죽음이므로 부존재(不存在)로서의 죽음일 뿐 누구도 함께 참여하지 못하고 죽음을 재현해 표현하지도 못합니다. 죽음의 순간 나 자신도 의식하지 못하고 결과의 흔적으로만 남는 죽음이라 할 수 있습니다.

이차원적 죽음은 선의 길이가 존재하듯 나라는 출발점에서 상대라는 끝점까지 이어지는 관계의 죽음입니다. 강한 연결성과 하나의 방향성이 존재합니다. 그래서 나와 가장 연결된 선의 길이만큼 시간의 흐름이 존재하며, 나와 죽어가는 사람이 서로 영향을 많이 주고받는 가장 긴밀한 관계의 죽음입니다.

삼차원적 죽음은 크게 보면 공간상의 죽음으로 다양한 죽음을 포함할 수 있고, 대부분의 죽음이 여기 포함됩니다. 이 죽음에서 사람들은 서로의 위치적 관계를 이해하고 좌표를 통해 서로의 거리와 관계라는 방향성을 설정하며 죽음을 맞음으로 나와 타인의 역학적 관계를 확인하며 죽음을 좀 더 객관적으로 받아들입니다.

현재 사람들이 살고 있는 사차원의 시공간에서 죽음은 시간과 좌표적인 방향성의 관계를 함께 가지는 몇 가지 특징들이 존재하는데 죽음의 정도를 이해하게 해주고, 죽음의 시간 또한 상대적이며, 죽음과의 거리가 모두 다른 길이를 가지고 있고, 그 죽음의 길이가 수시로 변화한다는 것을 알게 합니다. 그래서 죽음은 모든 사람이 느끼는 의미가 같지 않고 죽음에 대한 해석 또한 모두 다르기에 이유 없는 죽음은 없다고 합니다. 간혹 사람들은 이해할 수 없는 죽음을 접하면 "귀신이 곡할 노릇이네."라는 표현을 씁니다. 이 말의 의미는 현재의 차원에서 이해되지 않는다는 것으로 귀신이 사는 사차원의 의미를 차용한 것입니다. 귀신이 어찌 곡을 하겠습니까? 사람들은 잘 모르는 걸 접하면 차원을 통해 살짝 피해가려는 것입니다. 그래서 차원의 영역은 점차 넓어집니다. 어차피 잘 모르니 다차원으로 표현해 애매함을 극복하는 것입니다. 그만큼 차원의 의미는 사람들의 의식 속에 깊이 존재하고 나름의 삶을 영위하고 있습니다. 또한 시공간의 세계에서 차원을 통해 자신의 삶과 죽음을 이해하고 정리하는 것이기도 합니다. 하지만 아직 이런 시공간과 차원을 벗어난 어떤 세계도 존재하지 않기에 결국 모든 과정은 현실의 세계에서 이루어지는 현재의 이야기가 됩니다.

사람 중심의 시간

누구나 지구상에 가장 중요한 생명체는 사람이라 생각합니다. 하지만 우주에서 보면 사람은 단지 지구생물체 중 가장 최상위 포식자일 뿐입니다. 이는 지구 생물들 입장에서 보면 지구에 베푸는 것도 없으면서 대부분 자원만 소모하며 환경을 파괴하는 민폐덩어리입니다. 만약 식물이 없으면 산소가 급감해 초식동물들은 호흡이 어렵고 굶어 죽습니다. 결국은 초식동물을 먹고 사는 육식동물도 멸종합니다. 하지만 사람은 없어져도 지구에는 아무 일도 일어나지 않고 오히려 모든 생태계는 더 번성할 것입니다. 안타깝게도 사람들은 이런 환경적 문제를 인식하지 않습니다. 사람이 최상위 포식자가 된 이유로 항상 더 멀리 가보려는 방향성을 바탕으로 한 호기심과 지구력, 인내심 그리고 그에 맞는 확장성이 있습니다. 또한 비슷한 종족이나 강한 동물들을 멸종하려는 강한 배타적 호전성도 빼놓을 수 없습니다. 이런 유전적 특징으로 호모 사피엔스는 아프리카를 벗어나서 5만 년의 짧은 시간 동안 전 세계에 고르게 퍼져나갔으며 모든 지역의 최강자가 되었습니다. 인류의 문명이 이렇게 급발전한 이유는 언어의 발달과 협동과 분업을 들 수 있습니다. 또한 다른 생물에겐 찾아볼 수 없는 체계적 교육을 시행하면서 지식을 축적하였고 이를 자손들에게 전하면서 비약적 집단화를 이루었기 때문입니다. 집단화의 과정에서 잉여자원이 생기기 시작했고 이를 활용하는 과정에서 빈부의 차가 생기기 시작했습니다. 가진 자의 잉여자원은 자본의 근원이 되었고 지배계급으로 발전해 통치와 정치라는 제도가 생겼습니다. 지배계급은 피지배계급의 결속을 위해 당시 널리 퍼져있는 다양한 주술적 행위를 좀 더 체계적으로 발전시켜 종교를 만들었고 그로 인해 사람들을 더 결속시켜 일체감을 가져오게 했습니다. 이를 바탕으로 더욱 강력한 국가와 제국을 만들었습니다. 이런 면에서 종교는 인간이 만든 최고의 발명이라고 마이클 브랜트 셔머(Michael Brant

Shermer, 1954~)는 주장합니다.

이런 지배자인 인간도 결국은 원자로 구성되어 있습니다. 하지만 이 원자가 어디서 왔는지는 좀 어려운 얘깁니다. 자연 상태 즉, 우주적 공간에 원자는 92종이 있고 과학의 힘으로 핵분열과 융합을 통해 만든 것까지 포함하면 현재 118종입니다. 이중 사람의 신체를 구성하는 주요 원소는 수소, 헬륨, 탄소, 질소, 산소, 인, 황 등입니다. 물론 다른 여러 원소들도 있지만 매우 극미량입니다. 수소와 헬륨은 우주 탄생 빅뱅이 있고 3분 안에 생긴 것이지만 탄소, 질소 등은 우주초기 작은 별들이 폭발하면서 생긴 잔여물이고 산소, 인, 황 등은 원시태양계 근처에서 강력한 초신성이 폭발하면서 뿌려준 엄청난 잔해 속에서 나온 것입니다. 그 외에도 더 무거운 금이나 은 같은 금속원자들은 중성자별들의 잔해로 알려져 있습니다. 태양 근처의 초신성의 폭발로 지구에 들어온 산소, 인, 황 등은 생명활동에 무척 중요한 역할을 하는 원자이기에 이 원소들이 하나의 초신성에서 온 것이라 하면 현재 지구상 모든 사람들과 생명체들은 같은 원자군으로 이루어진 초신성 가족이라 할 수 있습니다. 그리고 이 원자들은 우주를 항상 순환하면서 뒤섞임은 계속되므로 이 자체가 우주의 윤회라 할 수 있고 누구도 우주를 벗어나 독립적 생명체를 형성할 수 없습니다. 이런 사람들의 진화적 변화는 지구 45억 년 역사에서 보면 매우 짧은 시간이지만 그 변화의 크기는 우주의 빅뱅에 비교할 수 있습니다. 왜냐하면 사람들은 이미 우주 탄생의 비밀을 알아낼 만큼 엄청난 폭발적인 지식을 가졌기 때문입니다. 하지만 이런 번성과 번영이 과연 얼마나 오래 지속될지 누구도 알 수 없습니다. 우주에는 결코 절대강자가 없으며 가장 강한 생명체가 제일 먼저 멸망했듯 현재 가장 최상위의 생명체인 인간이 다른 어떤 것보다 먼저 파멸할 수 있기 때문입니다.

별의 윤회

하늘의 별을 보며 태양과 같은 항성이라는 사실을 잘 이해하지 못하고 대부분 금성, 화성 같은 태양계 주위의 행성을 별과 같이 인식합니다. 그러나 지구에서 보는 달을 포함한 태양계 식구를 제외한 대부분의 항성이라는 별은 태양과 비슷하거나 훨씬 크고 뜨거운 불덩어리의 거대한 천체입니다.

의외로 많은 사람들이 종교적 믿음이나 관념적 의식으로 태양을 포함한 별들은 영원하고 변하지 않는 창조불변의 우주로 생각합니다. 물론 이 생각이 틀렸다는 것은 아닙니다. 지구에 살면서 이런 생각을 하는 건 일부 당연하고 학교에서든 다른 경로로 우주에 대해 배웠다 해도 이를 올바르게 받아들이지 않았을 것입니다. 태양은 매 순간 변합니다. 11년 주기로 발산하는 방사선량은 상승과 하강의 주기성이 있어 태양의 자기극을 뒤바꿉니다. 이는 태양의 흑점을 관측해 확인할 수 있는데 태양활동이 활발해지면 지구에는 나쁜 영향을 미칩니다. 인공위성을 파괴하고 통신장애와 전자기기의 오작동, 방사선량의 증가로 생태계에 해를 끼칩니다. 그래서 과학자들은 이를 미리 예측해 경고합니다. 이런 현상만 봐도 태양 역시 절대적 불변의 모습이 아닙니다. 그래서 우주를 바라보는 사람들은 믿음과 앎(지식)을 동일시하기보다 따로 분리해 생각하는 사고의 유연성을 가지는 것이 좋습니다. 종교 역시 일방적 믿음만 가지고 고집하기보다 믿음과 앎(지식)을 분리해 보는 것도 필요합니다. 창조로 모든 걸 합리화할 수 없으므로 자신만의 믿음만 주장하면 모두가 피곤해집니다. 창조의 믿음은 믿음으로만 그 의미가 있는 것입니다.

윤회에 대한 믿음은 사람의 과업에 따른 육도윤회를 주로 이야기합니다. 하지만 윤회는 사람의 전유물이 아니고 우리가 사는 우주 전체가 끝없는 윤회의 순환과정이 활발히 일어나는 생명체입니다. 우주의 윤회를 이해하기 전 우주라는 곳을 소개하면, 빅뱅 이후 지금까지 계속 새로운 별의 탄생과 소멸 그리고 그에 따른 다양한 별들과 주위 행성들의 운명이 복잡하게 결정되고 지금도 엄청난 변화가 일어나고 있는 살아있는 생명의 공간입니다. 이런 변화는 지구에서 너무 멀리 일어나므로 사람들은 잘 인지하기 못하고 그저 과학의 영역이라 생각합니다. 또한 별들의 진화를 이해해야 하므로 좀 쉽게 설명해 보겠습니다. 우주는 엄청 광활하지만 그 사이에는 수많은 성간물질이 존재합니다. 우주가 빅뱅의 대폭발 할 때 생긴 수소나 헬륨 가스들 그리고 우주먼지가 널리 성간에 퍼져있습니다. 그 중 일부는 성운들이 충돌하면서 생긴 우주 잔해와 수명을 다한 초거대항성들이 대폭발하면서 생긴 잔해들입니다. 이 거대분자구름에서 새로운 별이 탄생합니다. 이런 구성을 이루는 천체를 '성운'이라 합니다. 별이 새로 탄생할 때 부수적으로 주위의 다양한 부스러기들이 함께 생기면서 행성이나 위성, 소행성 또는 다양한 우주물질들이 됩니다. 거대분자구름의 지름은 대략 100광년 정도거나 더 클 수도 있고, 태양의 600만 배의 질량과 비슷하다니 상상을 초월한 거대

공간에서 일어나는 별의 탄생을 본다는 건 대단히 고무적이고 범우주의 파노라마라 할 수 있습니다.

우주에는 탄생만 있는 건 아닙니다. 많은 은하 중에는 더 이상 새로운 별의 탄생을 못하는 노화된 것도 있습니다. 별들도 수명이 다양해 주요한 에너지인 수소가 모자라 점차 수축해 백색왜성으로 작아지기도 하고 일부는 거대한 초신성폭발을 일으켜 자신의 모든 흔적을 다른 우주로 흩뿌리기도 합니다. 물론 블랙홀을 만들어 주위의 모든 물질을 빨아들이기도 합니다. 이런 별의 성장과 쇠퇴의 과정은 별의 크기가 많이 좌우하는데 너무 큰 별은 수천만 년 정도로 수명이 짧고 태양 정도의 적당히 작은 별들은 100억 년의 긴 수명을 가집니다. 간혹 우주의 나이보다 더 오래 사는 별들도 있다니 참 다양한 별들의 세상을 다 알려면 아직 먼 것 같습니다. 또한 별의 수명은 별의 질량이 좌우하는데 허우대만 멀쩡한 밝은 별은 사용하는 수소에너지가 금방 고갈되어 수명이 짧고 작지만 질량이 무거운 별들은 상대적으로 에너지를 적게 사용해 수명이 매우 깁니다. 역시 사람이나 우주나 내실이 중요합니다. 이렇듯이 우주의 별들은 탄생과 죽음을 수시로 반복하면서 우주의 다양한 물질이 새롭게 뭉치거나 흩어지길 반복하는 지속적 윤회 과정을 겪습니다. 마치 살아있는 생명체가 겪는 생로병사(生老病死)의 과정과 아주 흡사합니다. 지구도 매 순간 우주로부터 새로운 물질을 받아들이기도 하고 일부는 지구 안에 것들을 우주로 흩뿌리기에 전체적으로 보면 균형을 맞추는 윤회적 순환을 하고 있습니다. 다시 말해 사람이나 동식물들의 잔존 원소들이 자연에 흩어지면서 우주로 퍼져나가고, 반대로 우주에 다양한 생명 흔적들이 지구에 들어와 무언가의 새로운 구성원소를 이루는 것입니다. 이것이 정말 우주적 선순환의 자연스런 윤회라 할 수 있습니다. 그러므로 윤회를 거론하려면 적어도 우주의 윤회를 통해 나의 흔적을 남길 수 있는 열린 마음과 바른 실천을 위해 노력해야 합니다.

안드로메다은하 출처: 위키피디아

하나 덧붙이면 구 인류가 처음 지구상에 나타난 이래 카르마조차 인정하기 어려운 사람들의 영혼이나 신체 구성 원소들이 빛의 속도로 우주를 향해 퍼져나갔다고 하지만 아직 200만 광년을 못 갔을 것입니다. 이 정도 거리라면 안드로메다은하 정도의 거리로, 200만 광년이라는 것은 우주의 크기에서는 거의 흔적도 알기 힘든 거리입니다. 이는 지구 사람들의 영혼이 가장 멀리 갔다고 하더라도 그 거리가 200만 광년 정도라는 의미입니다.

VI. 착각

나는 나일까?

사람의 몸은 대략 1028개 정도의 원자로 구성되고 이 원자의 구성은 외부와 계속 변환하므로 대략 1년 정도면 대부분 다른 원자들로 순환합니다. 이를 세포 수로 계산하면 약 60조~100조 개의 세포이며, 이 세포들은 지속적으로 생성, 성장, 소멸의 과정을 거쳐 계속 변하면서 신체를 이룹니다. 사람들의 장기나 기능적 세포들은 각각의 수명을 가지고 매일 변하는데 위장세포는 2~3시간의 짧은 수명을 가지고 계속 탈락, 생성하고 백혈구는 2일, 적혈구는 120일, 수정체는 평생, 두피는 60일, 뼈 근육이나 장기는 120~200일, 뼈의 교체는 7년, 체세포는 평균 30일, 간세포는 12~18개월 정도의 수명을 갖습니다. 그래서 대략 3년 정도 지나면 세포들은 거의 바뀌고 매일 소변과 대변 또는 피부의 탈피를 통해 배출하면서 새로운 세포를 재구성합니다. 그러나 새로 생성되는 세포들은 완전히 새로운 세포는 아닙니다. 나이에 따라 작은 변화를 가진 세포들로 재구성되기에 노화의 과정이 조금씩 생깁니다. 이렇듯 나의 몸을 구성하는 세포들은 매일 죽어가면서 새로운 나를 만들기에 과거와 현재의 나는 분명 다르다고 할 수 있습니다. 매일 몸 안에서 작은 죽음과 새로운 탄생을 맞이하며 사는 것이죠. 하지만 사람들은 언제나 같다고 생각하며 살아갑니다.

저자가 20년 전 발표한 『그날은 온다』라는 소설은 사랑을 위해 자신을 대신할 복제인간을 만듭니다. 자가증식기법을 통해 급속한 성장과 양자화된 정보를 그대로 이식하는 기법을 통해 뇌를 완벽하게 복제했지만 똑같을 줄 알았던 복제된 나는 결국 다른 주체가 되어 슬픈 비극을 맞이합니다. 만약 이런 기술이 미래에 실제 구현한다면 현재의 나와 복제된 나는 같은 나일까 아니면 타인인 또 다른 나인가에 대한 어려운 문제가 생깁니다. 이 소설에서처럼 다양한 방법으로 자신을 복제하거나 워프 같은 공간이동을 통해 다른 시대 공간으로 이동한다고 하더라도 그것이 같은 나일지에 대한 고민은 계속될 것입니다. 더욱 뇌의 정보만 복사해 다른 사람이나 특수한 컴퓨터에 이식한다면 과연 그것이 진정한 나일지 생각해봐야 할 문제입니다. 세포 하나에 들어있는 정보량은 약 1000권의 책 속에 들어있는 정보량과 맞먹습니다. 그래서 60조~100조 개의 세포 속에 들어있는 정보량을 계산하면 가늠할 수 없는 분량입니다. 생명의 시작은 단 하나의 수정된 세포가 연속적으로 분열하며 준비된 유전적 정보를 가지고 새로운 생명을 만들고, 지금도 지속적으로 진화하고 변화합니다. 이 과정에서 사람들은 시간의 변수가 작용되는 착각 속에서 과거, 현재, 미래의 나 중 진정한 나는 누구인가 고민은 계속될 것입니다.

영혼 증명

1977년, 천국의 모습이라는 사진이 신문에 실렸습니다. 그 당시 사람들은 놀라움과 함께 경탄을 금치 못했습니다. 이 사진은 NASA의 미국무인화성탐사선이 항해 중 찍은 300만 광년 떨어진 먼 은하의 모습인데 천국을 닮았다고 하여 화제가 된 사진입니다. 우주의 크기에 비하면 300만 광년 거리는 별거 아닌 것 같지만 그 거리는 빛의 속도로 300만 년이 걸리는 아주 먼 거리입니다. 호모사피엔스라는 현생인류가 지구상에 나타난 것은 20~30만 년 전인데 지금까지 이들이 죽어서 앞에 언급한 천국은하에 도착한 경우는 없을 듯합니다. 그러니 천국의 소식을 듣는 것은 불가능하겠지요? 이렇듯 우주는 엄청나게 넓고 큽니다.

300만 광년의 천국이라는 은하

태양계는 태양을 중심으로 수성, 금성, 지구, 화성, 목성, 토성, 천왕성, 해왕성의 8개 행성과 행성을 도는 많은 위성들, 그리고 화성과 목성 사이 있는 소행성 띠, 더 멀리에 해왕성 밖에 분포하는 카이퍼 벨트(Kuiper Belt)가 있습니다. 카아퍼 벨트는 태양에서 약 30AU보다 더 멀리 바깥을 도는 물과 얼음으로 구성된 지역인데 카이퍼 벨트 천체(KBO)라는 작은 소행성들이 있고 이곳에서 단주기 혜성들이 생성됩니다. 카이퍼 벨트는 태양과 아주 멀리 떨어져 있어 관측이 어렵고 최근 태양계 행성의 지위를 잃고 소행성으로 강등된 명왕성이 있는 곳이기도 합니다. 이곳에는 대부분 행성이 되지 못한 10만 개 정도의 직경 100km급 소행성들이 크고 작은 얼음이 붙은 암석들로 구성되어 있고 그보다 작은 수십억 개의 암석파편들이 느린 속도로 태양 주위를 돌고 있습니다.

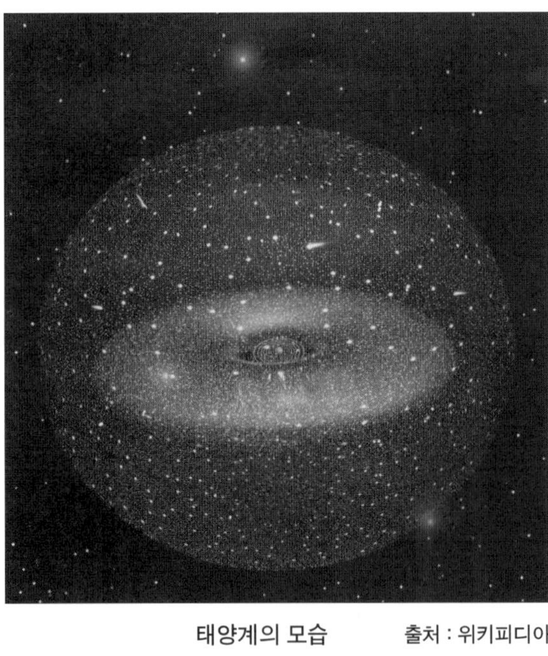

태양계의 모습　　　　출처 : 위키피디아

이보다 더 바깥에는 오르트 구름(Oort cloud)이라는 장주기 혜성이 생기는 물질이 널려 있습니다. 이곳의 크기는 태양으로부터 약 30,000~100,000AU에 이르는 것으로 추정하는데 태양계의 가장 바깥쪽에서 둥근 띠 모양을 이루고 있습니다. 여기서 1AU는 태양에서 지구까지의 거리를 나타내는 단위입니다. 예측으로는 가장 가까운 태양계 밖의 항성인 프록시마 센타우리까지 거리인 4.3광년의 4/1의 거리를 차지할 만큼 멀리 있습니다. 이런 거리라면 빛의 속도로도 1년이 걸리는 엄청 먼 거리입니다. 오르트 구름의 안쪽의 외곽부분까지 태양의 중력이 작용하는 것으로 보이며 주로 매탄과 질소 등으로 구성되어 수십 년에서 수백 년에 한 번씩 나타나는 핼리혜성 같은 장주기 혜성의 고향으로 알려져 있습니다. 그러니 수백에서 수억 년 떨어진 천국에 가거나 영혼이 자유로이 우주를 이동한다는 것은 거의 불가능하다는 걸 알 수 있습니다. 우주는 그리 만만한 곳이 아니며 사람들이 생각하는 그런 단순한 구조가 아닙니다.

영혼이 존재한다는 가정하에 가장 중요한 것은 영혼에도 질량이 존재한다는 명확한 명제가 있어야 합니다. 즉, 영혼이 아무리 작아도 질량이 없다면 현대물리학에서는 단지 광양자나 전자기파의 모습일 뿐입니다. 우주에서 질량 없이 움직일 수 있는 것은 빛과 전자기파뿐이기 때문인데 이들 광양자들은 질량이 없기에 빛의 속도로 날아가는 것이고 그 자체가 빛이고 전파입니다. 그래서 영혼을 증명하기 위해 질량이 측정돼야 하지만 그렇지 못하다면 영혼이 곧 광양자가 되어야 하므로 따라서 영혼 존재의 성립이 불가능합니다. 왜냐하면 광양자는 결코 영혼이 될 수 없기 때문입니다. 만약 영혼이 아주 미세하게라도 질량이 있다면 우주에 가장 널리 퍼져있는 힉스장(힉스 보손: Higgs boson)과 상호작용하면서 그 존재를 확인할 수 있습니다. 힉스장은 만물에 질량을 부여하는 작용이 있기에 영혼을 검출하는 데 가장 유용한 방법입니다. 하지만 영혼의 질량은 아직 검출하지 못했습니다. 과거 영혼의 무게가 21gm이라는 실험이 있었지만 이는 대상 군에 문제가 있었고 사망 전 폐의 수분이 증발해 생긴 오차라는 것이 밝혀진 잘못된 실험입니다.

일부 사람 중에는 영혼과 상호작용을 하는 영매(靈媒)의 존재가 있다고 믿어 많은 사람들이 관심을 가지고 연구를 했는데 일부 과학자 중에도 이를 믿는 경우가 있었습니다. 이 영매들은 강령술을 시도해 영혼의 존재를 확인해주거나 초심령적인 현상을 보여주었는데 전자기파 기초를 밝혀낸 과학자 마이클 페러데이(Micheal Faraday, 1791~1867)는 일찍이 작은 진동에도 크게 작동하는 증폭기를 이용해 이 영매들의 활동에 속임수가 있다는 걸 증명했습니다. 또한 영혼에 대한 면밀한 조사를 통해 밝혀진 것 중 하나가 사람들이 생각하는 영혼의 존재는 일정한 패턴이 있다는 것입니다. 사람들은 주로 오감을 통해 경험합니다. 영혼을 보았거나 경험한 사람들은 주로 보고 듣고 만져보았다는 3가지 경험만 이야기합니다. 이를 바탕으로 생각하면 맛이나 냄새는 공포심을 주지 않고 역겨움에 대한 반응이기 때문에 공포심과는 좀 거리가 있습니다. 즉 선택적 공포라는 것입니다. 또한 매우 주관적인 경험이기도 합니다. 영혼을 보았다는 가장 많은 증언은 시각적으로 사람의 형상을 하고 익숙한 의복을 입은 영혼에 대한 것입니다. 주로 옷에 대한 묘사가 많고 남성과 여성의 성별과 체형 그리고 특이한 행동 등이 있는데 이것은 지역, 국가, 민족들이 가진 나름의 공통점이 있습니다. 즉 영혼을 묘사하는 표현이 대개 비슷비슷하다는 것입니다. 그래서 경험자의 이야기를 들어보기만 해도 어떤 모습인지 예측 가능합니다.

영혼은 매우 가볍다고 알려져 있는데 옷이나 장신구 또는 도구를 들고 있는 것 자체가 모순입니다. 또한 영혼이 사람의 형상을 하고 이목구비가 있다면 어찌 이를 영혼이라 할까요? 그냥 사람 아닐까요? 영혼은 가장 순수한 물질을 의미하는데 그 영혼 자체가 뭔가를 보거나 머리칼이 흩날리고 날카로운 이빨이 보인다면 이는 이미 영혼이 아닌 어떤 포악한 생명체라고 할 수 있습니다. 투명은 눈이 있어도 보이지 않는 허상이어야 합니다. 뭔가를 본다는 것은 각막 안 검은 암막에 상이 맺히는 것이고 그래야 물체의 상이 맺히는 것이기에 만약 순수한 영혼이 있다면 아무것을 볼 수 없는 형태여야 합니다. 이를 정리하면 우리가 경험한 수많은 영혼의 이야기는 대부분 경험자의 과거 기억에 의해 재생산된 잔상이라 할 수 있습니다. 그러다 보니 자신이 익숙한 형태의 영혼을 이야기하는 것이고 증거를 수집하다 보면 사람들 주위 구성원의 성향, 지역색, 교육 정도 그리고 문화적 특색이 그대로 반영되어 나타납니다. 이는 집단 간에 일정한 공감패턴이 존재한다는 것이기도 합니다. 이런 것들이 모여 나름의 죽음관이나 종교관 또는 사회적 문화를 만들어내는 것입니다.

한국 사람들이 자주 거론하는 소복의 영혼은 미국 사람에겐 전혀 볼 수 없고 반대로 한국 사람들이 미국에 살면서 영혼이나 귀신을 보았다 해도 결국 소복 입은 영혼이나 귀신을 본다는 것이기도 합니다. 그러나 교포 3세가 되면 역시 미국 사람이 보는 다크나이트적 영혼이나 유령을 봅니다. 그래서 영국이나 유럽은 '아더 왕'의 전설이 계속 이어지고 인도인들은 힌두신이 근사(임사)체험에 자주 나타납니다. 또한 영혼은 당사자의 기억이 축적되면서 다양한 모습으로 묘사합니다. 아이들이 말하는 영혼과 어른이 말하는 영혼의 모습은 다릅니다. 아이들은 또래 아이들의 경험담과 매우 일치하는 유사성이 갖는데 이는 발달과정에서 일어나는 지적 능력이 유사해 생기는 현상이라 할 수 있습니다. 하지만 성인들의 영혼에 대한 언급은 개인차가 매우 큽니다. 그것은 그동안 살아오면서 경험한 정보의 양과 축적된 지식, 생활방식이 다르기 때문입니다. 이런 영혼의 경험과 생각은 나이가 들면 누구나 자신의 뇌 안에서 시간과 공간의 제약 없이 자유롭게 표현되고 상상합니다. 그래서 세상에는 다양한 영혼의 모습과 유령이나 귀신들이 넘쳐나는 것입니다. 시대의 유행을 따라 패턴도 달라지고 새로운 모습과 행동을 하는 등 다양한 소재의 이야기들에도 등장합니다.

귀신이란?

대부분의 사람들은 귀신이나 유령을 부정하지 않습니다. 특히 종교적 입장에서 신은 육체가 없는 영(靈)의 형태이고 이를 추종하는 신도들은 이미 오래전 죽은 교주도 영적으론 계속 존재하며 절대적 힘을 가진 초월적 모습이라 생각합니다. 그 저변에는 신의 영접이 가능한 사후의 확고한 믿음이 있습니다. 이들 종교의 교리적 구성에도 중간자들인 천사 저승사자, 사신 등이 있습니다. 이들이 관리하는 것이 죽음에 들어가는 망자들이므로 영혼과 귀신의 수많은 이야기가 생기는 것입니다. 이는 동서양을 망라해 수많은 귀신이 양산되는 좋은 환경을 만듭니다. 또한 이 현상은 사람들의 공통 조상이 하나의 주류에서 분리되었다는 것을 간접적으로 보여주는 인류역사적 증거이기도 합니다. 사람들의 믿음과 달리 귀신이나 유령에 대한 진실을 알고 싶어 하는 사람들은 많습니다. 그래서 귀신이나 유령의 존재에 대한 부정에도 불구하고 사람들의 호기심과 관심은 지속되고 이를 이용한 문화마케팅과 엔터테인먼트의 귀신(호러)산업은 꾸준히 수익을 창출하고 있습니다. 또한 이 과정에서 새로운 귀신과 유령들이 계속 만들어지고 있습니다.

1882년 급격히 발전하던 과학은 종교나 초자연적 현상에 대해 나름 객관적으로 접근하려는 시도가 생기면서 영국의 물리학자 윌리엄 바렛(William F. Barrett, 1844~1925)이 심령현상을 과학적으로 연구하기 위해 SPR(Society for Psychical Research)이라는 심령연구협회를 설립했고 당시 유행하던 영매에 대해 연구했습니다. 이 시기 유럽과 미국은 영매의 천국이었고 그 피해가 컸던 것 같습니다. 당시 SPR회원이었던 노벨상을 받은 물리학자 리셰(Charles Robert Richet, 1850~1935)는 세상을 놀라게 한 엑토플라즘(ectoplasm)이라는 현상을 보고 이를 실재라 믿기도 했습니다. 엑토플라즘이란 영매가 망자와 소통하는 교령회(交靈會) 때 몸에서 방출되는 정체불명의 점성이 있는 물질이 이상한 모양을 만드는 것으로 이런 물질은 사이코플라즘(Psychoplasm) 또는 텔레플라즘(teleplasm)이라 합니다. 오래전 상영된 영화 〈엑소시스트〉에서 이 모습을 보여주기도 했는데 당시 대부분의 사람들은 이를 놀랍고 신비한 현상으로 믿었습니다.

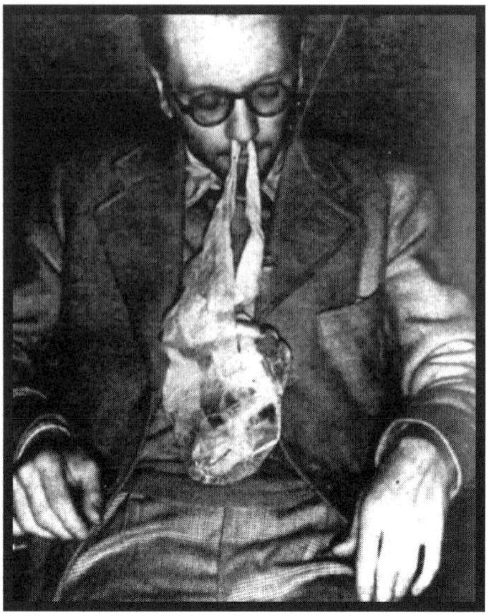

당시 엑토플라즘의 모습 출처: 위키피디아

눈이나 코, 입, 귀, 성기 등 인체 내 구멍에서 분비되는 사이코플라즘(Psychoplasm) 또는 텔레플라즘(teleplasm)은 당시에는 신기했지만 대부분 훈련을 통해 미리 몸속에 숨겨둔 야광물질과 착색한 밀가루반죽이나 분말가루 등을 분출하는 것으로 허접한 사진술과 조명 그리고 공포감을 이용한 사기였던 것입니다. 그리고 당시 유행했던 심령사진들 대부분 필름 불량이나 인화과정에서 생긴 필름 중첩, 인화약물의 농도가 고르지 못해 생긴 결함으로 생긴 것입니다.

그 후에도 수많은 초자연적 현상을 보여주거나 이를 입증하려는 시도는 계속되었고 1970년대 근사(임사)체험에 대한 다양한 증언이 나오면서 다시 영혼과 사후생에 대한 문제가 대두되었습니다. 하지만 이런 근사(임사)체험에 대한 문제 또한 앞장에서 설명했듯 21세기가 시작되면서 대부분 사라지고 있습니다. 결과적으로 뇌 내 현상으로 밝혀지고 있으니까요. 지난 50년간 이 초자연현상에 정면으로 도전장을 낸 초능력 사냥꾼으로 알려진 제임스 랜디(James Randi, 1928~2020)는 100만 달러의 상금을 걸고 초자연현상을 자신 앞에서 직접 시연하고 성공하면 상금을 주겠다고 했습니다. 하지만 아무도 초능력을 보여준 경우는 없었습니다. 모든 초능력의 현상은 그의 앞에서 무참히 무너지고 초능력은 없다는 것만 더 확인한 셈입니다.

초능력 사냥꾼 제임스 랜디 출처 : 위키피디아

2000년대에 스위스 신경외과 전문의 올라프 블랑케(Olaf Blanke) 교수는 뇌수술 시 '우측 측두-두정 접합' 영역을 살짝 자극하자 환자는 추락하며 가라앉는 기분을 느끼고 몸이 뒤틀리는 것 같다 했습니다. 이곳에 더 강한 자극을 주자 천장 근처에 떠 있는 느낌을 받는다는 걸 보고 이 과정을 반복하면 인위적으로 유체이탈을 유발하고 통제할 수 있다고 발표했습니다. 또한 올라프 블랑케 교수는 산악인들이 등반 과정에서 유령을 자주 접한다는 걸 발견하고 로잔 공대 연구진들과 유령을 뇌에서 발생하는 어떤 문제로 추측하여 2006년 인공적으로 유령을 만들어내는 실험을 진행했습니다. 신체 감각을 인위적으로 조절하는 로봇으로 뇌 신호를 흐트려서 사람들에게 유령이 존재하는 것처럼 착각하게 만드는 실험이었습니다. 실험 결과, 참가자들 대부분이 로봇이 전하는 빠른 진동으로, 실험실에서 유령을 경험했는데 그는 이 실험을 통해 유령의 존재가 결국 뇌 감각 신호 간의 충돌에서 빚어지는 현상이며, 뇌가 받아들이는 신호의 왜곡으로 만들어진 가상의 존재라 발표했습니다. 이 또한 자극과 인식의 차이에 생기는 시간이라는 변수가 있어 생기는 현상이라 할 수 있습니다.

우주에는 지구의 사람들과 교신이 가능한 생명체가 얼마나 될까?

우주에는 인간과 교신할 수 있는 문명을 가진 고등외계생명체가 얼마나 있을까? 이 문제를 고민한 과학자 중 프랑크 드레이크(Frank Drake)는 드레이크 방정식(Drake equation)을 제안했습니다. 드레이크 박사는 SETI(Search for Extra-Terrestrial Intelligence, 외계 지적생명체 탐사프로젝트)의 창시자로, 이 방정식은 정확한 우주문명의 수를 계산하기보다 이런 정도 존재한다는 의미로 받아들일 수 있는 인문학적 방정식으로 이해할 수 있습니다. 드레이크 방정식(Drake equation)은 인간과 교신 가능한 외계생명체의 수를 계산하는 방정식이므로 우주에 모든 생명체의 존재를 알아보는 계산식은 아닙니다. 의외로 우주에는 생각보다 더 많은 생명체는 존재할 수 있습니다. 가까이는 화성의 지층과 목성의 위성에서도 존재할 수 있지만 사람들이 알고 있는UAP(Unidentified Aerial Phenomena, 미확인 항공현상)를 타고 오는 '둘리' 같은 외계인은 아니라 봅니다. **(UFO라는 미확인 비행물체는 2021년도부터 NASA에서 UAP 미확인 항공현상으로 표현함.)**

〈드레이크 방정식 (Drake equation)〉

$$N = R* \times fp \times ne \times fl \times fi \times fc \times L$$

N = 우리 은하 내 교신 가능한 지적 외계생명체 문명의 수.

R* = 우리 은하 내 1년 동안 탄생하는 항성의 수.

fp = 위 항성들이 행성을 가지고 있을 확률.

ne = 항성에 속한 행성들 중 생명체가 살 수 있는 행성의 수.

fl = 위 조건을 만족한 행성에 생명체가 발생할 확률.

fi = 발생한 생명체가 지적 문명으로 진화할 확률.

fc = 발생한 지적 문명이 탐지 가능한 신호를 보낼 정도로 발전할 확률.

L = 위의 조건을 만족한 지적 문명이 존재할 수 있는 시간.

(L을 제외한 각각의 확률 항목은 모두 0에서 1 사이의 값을 가집니다.)

이 방정식 내 모든 값들은 어느 정도 추정이 가능한데, 마지막 L을 제외한 값들을 모두 곱하면 0보다는 크고 1보다 작게 나옵니다. 이를 유추하면 우리 은하 내 교신 가능한 외계 문명의 수 = 문명의 평균 수명이 됩니다. 즉, 생명이 살 수 있는 지구형 행성들 중 생명이 있다고 보고 그 값을 '비관적으로' 잡아도 우리 은하에는 대략 1천 개의 문명이 흩어져 있는 것입니다. 문제는 지구에서 우주를 향해 신호를 보내기 시작한 게 불과 100년이지만 우주의 시간으로 보면 엄청 짧아 다른 외계문명의 고등외계생명체와의 조우 가능성은 얼마나 희박한지 알 수 있습니다. 인류문명이 10,000년이라도 오래 지속해야 타 외계문명과 교신이 가능하다는 것입니다. 지구와 교신이 가능한 최초의 행성까지 거리가 수천 광년 이상이 될 수 있으므로 아무리 간단한 소식을 전한다고 하더라도 전파가 도달하는 시간 동안 이미 그 문명이 멸망한다면 아무런 성과가 없겠죠? 그러므로 우주에 많은 외계인을 발견할수록 우리 문명의 기대수명이 높아지지만 이런 노력에도 불구하고 아무도 발견하지 못한다면 우리 문명의 앞날도 어둡다는 것입니다. 이 때문에 많은 과학자들은 우리의 앞날이 밝다는 근거를 찾기 위해서라도 외계 문명 탐지에 열을 올리게 된 것입니다.

좀 더 설명하면 드레이크 방정식(Drake equation)의 N = R* × fp × ne × fl × fi × fc × L에서 R* × fp × ne × fl × fi × fc의 값은 거의 1에 가까워 N = L 의 등식이 성립됩니다. 현재 연구 자료를 반영하면 애석하게도 0.08이 나오며 학자에 따라 우리와 같은 존재가 살고 있을 가능성은 우리 은하 내 지구가 유일, 혹은 많으면 5,000개에 이를 수 있다고 해석이 갈리는데, 가장 이견이 많은 변수는 문명의 존재 기간 L입니다. 그러므로 문명의 지속시간이 얼마나 긴가에 따라 확률이 높아지므로 문명의 유지가 얼마나 중요한지 보여주는 중요한 지표가 됩니다. 현재 지구의 운명 또한 사람들의 대응에 따라 그 길이가 정해진다는 것을 명심해야 합니다. 설령, 고등외계생명체와 통신이 된다고 해도 직접 만나는 것은 그보다 더 어렵고 힘든 문제입니다. 다른 외계문명이 존재해도 그 우주의 제한적 지역에서 독립적으로 존재하고 발전하며 독창적인 문명과 진화를 이룰 것을 유추해보면 사람들이 알고 있는 UAP(Unidentified Aerial Phenomena), 미확인 항공현상)나 외계인의 모습 등이 얼마나 지구 편향적 생각인지 알 수 있습니다. 또한 시대의 유행을 따라 사람들의 증언이 10년 단위로 UAP(Unidentified Aerial Phenomena, 미확인 항공현상) 모양이 변하고 유선형으로 패션화되는 것을 보면 더욱 그렇습니다.

기억과 공포

공포라는 것은 사람들에게 있어서 매우 중요한 작용입니다. 즉, 공포심이 있어서 사람들은 현재까지 살아남은 겁니다. 대부분 사람들은 귀신이나 유령을 본다면 무서워합니다. 하지만 정말 귀신이나 유령이 실재해서 무서워하는 것인지에 대해서는 생각해볼 문제입니다. 결론부터 말하면 귀신이나 유령을 믿는 건 과거 학습된 기억의 결과일 수 있습니다. 사람들이 사는 지역, 국가, 인종에도 매우 밀접한 관계가 있어 서양 귀신과 우리나라 귀신은 많은 차이가 있습니다. 대체적으로 서양 귀신은 주로 어두워야 잘 나타나고 밝으면 사라지며 말이 없고 대화가 불가능하면서 일방적인 폭력적 행동을 하는 것으로 묘사합니다. 하지만 우리나라 귀신은 사연이 있고 전하고자 하는 말이 있으며 정적인 모습으로 많이 묘사됩니다. 즉 서로 타협의 여지가 있는 읍소형 귀신이나 유령이 많다는 것입니다.

뇌 과학에선 뇌의 편도체가 공포를 느끼는 주요 부위인데 겁이 없는 사람들을 '간이 크다' 거나 '간이 배 밖으로 나왔다' 고 표현하는데 이는 '대담하다' 라는 말과 같은 의미입니다. 한의학에서 담(膽)은 간과 같은 장기로 혼용하여 사용하기에 이렇게 부르는데 아마도 에너지 대사가 좋아 기운이 좋다는 의미일 것입니다. 사람들은 오감을 통해 공포나 위기감이 들면 뇌의 편도체가 뇌의 시상하부를 자극해 부신피질자극호르몬을 분비시키고, 이에 자극을 받은 부신에선 아드레날린과 코티졸을 급격히 분비합니다. 이 신경물질들은 몸을 긴장시키고 교감신경을 항진시키는데 이는 생존을 위한 아주 중요한 신체반응입니다. 이때 등골이 오싹해지고 식은땀이 나며 체온이 약 0.5도 내려가면서 싸늘함을 느끼는 것입니다. 피부도 수축하고 이미 퇴화된 털이 곤두서며 닭살이 생깁니다. 특히 사람들은 혼자일 때 가장 심한 공포를 느낀다고 합니다. 영화를 보거나 다른 사람의 행동을 관찰할 때, 여러 사람이 모인 상태에서 공포장면은 공포감이 덜합니다. 그래서 영화에 주인공이 혼자 무서운 환경에 노출되면 공포심이 더 커지고 무리지어 나오는 강시나 좀비영화는 덜 공포스럽고 도리어 코믹하게 느껴집니다. 앞에서 귀신이나 유령의 공포는 기억이 중요하다고 했듯이 심한 공포와 스트레스로 생긴 외상 후 스트레스장애 또한 잠재된 기억의 재발현이 원인입니다. 이를 치료하기 위해서는 원인 공포나 체험에 대한 과거의 기억을 지워야 합니다. 일상에서 공포심이 생기거나 뭔가 심한 불안이 생기는 환경에서는 심호흡을 하며 두 눈을 좌우로 빨리 움직이는 시선변화를 주면 의외로 공포감이 줄어드는데 이는 미주신경을 자극하는 효과로 부교감작용이 증가하기 때문에 안정감을 주는 것입니다. 반대로 일부 사람들은 이런 공포를 체험하면서 쾌감을 즐기기도 합니다. 놀이공원의 무서운 놀이기구를 타면서 짜릿함을 느끼는데 이때도 교감신경물질이 분비돼 흥분을 자극하기 때문입니다. 이런 체험이 익숙해지면 점차 더 강한 자극을 추구하기도 합니다.

공포는 사람의 진화과정에서 매우 중요한 작용을 하는데, 새롭거나 낯선 환경에 노출되었을 때 공포심이 많은 경우 생존능력이 더 좋았습니다. 공포심이 큰 사람들이 진화의 축을 이루었기에 생존이 가능했고 행동은 조심스러워졌으며 주위 환경에 더 집중하였습니다. 이때 반려동물과의 공존을 통해서도 공포를 많이 줄이는데 사람과 개가 지금처럼 친밀해진 이유이기도 합니다. 또한 나약해 보일 수 있는 공포심 많은 집단은 협업을 통해 극복했습니다. 둘이나 셋이 모이면 용기가 생겨 힘이 크게 작용하는데 이는 가족, 집단, 국가의 결속으로 이어지고 많은 사람이 모이면 그만큼 강력한 국가로 발전했습니다. 이 현상은 군중심리나 집단최면, 선동이나 선전에 잘 휩싸이는 성향과도 연관 있습니다.

죽음의 불안과 공포

불안과 공포는 유사하지만 차이가 있습니다. 불안은 명확한 대상 없이 막연히 올 수 있으며 불확실성에서 발생합니다. 그러다 보니 언제 닥칠지 모르고, 언제 끝날지도 모르며, 얼마나 지속될지도 모르고, 어떻게 행동할지 잘 모릅니다. 그러나 공포는 대상이 존재하고 사건이 있어서 생긴다고 합니다. 그러므로 닥친 사건을 처리해야 하는 과정에서 문제가 해결될 수 있고 공포는 반복 경험을 통해서 학습되고 극복이 잘 되기도 합니다.

인간이 죽음에 대한 구체적 불안과 공포를 가지게 된 것은 언어의 발달과 관계가 있습니다. 원시시대 단순한 사물의 표현 언어는 쉽게 대상물에 대한 이해를 가져다주었는데 사람들은 인지능력이 점차 발전하면서 추상적 언어가 발달하여 죽음이 더 구체화되었습니다. 사냥이나 외부 적과의 싸움 같은 다양한 경험을 통한 언어의 중요성은 더 구체화되었고 자신만이 아닌 주위의 가족이나 구성원들에게도 위험한 자연현상과 언제든 닥칠 수 있는 사건에 대한 불안과 공포를 언어로써 서술했습니다. 죽음 또한 마찬가지입니다. 최대한 회피하려 했지만 피할 수 없다는 사실을 안 사람들은 죽음을 받아들이는 대신 그 두려움을 극복하기 위해 이 세상만 아닌 또 다른 세상이 있다는 생각도 하고 그것이 결국 영생, 사후의 천국, 윤회 등의 종교관으로 발전했습니다. 불안과 공포는 자신이 당하는 것보다 다른 사람의 모습을 보면 더 강하게 찾아옵니다. 그래서 위급한 환자를 보고 의료진이 불안해하고 허둥댄다면 치료나 처치에 대한 결과는 장담할 수 없습니다. 이는 임종환자를 대하는 의료인의 태도도 마찬가지입니다. 하지만 앞 장에서 언급했듯 불안과 공포가 부정적인 것만은 아닙니다. 이런 불안과 공포가 상황을 헤쳐나가고 생명을 보존하는 데 도움을 주기도 합니다. 오랜 시간 인간은 위기대응능력을 길러 자신감을 쌓고 용감하고 창의적으로 변했습니다. 그러므로 죽음이라는 가장 큰 불안과 공포는 사람들의 잠재력을 깨우는 자극제로, 사후에도 존재하는 영속성을 위해 무엇인가를 만들어 후세에 남기려 합니다. 또한 이미 유전적으로 학습한 공포를 바탕으로 유사하거나 새로운 공포가 생겨도 어느 정도 적응할 수 있습니다.

죽음불안(death anxiety)은 인간에게 보편적 반응으로 넓은 의미로는 죽음에 대한 공포, 혐오, 기피, 수용, 부정, 분노 등으로 정의하는데, 이는 죽음이라는 사건과 죽어가는 과정에 대해 인간이 보이는 공포, 혐오감, 파멸감, 거부, 부정 등의 감정을 유발하는 심리적 과정이라 할 수 있습니다. 이런 일련의 심리적 과정은 신체기능의 저하와 주위 사람들의 죽음을 접함으로써 심화됩니다. 즉, 기저질환으로 부자연스런 거동과 기능상실, 신체적 고통 등은 비관, 우울 등 정서장애 현상을 초래하며 가족의 의존도를 높이고 결국 죽음불안을 갖는 것입니다. 국내 죽음에 대한 인식 조사에 따르면 성인남녀노소 중 45%가 죽음이 두렵지 않다고 하였고, 23%가 죽음을 수용한다고 했으며, 21%만이 두렵다고 대답했습니다. 한편 노년층 대부분은 죽음을 부정적으로 봤습니다. 소멸불안, 과정불안, 사후불안 등 죽음에 대한 불안 요인들은 대부분 자신의 질병, 임종과정의 고통, 경제적 부담, 가족이나 타인에 대한 부정적 영향 등으로 발생하는 결과이므로 이를 감소하기 위해서는 죽음을 준비하는 교육과 사회적 관심이 도움을 줄 수 있습니다. 또한 점차 늘고 있는 고독사와 같은 외롭고 소외된 죽음에도 가족과 사회의 관심, 대책이 더 절실히 요구됩니다. 특히 혼자 살고 있는 고령의 독거노인들과 경제적으로 취약한 노인 계층의 경우에 더 큰 문제를 안고 있어 이에 대한 대책이 요구됩니다.

죽음불안의 개념

죽음에 대한 두려움을 죽음불안(death anxiety or fear of death)이라 합니다. 이는 모든 사람이 어느 순간 직면하는 숙명인데 노인은 청장년들보다 죽음을 더 각별하게 생각하고 죽음불안도 더 많이 느낍니다. 죽음에 대한 불안은 어느 하나로 설명이 불가능한 다차원적인 개념인데 홀터(J. W. Hoelter) 등은 다음과 같이 8가지 다차원적 개념으로 죽음불안을 구분했습니다.

죽음 과정에 대한 두려움(fear of the dying process)

조기 죽음에 대한 두려움(fear of premature death)

중요한 사람을 잃을 것에 대한 두려움(fear for significant others)

병적인 두려움(Phobic fear of death)

모든 것이 파괴되는 데 대한 두려움(fear of being destroyed)

죽음 뒤의 사체에 대한 두려움(fear of the body after death)

죽음 후 잊어지는 것에 대한 두려움(fear of death being unknown)

죽음 자체에 대한 두려움(fear of dead)

이는 죽음을 예견함에 따라 발생하는 일상의 불안이며 죽음과 관계 있는 여러 가지 측면을 예견하거나 심사숙고하는 데 기반을 둔 불쾌함과 근심걱정의 주관적 느낌을 포함하는 정서적 반응입니다. 이런 죽음불안은 성별의 차이는 크지 않았지만 남성은 여성보다 죽음에 대한 불안이 적고 (특히 남성은 나이가 들수록 죽음불안이 더 적습니다.) 종교가 있거나 외향적 성격, 성실하고 자존감이 높은 경우 죽음에 대한 태도가 긍정적이었으며, 경제적인 수준도 중요한 역할로 작용했습니다.

플로리안(V. Florian) 등은 1993년 3가지 죽음불안 구성요소를 다음과 같이 발표했습니다.

첫째, 개인 내적 요소(intrapersonal component)는 죽음이 마음과 몸에 주는 충격을 말하는데 목표달성 불가능에 대한 두려움과 신체소멸에 대한 두려움 등이다.

둘째, 개인 간 요소(interpersonal component)로 죽음이 개인 간 관계에 주는 영향을 의미한다.

셋째, 개인 초월적 요소(transpersonal component)로 초자연적인 어떤 존재에 대한 두려움이나 죽음 이후의 내세와 징벌에 대한 두려움이다.

이런 불안 요소가 다양하게 작용하면서 죽음을 받아들이는 사람의 죽음에 대한 의미를 확인할 수 있고 죽음불안에 대한 양적 척도를 측정할 수 있습니다. 죽음에 대해 사람들이 보이는 불안이 선천적 또는 본능적인 것인지 아니면 사회문화적으로 얻은 후천적 학습이나 경험인지에 대한 의문에 대해 죽음이라는 테러에 맞서 생명을 지키려는 사람들의 자연스런 반응이라는 주장과 죽음불안은 선천적인 본성이 아니라 사회적으로 학습된 것이라는 주장이 대두되었습니다. 죽음에 대한 공포가 자연스런 반응이라는 주장은 인간이 태어날 때부터 죽음에 대해 반응한다고 합니다. 하지만 이를 부정하는 입장에서는 너무 어린아이는 미성숙하여 추상적인 죽음을 이해하지 못하고 성장해 3-5세에 처음 죽음을 알기 시작하면서 죽음에 대한 학습과 경험을 통해 점차 알아간다고 합니다. 문화인류학자 베커(E. Becker)는 죽음불안을 스프링보드에 비유하면서 죽음불안에 대처하기 위해 인간이 여러 활동, 즉 생명을 위협하는 위험과 죽음으로 인한 불행을 극복하기 위한 활동을 만들어 죽음불안은 사람들을 적절히 긴장시켜 행동을 조심하게 하고 잠재적 위험에 대해 미리 준비하게 하여 생명을 더 잘 유지시키는 일종의 엔진 역할을 한다고 말했습니다.

죽음을 경험한 다양한 체험들은 진짜 죽음이 아니다

오랜 세월 사람들은 죽음에 대한 다양한 경험을 이야기하거나 체험을 통해 증명하려 노력했습니다. 그래서 죽음에 대한 자료가 넘쳐나지만 그럼에도 불구하고 죽음의 경험에는 그 어떤 확실한 증거를 보여준 적이 없습니다. 일부 설명하기 어려운 부분도 있지만 대부분 경험자 개인의 증언이나 사람들 입을 통해 전해진 이야기들이고 일부 검증을 시도했지만 재현성이 없었습니다. 더군다나 디지털화된 휴대폰 카메라 화질이 급속히 발전한 21세기에는 전생체험이나 근사(임사)체험 또는 천국이나 지옥을 보았다는 사람들이 급속히 줄어들었습니다. 또한 신이나 죽은 사람을 영접한다는 무당이나 신비주의자들, 심령술사들의 활동도 급격히 줄어들었으며 이런 증언이나 현상을 실제 매스컴에 보여주거나 재현하는 사람들도 거의 없어졌습니다. 그렇다면 과연 이 사람들은 어느 날 갑자기 사라진 것인가 아니면 죽음을 보여주는 사건들이 없어진 것인가에 대해 고민하게 됩니다. 그럼에도 특이한 점은 점성술이나 타로 또는 인터넷 사주 등 생활형 운명을 봐주는 분야는 상업적으로 날로 번성한다는 것입니다.

아무튼 21세기가 되면서 UAP(Unidentified Aerial Phenomena, 미확인 항공현상)가 중심이었던 외계인의 우주선 이야기는 이미 사라진 지 오래고 심령술사들의 신비한 체험도 더 이상 접하지 못한 채 20여 년이 흐르고 있습니다. 특히 근사(임사)체험도 병원이나 의료기관에서 치료 중 심폐소생술(CPR), 수술이나 마취 상황에서 일어나는 게 대부분인 것을 보면 이 또한 죽음의 특별한 경험은 이미 아닌 듯합니다. 더욱이 무속인이나 신비주의자들도 나이가 들면서 생로병사의 과정을 겪고 이들이 주장하던 천국과 지옥, 혹은 그 어떤 사후세계도 설명하거나 보여주지 못하며 노환이나 질병으로 일반인처럼 대부분 병원에서 임종을 맞이한다는 것입니다. 이들 중 귀신을 본다거나 빙의됐다거나 사후를 갔다 왔다고 했던 사람들 중에는 환시가 보이는 정신적 루이소체치매(Lewy body dementia)증상을 가진 경우가 있었고, 기질적으로 예민하거나 심리적으로 유약한 경우도 있기에 이런 저변에 깔린 질병이 특이한 능력으로 보이는 경우가 많습니다. 그러므로 신내림이나 신접(神接)이라는 현상 또한 개인의 선천적, 후천적 신경학적 성향과 정신적인 문제로 어느 정도 설명이 가능합니다.

이와 같이 이런저런 이유로 과거의 이상한 현상들이 하나둘 사라지고 과학자들은 실험을 통해 귀신이라 여기는 현상도 만들어 성공한 경우도 있으며 증거 위주의 과학과 의학의 발전이 신비함의 자리를 점차 잃게 하는 것도 현실입니다. 특히 근사(임사)체험을 죽기 직전 환자에게 나타나는 하나의 증상과 증후(symptom & sign)로 본다면 이는 매우 전향적으로 사후세계의 실체가 없어지는 결과가 됩니다. 특히 근사(임사)체험, 자각몽, 종말체험 등은 절대 죽은 상태의 체험이 아니라는 사실입니다. 이것을 꼭 인지해야 하는데, 진짜 죽음이라 착각하는 경우가 대부분이라 생기는 오해도 크게 한 몫 합니다. 죽음체험과 죽음은 결코 같을 수 없습니다. 죽음은 다시 살아나올 수 없는 결과이기에 죽음체험을 했다고 해서 결코 진정한 죽음이 될 수 없습니다. 이를 이용한 죽음팔이나 감성팔이도 있어서는 안 됩니다. 많은 사람들은 한번뿐인 죽음에 대해 미련이 많고 한이 많아서인지 쉽게 현혹되어 넘어가기도 하고 죽음의 아쉬운 미련 앞에서 돈과 시간 그리고 여한이라는 아쉬움을 허비하면서 생을 마감하기 때문입니다.

평생 1억을 직접 세어 볼 수 있을까?

오늘부터 1억을 직접 세 본다면 시간이 얼마나 걸릴까요? 하나, 둘, 셋, 넷, 다섯, 여섯, 일곱, 여덟, 아홉, 열, 이렇게 계속 수를 세다 보면 언젠가 1억이 될 것입니다. 실생활에 일억은 아주 흔한 단위입니다. 아파트 가격은 대부분 10억이 기준이고 고급 승용차도 한 대에 1억이 넘으니까요. 이렇듯 숫자 1억에는 좀 무감각해지는 것도 사실입니다. 이제는 조, 경의 단위가 흔히 쓰이기도 하니까요. 1억까지의 수 중 무작위로 43,215,639의 수를 선택해 한번 읽어보면 '사천삼백이십일만오천육백삼십구'입니다. 읽기도 힘들지만 읽는데 대략 5~7초의 시간이 걸립니다. 이렇듯 수 하나를 읽는데 처음에는 1초 내지 2초 정도가 걸리겠지만 숫자가 많아지면 평균 6초 정도의 시간이 걸립니다. 1억까지 세려면 1억 개의 숫자에 6초의 시간을 곱해 6억 초의 시간이 나옵니다. 생각보다 아주 긴 시간이죠? 6억 초의 시간을 자는 시간, 먹는 시간, 쉬는 시간 제외하고 하루 8시간씩 수를 센다고 가정하면 하루가 86,400초이므로 28,800초를 사용해야 합니다. 그럼 6억 초의 시간을 28,800초로 나눠 약 20,833일, 약 57년의 시간이 걸립니다. 57년이라는 수는 어른이 되어 아무 일도 안 하고 평생 수만 세어야 가능한 것입니다.

1억도 겨우 셀까 말까 한 짧은 인생인데 사람들은 우주의 나이 138억 년을 얘기하고 지구를 중심으로 반경 465억 광년(직경 930억 광년)의 대우주를 아주 쉽게 거론합니다. 더욱이 우주 안에 존재하는 별의 수만 약 1000억^{1000억}개 정도인데, 이는 수학적으로만 표기할 수 있는 상상속의 수입니다. 그 중 사람들 눈으로 볼 수 있는 별은 약 6,000개 정도지만 이 또한 남반구와 북반구를 나누면 약 3,000개의 별만 관측이 가능하다고 합니다. 또한 망원경으로 관측 가능한 우주가 전체 5% 정도라고 하니 이 많은 별의 수를 센다는 것 자체가 사람의 능력으로는 불가능하다고 할 수 있습니다. 그러니 사람의 존재가 얼마나 미미한지 알 수 있지 않을까요?

우주여행

우주의 거리를 얘기할 때 주로 사용하는 AU와 광년을 사람들은 쉽게 생각합니다. 물론 AU와 광년으로 환산하면 우주의 크기도 간단한 숫자로 표기할 수 있어 천문학에서 흔히 사용되는 단위일 것입니다. 익숙한 광년보다는 가끔 AU라는 단위를 사용하는데 이는 지구와 태양 사이의 거리를 말하므로 태양계 내에서만 사용하는 천문단위(Astronomical unit)입니다.

먼저 AU(Astronomical unit)에 대해 알아볼까요?

태양과 지구의 평균 거리인 149,597,870.7km(약 1억 5천만km)가 1AU입니다. 이는 사람들이 그렇게 정한 것이기에 이는 지구에서나 통용하는 단위입니다. 다른 항성계는 이 단위를 통용하기 어렵겠죠. AU라는 단위를 사용하는 이유는 km 단위로 표현하기에는 태양계가 너무 넓고 또 다른 천문단위인 광년은 태양계 내부의 거리 단위로 쓰기엔 지나치게 커 태양계 행성 간의 거리를 표기할 때 도리어 불편할 수 있기 때문입니다. 빛의 속도는 299,792,458m/s(약 30만km)이므로, 1AU는 약 500광초=8.3광분이 됩니다. 반대로 1광시는 약 7.2AU, 1광년은 약 6만AU가 됩니다. 태양과 지구 사이 거리는 공전주기에 따라 항상 변하지만 2012년 중국 베이징에서 개최한 국제천문연맹총회에서 1AU를 149,597,870,700m로 정의했습니다.

광년(Light Year)은 태양계 밖의 우주 거리를 언급할 때 사용하는 단위입니다. 일반적으로 광속은 c라는 기호를 사용하며 정확한 값은 299,792,458m/s(약 30만km/초)이고 상수입니다. 즉 특수 상대성이론에 의하면, 광속은 정보가 전달될 수 있는 가장 빠른 속도이고, 질량이 있는 모든 물질은 이보다 속도가 작아야 합니다. 또한 이 속도는 빛을 내는 물체나 관측자의 운동에 관계없이 일정한데, 빛은 전자기파와 같은

태양으로 부터 행성 간 거리(AU)
수성 0.39AU
금성 0.72AU
지구 1AU
화성 1.52AU
소행성대 2.06~3.27AU
목성 5.2AU
빛이 1시간동안 이동한 거리(Light-hour) 7.2AU
토성 9.5AU
천왕성 19.2AU[5]
해왕성 30.1AU
카이퍼 벨트 약 30~50AU
오르트구름 2000~50000AU
빛이 1년 동안 이동한 거리(광년) 63239.73AU(태양계의 끝으로 추정되는 거리)

성질이기 때문입니다. 빛이 1년 동안 도달하는 거리를 1광년이라 하는데, 광속은 299,792,458m/s(약 30만km/초)이고, 1년은 3156만 초이므로, 1광년은 9조4607억3047만2580km에 해당하는 거리입니다. 이때 연주시차(parallax)에서 구하는 파섹(parsec)이라는 거리 단위는 3.26광년에 해당합니다. 파섹은 연주시차가 1″(각초, arcsec)인 거리(parallax of one arcseccond)를 의미하고 단위로 사용될 때는 pc로 표기하며 정의에 따르면 1pc=206265AU입니다.

앞의 이야기를 읽는 것도 힘들었지만 우주의 거리를 측정하는 건 얼마나 큰 단위인지 이해하면 더 놀랍습니다. 태양계를 벗어나 은하를 상대로 거리를 알아보면 그 크기는 갑자기 달라집니다. 은하의 중심까지만 가더라도 빛의 속도로 24,800광년이 걸립니다. 가장 가까운 이웃 은하인 안드로메다은하까지도 250만 광년이 걸립니다. 이는 빛의 속도로 가더라도 250만 년이 걸린다는 것이고, 지구에서 관측 가능한 우주 끝이라 추정되는 곳은 465억 광년이 걸린다고 합니다. 그러고 보니 상대적으로 가까운 다른 항성까지 가더라도 20광년 또는 40광년 정도 떨어진 곳이라면 엄청 가까운 곳 같은 생각이 들지만 이는 우주 단위에서 본 것이지 실제로 우주선으로 날아가거나 다른 방법으로 우주여행을 한다면 엄청 오랜 시간이 걸리는 아주 먼 곳이라는 것입니다. 1977년 지구를 떠나 가장 멀리 날아간 보이저 1호도 현재 태양으로부터 180억km 정도 떨어진 곳에 있을 것이고 앞으로 계속 날아가도 보이저 1호는 300년 후인 약 2300년도에야 태양권을 둘러싸고 있는 오르트구름에 도달할 것으로 예상합니다. 그때도 태양계를 완전히 벗어나지를 못한다는 것이죠. 왜냐하면 대략 태양으로부터 1광년 거리가 태양의 영향이 미치는 곳이라 추정하고 있기 때문입니다.

1광년이라는 것이 단순히 1이라는 숫자 길이가 아닙니다. 초속 19km/s 속도의 보이저 우주선이 여행한다고 가정하면 한 시간에 68,400km를 날아가므로 약 1.7만 년이 걸립니다. 또한 현존하는 가장 빠른 우주선인 태양탐사선 파커호는 금성의 중력을 이용한 스윙바이 기법을 이용해 속도를 높여 초속 95km/s로 날아가 시속 34만km가 되는데 이 속도로 가더라도 약 3,500년이 걸립니다. 참으로 먼 거리입니다. 그러니 이런 우주선으로 가장 가까운 항성인 프록시마 센타우리(Proxima centauri)까지 간다고 해도 1.5만 년이 넘게 걸린다는 것입니다. 그러므로 우주여행을 한다는 것이 아직 얼마나 힘들고 오랜 시간이 걸리는지 알 수 있습니다. 그러니 다른 외계문명에 대한 막연한 기대나 조우에 대해 현실적인 가능성에 대해서 고민하고 일반적인 착각에서 벗어나 현실적으로 우주를 알아가야 합니다. 어느 날 갑자기 지구에 외계 고등생명체가 쓱 왔다가 쓱 지나가는 그런 곳이 우주가 아니기 때문입니다. 우주의 나이에 비해 생명체의 나이는 그리 길지 않기에 항성 간 우주여행을 하기 위해 엄청난 과학문명의 발달과 함께 새로운 에너지원, 수명연장에 따른 제반 조건을 충분히 준비해야 가능하기에 주위에서 흔히 애기하는 UAP(Unidentified Aerial Phenomena, 미확인 항공현상) 같은 작은 우주선으로 우주를 여행한다는 것은 있을 수 없다고 할 수 있습니다.

상상 속의 UAP 출몰 출처 : 위키피디아

Ⅶ. 미래

냉동인간은 살아있는가?

냉동인간 보존을 위해 전 세계 4곳, 알코르생명연장재단(Alcor Life Extension Foundation) 디트로이트 냉동보존연구소(The Cryonics Institute), 오리건주 크라이오닉스(Oregon Cryonics), 러시아 크리오러스(KrioRus)에서 상업적으로 운영하고 있습니다. 비용은 대략 15-25만 달러 정도입니다. 이중 하나인 알코르생명연장재단 홈페이지에 들어가면 "죽음이란 제대로 보존되지 못해 다시 태어날 수 없는 상태일 뿐이다." 라고 쓰여 있습니다. 이들의 주장은 신체를 원형 그대로 보존하면 언젠가는 환생한다는 것입니다. 이것이 가능해진 결정적 계기는 세포 손상을 막을 수 있는 냉동보존술(Cryonics)이 발전하면서부터입니다. 이는 사람을 급속 냉동해 장기간 보존했다 해동, 소생시키는 것으로 그 의미는 시체의 보존이 아니라 생명 연장에 있습니다. 이 기술을 처음 시도한 사람은 미국의 물리학자 로버트 에틴거 박사입니다. 그는 1962년 *The Prospect of Immortality*라는 저서에서 냉동과 해동과정에서 세포손상을 막을 수 있다면 인체의 냉동보존이 가능하다고 주장하였습니다. 액체질소 온도인 영하 196도에서 몇 백 년 동안 보존이 가능하다는 것입니다. 그는 실제로 1976년 디트로이트에 냉동연구소를 설립하고 1977년 사망한 그의 어머니를 냉동인간으로 보존하고 있으며 2000년에는 자신의 아내까지 냉동 보관했습니다. 이보다 먼저 최초의 냉동인간이 된 사람은 미국 심리학자 제임스 베드포드(Jame Bedford) 박사입니다. 1967년 폐로 전이 된 신장암으로 사망 당시 언젠가는 치료가 가능할 것을 믿고 냉동인간이 되었는데 당시, 냉동체에서 수염이 자랐다 해서 큰 이슈가 됐었습니다. 그 후 2019년까지 냉동인간으로 머리와 몸 전체를 냉동한 경우가 600여 건이 넘을 것으로 추산합니다. 냉동인간을 만드는 과정에 머리만 잘라 보관하는 경우가 있는데 이때 보관비용은 15만 달러로 조금 저렴합니다. 머리만 보관하는 이유는 미래에는 머리만 있어도 몸은 이식이나 재생이 가능할 것으로 믿기 때문입니다. 아마도 이들은 SF영화를 많이 본 건 아닐까 라는 생각이 듭니다.

냉동 보관한 사람들을 잠재적으로 살아있는 자라 하는데 문제는 냉동인간을 인간으로 인식해 법적 보호를 할 수 있는가에 대한 모호함입니다. 그렇지 않아도 제임스 베드포드의 가족은 현재 그의 냉동체에 대해 심각한 상황에 빠져있습니다. 파기할 수도 없고 그렇다고 보관에 드는 운영비를 감당할 수 없기 때문입니다. 이 또한 죽음과 삶 가운데 있는 상태로 봐야 하는데 가장 중요한 건 미래에 소생할지에 대해 어떤 증명도 할 수 없다는 것입니다. 그러다 보니 일부에서 상술이다 사기다라는 의견이 많이 나오고 있습니다. 냉동술은 저온생물학(Cryobiology)의 기초 아래에 먼저 냉동인간이 되기를 원하는 사람이 사망하면 즉시 시신을 얼음 통에 넣고 인공호흡기와 심폐소생기를 통해 산소 부족으로 오는 뇌 손상을 막으며 호흡과 혈액순환기능을 복구합니다. 이어 몸속의 혈액을 모두 뽑고 특수부동액으로 대체합니다. 부동액은 냉동과정에서 생기는 부작용을 감소시킵니다. 며칠 뒤 영하 169도에서 급속냉동해 고정시키고 특수캡슐에 넣어 지속적으로 온도를 유지하면 됩니다. 이것은 이미 3,000년 전 이집트인들이 미라를 만들던 방식과 매우 유사합니다. 이들도 영생(永生)을 얻고 다시 태어날 걸 기대해 시체를 보존하려 했기에 지금보다 과학기술이 부족할 뿐 사체 처리 방식은 거의 비슷했습니다. 하지만 여기서 생각해 볼 문제는 뇌를 냉동상태에서 원형 그대로 보존할 수 있는지에 대한 아무런 검증이 없다는 것입니다. 또 하나, 해동한 뒤 뇌세포를 복구하는 기술이 필요한데 이론적으로 조직을 녹이는 것은 가능하지만 모든 에너지가 차단된 상태에서 뇌의 신경과 전기적인 연결망이 복구될지에 대해 아직 해답을 찾지 못하고 있습니다. 물론, 2016년 포유류의 뇌를 완벽하게 얼렸다 해동한 첫 연구 사례도 나왔습니다. 이는 미국에서 실험용 토끼의 뇌를 냉동 보존한 지 5년 만에 다른 손상 없이 해동하는 데 성공한 것입니다. 비록 토끼를 대상으로 한 연구지만 아직 뇌는 냉동인간 해동기술의 난제로 남아있는 만큼 냉동인간 기술의 발전에 가능성을 열어 둔 것으로 볼 수 있습니다.

일부 생명체실험에서 낮은 온도로 얼려 노화를 막고 다시 살아난 경우가 있습니다. 현재 정자나 난자은행의 정자나 난자도 이 방법을 이용해 보존하여 사용하지만 이는 단세포적인 경우만 해당하고 세포 수가 크고 복잡한 경우에는 이미 손상과 변성이 와 완전한 복원은 어렵습니다. 다 늙고 병들어 모든 장기와 세포가 스스로 작동을 멈춘 시신을 얼린다고 무슨 좋은 결과가 있을까요? 건강하고 젊은 사람을 냉동해도 어려울 텐데 이미 모든 기능이 멈춘 사람은 더욱 기대하기 어렵다고 생각합니다. 가까운 미래에 세포를 수리하는 나노로봇이 만들어져 망가진 세포를 회복시킨다 해도 거의 가능성이 없다고 할 수 있습니다. 또한 급속냉동보다 급속해동의 기술이 아직 완전하지 않아 시도를 못하는 것도 있습니다. 다시 온도를 높이면서 혈관의 부동액을 제거하고 다시 혈액을 투여해야 하는데 이 과정에서 얼음의 특성상 결정화가 되어 날카로운 얼음조각들이 각 세포와 장기에 치명적인 손상을 가져다줄 수 있습니다. 이것을 해결하지 못한다면 해동은 불가능합니다. 미래에 과학이 아무리 발달해도 소생시키지 못한다면 단지 죽은 사람을 보관하는 것에 불과한 것은 아닌가, 만약 만에 하나 회생한다 해도 나이에 대한 문제를 어떻게 처리할 것인가, 그 외에도 빛의 속도로 우주여행을 했을 때 생기는 시간의 왜곡과 같은 문제가 생길 것입니다.

현재 대부분의 냉동인간은 만성적인 노인병이나 암 등의 악성질환을 가진 상태에서 냉동되어 있습니다. 그래서 이미 혈관질환에 이상이 생겨 대부분 장기 기능이 최악으로 나쁜 상태에서 손상이 이미 진행되었을 것이라 판단하므로 기술이 발전해 완벽하게 해동해도 소생은 거의 불가능할 것으로 보입니다. 만약 모든 문제를 해결해 냉동인간이 정말 살아난다면 종교에서 말하는 내세관과 사후세계에 대한 가설 그리고 영혼과 영체, 영매, 영생에 대해 지금까지 사람들이 신이라 믿었던 다양한 의미가 모두 혼란스러워집니다. 냉동인간에 대한 지원자가 많아지면서 이들에 대한 정의와 죽음을 어떻게 인정할지에 대해 앞으로 고민해야 할 또 다른 어려움이 생길 것이 분명합니다. 국내에서도 냉동인간 회사 중 하나인 러시아의 크리오러스(KrioRus)가 2017년 11월 9일

국내 냉동 이식용 장기 연구 전문기업인 휴먼하이테크와 냉동인간 서비스 제공 계약을 체결하여 크리오러스 코리아(KrioRus KOREA)를 출범했습니다.

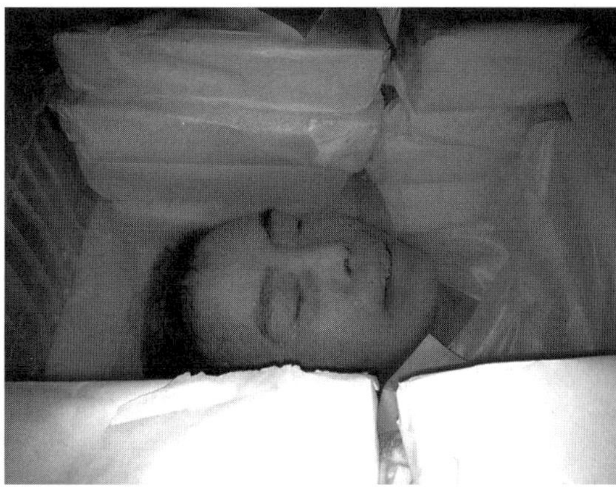

'크리오러스'에 냉동인간 상태로 보존된 실제 환자의 모습　　출처: KrioRus 제공

국내에 들어온 냉동인간 기술을 처음 접목할 분야는 이식용 냉동 장기분야입니다. 장기이식은 공여자와 이식을 받는 사람의 연결이 급하게 이루어지기 때문에 적합한 이식자를 찾아 수술을 준비하는 동안 이식 장기의 장기간 보존이 필요합니다. 현재 신장, 폐, 심장 등 고형 장기는 체외에서 생존할 수 있는 시간이 4~8시간 정도입니다. 그러므로 이식을 받아야 할 환자가 있어도 적시에 이식하지 못해 버려지는 장기만 60%에 이릅니다. 현재 상용화된 신체 일부의 동결과 해동 기술은 세포 수준에서는 매우 잘 이루어지고 있습니다. 특히 정자, 난자 혹은 수정을 마친 수정란을 냉동보관하고 해동하는 기술은 난임이나 불임 분야에서

매우 흔히 사용하는 기술입니다. 대부분 단세포이거나 세포 부피가 작아 특별히 손상이 없고 좋은 결과를 보입니다. 그러므로 만약 이식용 냉동장기 분야가 활발히 이뤄진다면 더 많은 사람들의 목숨을 살릴 것으로 예상할 수 있습니다.

머리와 몸이 바뀐다면

슈퍼맨이나 아인슈타인이 되고 싶은 마음이 어린 시절 한 번쯤 있었을 것입니다. 아마 신체에 머리를 이식한다면 가능하지 않을까 생각한 적도 있을 것입니다. 이때, 머리 이식이 맞는지 신체 이식이 맞는지 좀 헷갈리긴 합니다. 하지만 여기서 중요한 머리 전체를 이식하는 것은 어느 정도 가능성이 있지만 뇌만 바꾸는 것은 당분간 미래의 의학으로도 좀 어려울 듯합니다. 뇌는 매우 연약하고 쉽게 손상되므로 수술로 뇌를 적출하고 무수히 많은 신경과 혈관을 다시 이어간다는 것은 거의 불가능하기 때문입니다. 그리고 아직 잘 알려지지 않는 미세구조들의 역할과 기능들을 무시하고 뇌를 분리해 연결할 수는 없습니다. 그러나 머리 전체를 이식하는 것은 수술 부위가 목이라 일단 뇌를 건드리지 않고 큰 혈관과 척추신경과 몇 가지 구조물만 잘 이어준다면 어느 정도 뇌의 기능을 그대로 유지하는 수술이 가능하다고 봅니다.

이식을 하면 발생하는 신체거부반응 문제는 지금까지의 장기이식과는 좀 다른 모습일 것입니다. 단순히 혈액형이나 몇 가지 거부인자만 맞춘다고 이식에 따른 거부반응이 줄어들 것이라 보지 않습니다. 먼저 머리 이식에 적합한 신체를 구하는 것부터 어려움이 있고 면역적인 접합성과 이식을 원하는 머리 즉 뇌의 평소 기능이나 지적기능과 어울리는 신체를 찾는 것은 아직 어떤 의학적인 기준도 없거니와 임상경험도 없기에 부작용에 대한 예상도 예측이 어렵습니다. 그래서 이식을 할 수 있는 기회가 있더라도 적은 숫자일 것이고 그게 아니라도 이식 자체를 실패할 가능성도 높습니다. 설령 머리와 신체 이식이 성공해도 적응기간은 아주 오래 걸릴 것입니다. 서로 이질적인 장기 결합이니 뇌의 지시와 몸의 운동조절 간에 많은 시행착오가 있을 것이고 그에 따른 재활치료가 요구될 것입니다. 즉 어린아이의 뇌의 발달 과정과 신체의 운동, 성장 과정과 유사할 것이라 봅니다. 이런 뇌의 입장뿐 아니라 신체 입장에서도 그동안 익숙한 뇌의 신호전달이 아닌 새로운 신호전달에 대한 적응을 위해 많은 고통이 있을 것입니다. 다른 장기들도 서로 원활한 운동이나 작용이 어려워 다양한 증상이 나타날 수 있고 이로 인해 생각하지 못한 질병이 발생할 수 있지만 이 또한 예측 불가능합니다.

여기서 이런 모든 문제를 잘 극복해 성공했다 해도 다음으로 생각해봐야 할 문제가 더 있습니다. 영혼의 존재와 뇌 기능 사이에 미묘한 간극과 의문이 그것입니다. 어차피 시간이 지나면 사람은 점차 새로 이식한 뇌의 지배를 받게 될 것이고 신체는 뇌의 신호를 받아 움직일 것입니다. 이런 일련의 과정이 발생하는 것에 영혼이 간섭하기 어려운 부분이 존재합니다. 어찌 되었건 머리와 신체의 이식이 성공하면 영혼의 문제와 죽음에 대한 문제, 법률적, 사회적, 심리적인 부분에 생명에 대한 정의가 바뀔 수 있습니다. 과연, 이식받은 사람은 누구인가를 정의해야 하는 것부터 나이를 어찌 정해야 하는지와 가족관계를 어떻게 정해야 할지의 문제가 발생합니다. 더 어려운 상황은 만약 남자의 머리에 여자의 몸을 이식했다면 성별을 떠나 젠더성에 대한 복잡한 문제가 발생할 수 있고, 머리와 기계인간의 문제부터 인간의 머리와 동물의 신체 이식으로 생긴 키메라인간에 대한 가능성까지 염두에 두어야 할 너무 복잡한 난제들이 생깁니다. 지금은 우습겠지만 이것이 아주 먼 미래의 사람 모습일 수 있습니다.

어찌 되었건 머리 이식은 그리 쉬운 문제가 아닙니다. 일단 조금이라도 뇌 손상이 일어나면 이식이 성공한다 해도 정상적인 뇌기능이 불가능해 난감한 문제로 발전합니다. 그래서 머리 이식은 조금의 실수도 용납 안 되는 전제가 요구됩니다. 뇌를 무엇보다 잘 보호해야 하고 냉동인간에 대해서도 다시 한번 시험대에 오를 것이라 예상됩니다. 결국 인간의 정의부터 다시 논의해야 하고 생명연장에 대한 다양한 시도는 미래에 새로운 부의 축적으로까지 이어지는 어려움이 생깁니다. 머리 이식을 통해 수명이 길어지면 결국 부의 축적은 계속 이식받는 사람에게 집중될 것입니다. 이 경우 자신이 자신에게 상속하는 것이므로 법적인 그리고 경제적인 혼란도 생기고 그 파장은 계속 이어질 것입니다. 포도나무는 씨앗으로 번식하지 않습니다. 주로 가지를 다른 포도나무 줄기에 접목하거나 가지를 일부를 잘라 직접 땅에 심는 삼목 방식입니다. 씨앗으로 번식을 하면 좋은 품종이 계속 유지되지 않기 때문입니다. 그럼 A라는 가지를 잘라 B라는 포도나무에 접목을 하면 수확되는 포도 품종은 무엇이 나올까요? 이런 경우 A의 품종이 나오지만 기본 줄기가 좋으면 더욱 튼튼한 것이 나옵니다. 이를 머리 이식과 연관해서 유추해보면 좋은 신체를 선택하는 것이 중요한 관건이기도 합니다.

출생과 동시에 25세가 된 아이

출생과 동시에 25세가 된 신생아가 2017년 11월 25일 태어났습니다. 그 이유는 그녀를 태어날 수 있게 한 수정란이 25년 전인 1992년 10월 미국 국립배아기증센터가 냉동 보관하다 7년간 불임으로 고민하던 25세 새엄마에게 시술해 성공한 것이기 때문입니다. 당시 새엄마 티나 깁슨은 자기 나이보다 한 살 어린 수정란을 통해 임신할 거라는 소식에 처음엔 놀랐다고 합니다. 새엄마는 아기 탄생 후 가진 CNN 인터뷰에서 "내 나이가 25살밖에 되지 않는다는 걸 아세요? 그 수정란과 내가 절친이 될 수 있었다는 소리예요."라고 말했습니다. 최근 냉동배아도 '사실상의 자녀'로 인정해 난임과 불임가정에 기증하는 경우가 많아지고 있습니다. 시간과 연관된 죽음학에서 이 문제를 다루는 것은 생명에 대한 영역이 얼마나 넓어졌는지와 이로 인해 발생하는 문제들이 다 관련 있기 때문입니다. 앞서 2009년도에 22년 전 냉동 보관한 자신의 냉동정자를 이용해 아내에게 이식한 후 임신에 성공한 경우가 있었습니다. 아버지는 10대 시절 백혈병에 걸려 생사의 갈림길에서 치료받던 중, 생존해도 불임이 될 수 있는 경우가 많다는 의사의 말을 듣고 그의 부모는 당시 16세의 아들에게 냉동정자를 권유해 보관했습니다. 그 후 다행히 백혈병을 완치한 아들이 성인이 되어 결혼했고 불임이 된 것을 알고 아내에게 정자를 이식해 임신해서 딸을 낳은 것입니다.

앞서 냉동인간에 대해 이야기를 하면서 현재 보관된 냉동인간을 사람으로 인정을 해야 하는지에 대한 의학적, 윤리적 문제에 대한 고민이 있었듯 냉동배아에 대한 인정 또한 여러 가지 법적 윤리적 문제가 생길 수 있습니다. 의학의 발전은 점차 생명의 연장뿐만 아니라 생명의 시작도 길게 늘려주고 있습니다. 이런 과정으로 태어난 아이에 대한 새로운 사회적 정의와 규정이 필요한 시기에 이미 도달했다고 생각합니다.

미래의 인생에서 단 1년이라도 필요한 안식년

사람은 환경에 잘 적응하는 능력이 있습니다. 이 적응능력은 의외로 한 번 고착되면 바꾸기 힘들어 '세 살 버릇 여든 간다.'라는 말이 생긴 것입니다. 이 경향이 강한 사람을 보수적이다, 고집이 세다고 하지만 그보다 새로운 것에 대한 두려움이 큰, 조금 여린 마음의 소유자라 할 수 있습니다. 대체로 이런 사람들이 한 분야에 오랜 시간 열심히 일하는데 이런 성향의 사람들이 모여 계속 일을 한다면 얼마 못 가 경쟁에서 밀리고 도태될 수도 있습니다. 이를 막기 위해 새로운 변화와 다양한 시도를 통해 자신의 삶이나 일 등 모든 분야에서 뒤를 돌아볼 여유를 가지고 복기하는 시간이 필요합니다. 지금처럼 계속 같은 일에 안주하거나 자기 계발이 없다면 곧 닥쳐올 새로운 변화에 매우 불리한 조건으로 내몰릴 수 있습니다. 하지만 이런 얘기를 하면 사람들은 '난 괜찮아!'라고 하면서 자신은 다른 사람과 다르다고 무시합니다. 그러다 새로운 변화에 적응 못 해 주위 사람들에게 무시당하고 힘들어하기도 합니다. 축구 경기를 보면 공격형 축구와 수비형 축구 전술이 있는데 대부분 공격형 전술을 사용할 경우 승률이 높은 걸 보면 진취적이고 도전하는 인생이 더 높은 만족감과 성취를 얻는 것 같습니다. 일상적인 삶이 늘 같다면 변화하는 노력이 필요합니다. 이 경우 가장 쉽고 확실한 방법 중 하나가 지난 삶을 돌아보고 그것으로 전환점을 만드는 것입니다.

다시 말해 일생의 중간 시점에 안식년을 가지는 것입니다. 20년 이상 한 가지 일에 몰두했던 사람이라면 안식년을 갖는 것이 남은 삶을 위해 충분히 가치 있는 일일 것입니다. 그동안 했던 일들을 객관적인 내가 되어 돌아볼 필요가 있으니까요.

또한 소홀했던 가족관계도 점검하고 친인척을 찾아본다던가, 여유 있는 여행을 하며 다른 사람들이 어떤 생각으로 사는가를 알아본다면 남은 생에 의외로 좋은 답을 찾는 기회가 될 것입니다. 시간과 죽음 이야길 하는데 안식년을 말하는 게 좀 생뚱맞을지 모르지만 이 기간에 죽음을 생각해보고 죽음을 이해하는 기회를 얻는다면 이것이 더 가치 있는 시간이 될 것이라 봅니다. 만약 은퇴 후 20년이 지나면 이 또한 은퇴라는 직업을 20년 동안 하는 것입니다. 그러므로 안식년을 가지는 것은 생의 한가운데서 한번 숨 고르기를 하는 것이라 보면 그 의미가 매우 큽니다. 은퇴 후 봉사활동도 좋고, 종교 활동도 좋으며, 못해본 사랑도 해보는 것도 좋고, 그동안 마음에 가지고 있었던 취미활동도 좋고, 새로운 것을 배우는 것도 좋다고 봅니다. 우리는 태어나 20년 이상 교육기간을 거쳐 30년간 직업을 가진다 해도 수명이 100세 시대에는 50년이라는 긴 시간을 비생산적인 일을 하며 보내는 것입니다. 이는 너무 가혹한 일입니다. 하지만 노년의 시간은 긴 시간에 비해 상대적으로 매우 빨리 갑니다. 젊었을 때 하루와 노년의 하루는 차이가 큽니다. 그래서 '세월이 유수와 같다.'라는 표현도 나오는 것입니다. 그러므로 실천 가능한 계획이 중요하고 그에 맞는 비용을 준비하는 것도 필요합니다. 계획은 좋지만 그것을 할 수 있는 돈이 없다면 이 또한 그냥 희망이나 소망으로 끝나고 말기 때문입니다.

안식년을 맞는 노후를 위한 준비는 노후자금에서 시작된다고 해도 틀린 말은 아닐 것입니다. 가능한 각종 연금을 잘 확보하고 조금이라도 저축해두어야 합니다. 집이 있다면 그에 맞는 주택연금제도를 이용하는 것도 도움이 됩니다. 주택연금은 60세 이상 고령자들이 9억 원 이하 소유주택을 담보로 금융기관에서 노후생활자금을 종신으로 매월 지급받는 제도입니다. 주택연금은 살아있는 동안 일정금액을 계속 받을 수 있도록 정부가 보장함으로써 생활 안정이 가능합니다. 대출받은 금액과 상관없이 담보로 맡긴 주택에서 평생 살 수 있기 때문에 주거 안정도 보장되고 부부가 살아있는 동안 보장조건은 계속 유효하고, 사망해 계약이 끝나면 주택금융공사는 주택을 매각해 대출금을 회수하는데, 주택을 판 가격이 지급한 돈보다 많으면 남은 돈을 상속인에게 돌려줍니다. 단, 차액은 요구하지 않기에 생활비가 부족해 비싼 주택담보대출을 받고 있다면 주택연금 제도를 적극 활용하는 것이 더 낫습니다. 노후에도 적당한 노후 자금은 꼭 필요하다고 봅니다. 그 이유는 나이가 든다고 돈이 적게 드는 것은 결코 아니기 때문입니다.

사형제도보다 더 무서운 형벌

죽음과 시간을 이야기하는데 사형 이야기가 나오니 좀 의아할 수 있겠지만 죽음에 대한 공부를 하다 보니 사형제도에 대한 생명의 문제와 이것이 진정한 처벌인가에 대해 의문이 들기 시작했습니다. 나라마다 정해진 형벌은 차이가 있지만 현존하는 사법체제에서 가장 무거운 형량은 사형선고일 것입니다. 일명 생명형이라 하며 사람의 생명을 박탈하는 것입니다. 그러나 사형제도는 극명하게 찬반 주장이 맞서는 현실적 문제입니다.

찬성 측은 극악한 범죄를 예방하는 차원에서 신중하게 운영하되 사형제도는 있어야 한다고 주장하는 반면 반대 측은 생명의 존엄성과 형벌의 목적이 교화이지 단절이 아니라는 것과 오판의 가능성으로 인한 억울한 죽음의 가능성, 그리고 정치적 악용의 가능성을 배제할 수 없어 사형은 안 된다고 주장합니다. 이런 기본적인 사형제도에 대한 문제를 떠나 현재 사형선고를 내린 상태에서 우리나라 사법부가 취하는 태도는 애매합니다. 사실상 1997년 12월 30일 이후에는 사형 대신 계속 구금만 하고 있습니다. 물론 법적으로는 사형수는 사형집행을 위해 구금된 것이지만 현재는 무기수와 다를 게 없습니다. 그러고 보면 다른 듯 같은 의미가 됩니다. 문제는 무기수는 감형이 가능해 유기수가 될 수 있고 흔하지 않지만 사형도 감형이 있으니 이런 경우 과연 피해자에게 충분한 보상과 위로를 줄 수 있는지 의문입니다. 법에도 온정주의가 있고 관용주의가 있지만 사형수의 경우는 예외라고 생각합니다. 만약 그로 인해 피해자가 직접 해결하는 방식을 택하려 한다면 사회적으로 더 큰 문제가 될 수 있습니다. 어떤 이유로든 몇십 년째 구금상태를 유지하는 사형수의 문제는 해결해야 합니다. 만약 미국처럼 감형 없는 징역 500~1,000년 형을 내린다면 죽어서도 계속 서류상으로 남아있기에 형기를 채우는 것이 좀 더 합리적인 듯합니다. 사형수든 무기수든 분명 그

판결 속에는 죄의 경중이 존재할 것이기 때문입니다. 그러다 보니 사형제도를 찬성하는 입장에서 더 큰 목소리를 낼 수 있는 여지가 있습니다. 그게 아니라면 극악범죄자에게 사회적으로 영원히 격리할 수 있는 사형제도보다 더 무서운 형벌이 있었으면 좋겠습니다.

죽음의 한 종류로 사형제도를 언급했지만 사람의 죽음이란 자의든 타의든 쉬운 선택이 아니라는 생각이 듭니다. 죽음의 정의 중 생물학적 죽음만 죽음이 아니기에 다양한 죽음이 존재합니다. 즉 사회적 죽음, 종교적 죽음, 심리적 죽음, 철학적 죽음 그리고 의학적 죽음 등 다양한 죽음이 있습니다. 형벌로서의 사형은 타인이 임의로 폭력을 행사하여 생명을 끊는 것이지만 직접적인 폭력을 가하지 않는 사회적 죽음도 강력한 죽음이 될 수 있습니다. 그래서 영구구금과 사회적 죽음을 함께 선고한다면 사회적 동물인 인간에게는 가장 힘든 형벌이 될 수 있습니다. 사회적 죽음이란 법률적 사망과 동시에 인간의 생명권만 보장하는 영구구금으로 경제적·정신적·심리적 제한을 당하는 것입니다. 이와 같이 정신적 심리적 기능을 제한한 사회적 죽음은 사형보다 더 무섭고 고통스러운 형벌이 될 것입니다. 구금 중에도 철저히 다른 사람과의 격리를 원칙으로 합니다. 한순간 끝나는 사형과 달리 오랜 기간 충분한 단죄가 될 테니까요. 물론 인권의 문제를 거론할 수 있지만 사형 자체가 이미 인권을 무시한 제도이므로 이 경우 논의는 별개로 해야 할 것입니다. 또한 사형보다 더 큰 범죄예방 효과를 가져올 수 있습니다. '죄는 미워하되 사람은 미워하지 말라.'는 말이 있습니다. 하지만 이는 모순입니다. 죄라는 건 사람이 정한 사회적 규범을 어긴 것이고 이것은 곧 타인에게 피해를 준 것입니다. 행위자에 대한 원한과 증오를 사법제도가 형벌로 대신하는 것이므로 사람과 죄를 분리해 처벌할 수는 없습니다. 사형수에게 사형을 집행했다고 해서 피해자의 감정이 다 풀어지거나 죽은 피해자가 살아 돌아오지 않습니다. 그렇다면 사형제도는 법을 이용한 보복적 대리 살인이라는 생각이 들기도 합니다. 또한 사형수에게도 가족이 있을 테니 그들의 고통은 또 어떻게 해야 할까요? 차라리 남은 생을 지은 죄에 대한 후회와 반성으로 사는 것이 모두를 위해 나을 수 있다고 생각합니다. 이것이 사형제도를 반대하는 많은 사람들의 주장이기도 합니다.

참고로 현재 시행하는 사형 방법으로는 교수형, 전기감전형, 독극물 투입형, 가스처형, 총살형 등이 있습니다. 이런 사형 방법이 과연 진정으로 옳은 단죄 방법인지 의문이 듭니다. 교수형은 목매어 자살하는 것과 별반 다를 것이 없고, 전기감전사는 전기충격에 의한 사고사와 다를 바 없으며, 독극물 투입형은 최근 논의되는 적극적 안락사와 같은 것이고, 가스처형은 고통이 없다 하지만 흔히 하는 연탄가스 자살과 다를 게 없고, 총살형은 전시나 사회주의 국가에서 사용하는 것으로 논의 밖이라 언급할 것도 없기에 위에 열거한 사형 방법 대부분은 올바른 처형 방법이 아닙니다.

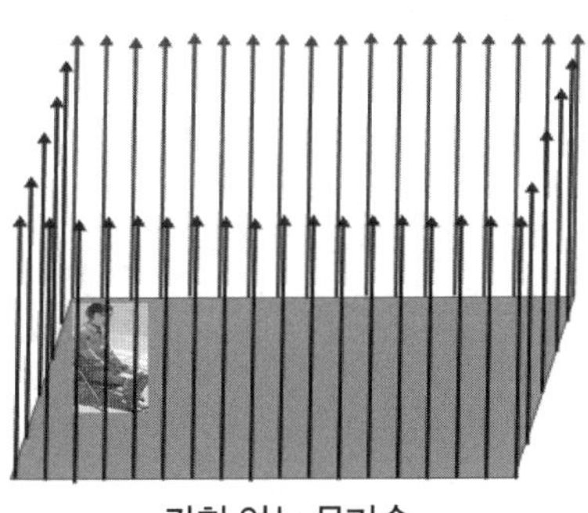

감형 없는 무기수

진정한 범죄예방이 중요하다면 범죄자에 대해 단순한 신체적인 구금보다는 그에 맞는 시간의 형벌은 필요하고 삶의 과정에서 시간이라는 것이 어떤 의미인지를 이해하여 그에 맞는 처벌을 통해 사람들이 스스로 타인에게 해를 입히지 않는 근본적인 안전장치를 만들어나가야 할 것입니다.

버튼만 누르면 고통 없이 죽는 '자살 캡슐'

스스로 죽음을 선택하는 자살 캡슐이 언론에 발표되었습니다.

최근 소극적 안락사와 존엄사 문제를 넘어 적극적 안락사에 대한 문제 중 의사조력자살에 대한 논의가 활발해지고 있습니다. 이에 맞춰 버튼 하나만 누르면 손쉽게 자살할 수 있는 캡슐이 나왔다는 것은 놀라운 일입니다. 자살캡슐은 이용자가 버튼만 누르면 캡슐이 질소로 가득 차고, 이용자는 약간 어지럼증만 느낄 뿐 큰 고통 없이 죽을 수 있습니다. 질소 가스는 마취작용이 있어서 고통을 느끼지 않고 무의식 속에서 산소결핍증을 일으킵니다. 석관이란 뜻의 사코퍼거스(sarcophagus)의 준말인 '사코'로 불리는 이 캡슐은 호주의 안락사 운동가인 필립 니츠케와 네덜란드의 디자이너인 알렉산더 배닉이 공동으로 만들었으며, 2018년 암스테르담 '장례식 엑스포'에 전시되었습니다.

사코퍼거스(sarcophagus) 출처: AFP 뉴스 제공

이 캡슐을 발명한 니츠케는 캡슐의 설계에 '브레인스토밍'을 적용하고, 3D 프린터로 제작했으며, 누구라도 설계도를 자신의 홈페이지에서 내려받을 수 있어 원한다면 스스로 만들 수 있도록 했다는 것이 놀라운 일이고 이는 의사의 조력 없이 스스로 죽음을 선택할 수 있게 했다는 점에서 새로운 논란이 되었습니다.

니츠케는 이에 대한 논란이 많다는 지적에 "자살에 대한 찬반양론은 어디에나 있다. 그러나 죽기 위해 목을 매달거나 기차, 길에 뛰어드는 것보다 이 방법이 훨씬 인간답다."고 말했습니다. 또한 "자살하려는 사람이 철로에 뛰어드는 대신에 버튼을 누르기로 선택하는 것"이라면서 "언제 죽을지 선택하는 것은 심하게 아픈 사람들만의 의학적 특권이 아니라 인간의 기본적 권리라 믿는다."고 주장했습니다. 가까운 미래에는 죽음을 스스로 선택하는 것도 당연한 자기결정권이 되는 것과 그 반대로 자신의 부활을 위한 사체 보관도 허용하는 매우 혼란스럽고 복잡한 생명윤리의 시대를 맞이할 것입니다.

시신을 물로 녹여 배출하는 장례법은 새로운 대안이 될까?

2017년 말 새로 친환경 경제적인 장례법이 발표되었습니다.

온라인 미디어 레드바이블은 사람의 시신을 액체화해 하수 처리하는 새로운 장례법을 소개했는데 알칼리 분해법(Water Cremation)이라 불리는 이 새로운 개념의 시신 처리 방법은 시신을 불로 태워 남은 유골을 보관하는 기존의 화장(火葬)과 다르게 유골 부분을 제외한 시신을 모두 액체로 분해하는 처리 방법입니다. 레조메이터(Resomater)라는 기계에 들어간 시신은 3시간 만에 액체로 용해되는데 이 기술은 이미 액체비누를 만드는 것처럼 특별한 기술은 아닙니다. 그러나 이 기술을 새로운 시체처리법으로 개발한 것은 대단한 발상의 전환이라 봅니다. 152도의 알칼리성 용액 속에 살점과 조직들은 묽은 액체로 변하며 뼈는 유연해집니다. 남은 뼈는 가루로 갈아 유골함에 담겨 유족들에게 전달하며, 액체는 수소이온(pH) 농도를 측정해 기준치를 통과하면 하수구로 배출합니다. 시신 한 구당 나오는 액체는 약 1249L라 알려졌는데 한편 생각해보면 우리가 일상에서 먹고 버리는 수많은 고기 잔여물과 크게 다를 바 없습니다.

알칼리 분해법은 현재 미국 플로리다, 미네소타, 캘리포니아, 시카고 4개 주에서 이미 시행하고 있는데 기존의 장례법보다 친환경적이며 에너지 소모가 적어 온실가스도 덜 방출해 영국에서도 도입을 긍정적으로 검토했습니다. 화장보다 부담도 적어 이 방법을 실용화하면 화장에 거부감이 있던 사람도 참여할 듯합니다.

벌써 영국 샌드웰 메트로폴리탄 의회(Sandwell Metropolitan Borough

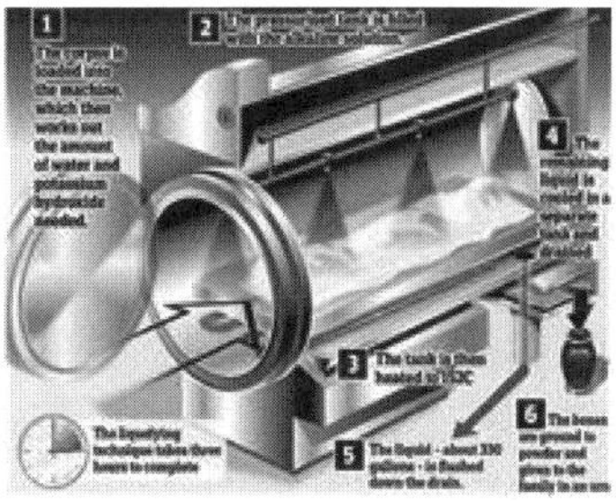

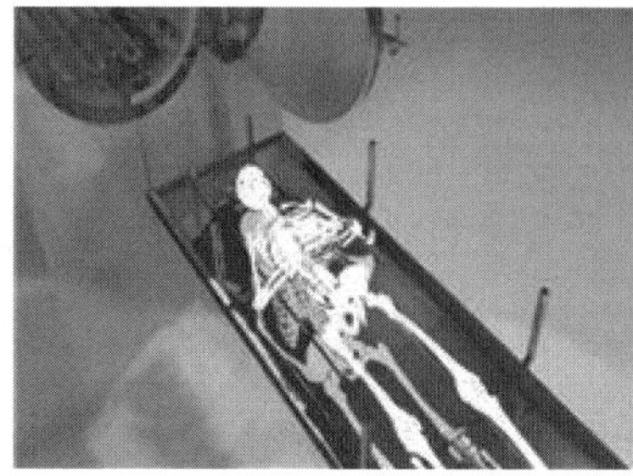

레조메이터(Resomater) 출처: 구글 이미지

Council)는 '현대화되는 장례 사업에 사람들에게 또 다른 선택권을 주고자 한다.'며 기술도입을 위해 30만 파운드를 투자하겠다고 밝혔습니다. 하지만 수자원 회사인 세번 트렌트 워너(Severn Trent Water)는 '시신이 용해된 물이 하수에 들어가면 대중이 불쾌감을 느낄 수 있다'고 반대했는데 이는 선입견일 뿐 생화학자 등 전문가들은 '배출되는 액체는 무균이며 DNA조차 없다'며 '토양 속 박테리아가 사람 몸을 녹이는 것과 똑같은 과정일 뿐이다.'라고 말했습니다. 현재까지 영국의 알칼리 분해법 도입은 불투명하지만 전문가들은 환경오염을 일으키는 기존 화장법의 대안이 될 수 있다는 긍정적인 견해를 보이고 있습니다. 수질 문제는 아주 간단하게 따로 모아 폐기 처리하면 되므로 그리 큰 문제가 아니고 이 방법은 세균도 방사선이 나오는 게 아니므로 일정 기간 모아두어 증발시키면 되는 아주 간단한 방법이기에 앞으로 보급에는 크게 문제가 없을 것으로 예상됩니다. 장례 산업도 님비(nimby) 현상을 대표하는 굴뚝산업인 화장장이 아닌 새로운 IT 생명공학공장으로의 전환이 가까운 듯합니다.

죽음을 이해한다는 것

죽음을 안다는 것과 이해하는 것은 큰 차이가 있습니다. 사람들은 죽음을 경험하고 죽음에 참여하지만 그렇다고 죽음을 이해하고 죽음의 의미를 깊이 받아들이는 경우는 흔치 않습니다. 사는 동안 수많은 죽음의 소식을 접하지만 막연히 남의 일로 여기면서 살아가는 간접적 체험이 더 많습니다. 현대인의 죽음은 병원에서나 있는 일처럼 여기고 나와 관계없는 가상공간의 사건으로 여기기도 합니다. 하지만 죽음은 피할 수 없는 문제입니다. 그래서 안다고 하지만 사실상 의미 없이 죽음을 맞이할 수 있습니다. 죽음을 앞두고 죽음이 뭔지 깨달아 봐야 시간도 없거니와 이미 늦습니다. 간혹 이를 위해 죽음준비교육을 받고 미리 죽음을 준비하기도 하지만 아직 이런 문화나 사회적인 기류는 많지 않습니다. 사람들은 죽음을 막연히 알기에 두려워합니다. 이런 두려움으로 죽음을 회피하려 하는데 그 중 가장 많이 행하는 방법이 예술을 통한 문화발전입니다. 죽음을 대신하는 다양한 작품을 통해 죽음을 피하거나 미화합니다. 그래서 후대에 전해지는 유물 중 유달리 죽음에 관한 예술품들이 많은 것입니다. 물론 사신이나 지옥의 표현은 권선징악(勸善懲惡)의 교훈을 주는 게 더 크지만 이런 생각은 죽음 후 세상에 대한 나름의 위안을 얻고자 하는 발버둥일 수 있습니다.

죽음과 연관된 이야기 중 사람의 의식이나 내적 인식이 바탕인 사후세계가 펼쳐지지만 이 또한 죽음이 조금 덜 무섭고 현실의 연속이라는 안정을 받을 기회의 장으로 만들어 죽음이 결코 마지막이라든가 끝이라는 절망이 아닌 또 다른 희망이고 다른 세상으로의 이동이라는 것을 강조하려는 의도가 깔려있습니다. 이런 과정에서 일부 사람들은 이를 더 공포스럽고 세속적인 시공간의 질서가 무너진 모습으로 만들어 무서운 사후세계를 표현하기도 하고 황당한 이야기로 꾸며내기도 하지만 대부분 그 지역이나 민족의 의식이나 문화에 따라 독창성을 가집니다. 하지만 이 다양성의 주류적 기조는 사후세계란 좋은 곳이며 위안의 공간이란 것입니다. 그리고 그 세계는 매우 영원하고 안정적이면서 변하지 않는 풍요의 세상으로 천국이나 극락 또는 낙원, 잔나(janna), 아돈(adn) 등으로 표현합니다. 또한 이곳은 사람만을 위한 완벽한 공간으로 묘사합니다. 그러다 보니 이런 세상은 결국 사람들의 뇌 안에만 존재하는 뇌 안의 우주라 할 수 있습니다. 그리고 이런 우주는 사람들의 수만큼 존재하고 자신만의 세상으로 간직하기도 합니다. 만약 사람들이 죽음을 알기에 앞서 죽음을 이해한다면 죽음을 주도하는 삶을 살아갈 수 있습니다. 비록 죽음의 실체를 결코 알 수는 없겠지만 삶 가까이 두면서 죽음을 우주의 시공간에서 일어나는 하나의 과정과 결과로 받아들이면 그로 인한 두려움은 사라질 것입니다.

시간과 종교

사람들은 지적 능력이 향상되면서 삶과 죽음에 대해 많은 의문을 가졌습니다. 원시시대에도 태어남은 쉽게 받아들일 수 있었겠지만 죽음을 이해하기는 어려웠을 것입니다. 하지만 죽음에 대한 산자의 애도와 비탄은 현대인과 거의 같은 마음이었으리라 봅니다. 단지 정교하지 못한 문명의 차이로 죽음을 대하는 과정의 부족함은 있겠지만 그 표현만큼은 현대인과 매우 유사했을 것입니다. 또한 사후세계에 대한 의문을 가지며 후세가 연결된다는 막연한 생각을 했을 것입니다. 물론 이 과정에서 죽음 이후에도 삶의 연장을 소망해 순장도 하고 고인의 부장품을 함께 매장하기도 해 망자가 사후에도 불편 없이 살기를 바랐습니다. 또한 부활을 믿어 미라도 만들었습니다. 죽음의 두려움과 공포에서 '나'라는 존재의 영원성을 추구하면서 불확실성의 미래에 대한 해결 방법으로 평소 주위에 크거나 신비하고 두려웠던 대상물을 숭배하기 시작했고 상징적 의미를 부여해 믿음의 대상을 만들기 시작하면서 고대의 각 집단은 토속신앙이나 샤머니즘에 대한 나름의 원시적 숭배문화를 이루었는데 시간이 흐르면서 인구의 증가로 중앙집권적 조직과 국가를 만들면서 초기원시종교가 생겼고, 다양한 종교들이 점차 우세한 종교에 통합되어 거대 종교로 발전했습니다. 특히, 지배계층은 종교를 통해 국민의 결속력을 높이고 쉽게 통치하고자 제정을 일치했습니다. 이 과정에서 유라시아대륙에 대형 종교들이 생겨났고 이 종교들 사이에 갈등과 통합도 있었지만 꾸준히 그 세력을 유지하며 지금까지 이어지고 있습니다.

종교는 내세관을 명확히 가지면서 죽음에 대한 공포와 삶에 대한 아쉬움을 없애주기 위해 사후에 대한 완벽한 해법을 제공하려 했습니다. 대부분의 종교는 사는 동안의 고통보다 죽어서의 안녕과 영원한 삶에 대한 희망을 주어 삶이 힘든 당시 사람들은 종교에 깊이 빠져들었습니다. 이를 먼저 간파한 통치자나 지배계층은 종교의 힘을 이용해 백성들을 관리, 지배한 것입니다. 일부 이런 종교적 문화는 신앙과 국가가 하나가 되기도 하고 신권이 왕권을 누르기도 하면서 동서양이 비슷하게 중세의 봉건적 국가와 사회를 이뤘습니다. 종교는 생활 속 깊이 밀착해 사람들의 행동과 사상 등에 영향을 주었으며 그 결과 현존하는 역사적 유물 대부분은 종교를 바탕으로 이루어진 것들이라고 할 수 있습니다. 근대 산업혁명 이후 종교의 힘이 점차 약해지면서 제국의 시대를 거쳐 자본주의의 발전을 이루었지만 노동자와 자본가의 대립만 심화시켰고 이데올로기적 사상과 식민지 운영 등의 문제로 세계는 종교보다 물질주의에 더 빠지게 되었습니다. 기존의 종교에 귀속된 중세사회는 개인과 이념에 따라 새로운 국제질서를 형성하면서 다양한 사회 현상에 적응해 나갔습니다. 종교 또한 포교 중심의 자구책을 찾아 다양한 변화를 추구하면서 생존 경쟁에 돌입했습니다. 이 과정을 통해 종교는 지배가 아닌 신도들의 요구에 맞추어 기존의 권위적 종교관보다 친근하고 함께 나누는 신도 중심의 종교로 변하였습니다. 시간에 따른 종교의 변화는 죽음에 대한 접근을 바꾸기 시작해 과거의 답습적인 죽음의 접근은 점차 무시되고 종교적 행사의 한 축인 장례과정이 독립적인 부분이 되어, 종교가 이에 참여하는 형태로 변했습니다. 장례과정에 다양한 종교가 등장해 추모행사에 참여하고 매장을 당연시하던 때에도 화장을 유도하거나 장례문화 또한 변화하고 있습니다. 한 가지 아쉬운 것은 점차 개인화되는 사회에 많은 죽음이 종교적 배려나 도움을 받지 못하고 정신적인 평안을 찾지 못하는 죽음이 많아지고 있다는 점입니다.

미래에는 종교가 현재보다 더 사람들의 관심에서 멀어지겠지만 나름 새로운 자구책으로 다시 사람들의 마음을 끌어내 그 명맥을 잘 유지할 것입니다. 대형 종교단체는 세분화되고 사회관계망을 통해 생각을 같이하는 좀 더 밀착된 신도들의 종교로 분파되지 않을까 생각합니다. 또한 가상세계의 종교 활동이나 모임이 더 많이 생겨나지 않을까 기대해 봅니다. 이제는 종교라는 교리나 조직의 큰 힘이 신도의 정신적 바탕을 주도하는 것이 아닌 개개인이 자신만이 추구하는 주체적인 종교인이 되어 다른 종교와 교류하며 믿음을 추구할 것입니다. 단순히 종교문제만 아니라 사회 전반에 걸쳐 종교와 문화가 함께 공존하는 세상으로 발전할 것입니다. 기존에 활성화된 유튜브와 같은 공유서비스를 이용한 조회수 이용료나 슈퍼챗 등의 구독자 호응, 자발적 참여 신도의 성금을 통한 새로운 운영방식의 교회라든가 가상세계 종교에 대한 새로운 접근방법인 메타버스와 같은 가상공간의 종교시대도 머지않은 듯합니다. 그 저변에는 20~30대 젊은 성직자나 목회자 또는 승려들의 급격한 감소로 인한 미래의 종단을 운영할 성직자 수급에 심한 어려움이 있으며 점차 젊은 사람들이 줄어드는 과정에서 새로운 신도의 급격한 감소도 미래 종교에서 풀어야 할 큰 난제이기 때문입니다.

물과 생명 그리고 외계생명체

지구는 그 어떤 행성보다 물이 풍부합니다. 이는 지구가 만들어진 45억 년 전부터이고 지표 밖으로 분출된 물을 지구 밖으로 흩어지지 않게 중력과 강한 대기가 수증기를 잡아두어 다시 지표에 떨어지게 함으로써 바다가 생긴 40억 년 동안 잘 보존하고 있습니다. 그 이유로 다른 어떤 행성보다 먼저 지구에서 생명의 징조가 일찍 나타났습니다. 물속에 화산폭발과 함께 발생한 황을 대사하는 생명체와 태양의 에너지를 받는 생명체가 생기면서 그 후 우연이 겹치면서 생명이 탄생했습니다. 물은 액체로 고체나 기체와 달리 전해질을 형성할 수 있고 무기물과 유기물을 적절히 포함해 생명의 근원을 이루는 커다란 풀(pool)을 만들 수 있습니다. 우주 다른 곳에도 만약 물이 있다면 생명체가 존재할 거라 추측해 천문학자들도 물이 존재하는 행성을 찾는 것이 외계생명체를 찾는 가장 빠른 방법이라 알려져 있습니다. 물은 두 개의 수소와 한 개의 산소로 결합된(H_2O) 매우 단순한 분자구조입니다. 하지만 어떤 물질보다 안정적입니다. 물의 중요한 특성은 여러 물질을 녹일 수 있는 용매(solvent) 역할을 한다는 점입니다. 또한 물은 기체와 액체 그리고 고체의 모든 성질을 다 가지고 있고 쉽게 형질 변환이 되어 우주 어느 곳에서도 잘 적응해 존재할 수 있습니다. 물 분자 한 개를 놓고 보면 수소원자들은 부분적으로 양전하를 띠며, 산소원자는 부분적으로 음전하를 가지고 있습니다. 한 개의 분자 안에 부분적으로 양전하, 음전하를 가진 물 분자는 자석과 같은 성질을 가지는 극성을 띤 분자이기에 서로 이웃하고 있는 분자들끼리 잘 끌어당깁니다. 물의 이런 극성 때문에 물 분자는 서로 결합해 큰 덩어리를 만들 수 있습니다. 이런 성질이 매우 중요한 생명활동 요소입니다. 수소결합을 잘하고 표면장력도 좋아 다양한 무기물질과 유기물질을 포용하고 높은 열용량을 이용해 물질을 안정화하므로 외부의 온도와 환경변화로부터 잘 보호해 줍니다. 물이 있다는 것은 그 주위가 평형과 안정이 된다는 의미이므로 수십억 년 동안 지구의 바다에는 서서히 생명작용이 생겼고 그것이 어느 시점에 폭발적 생명체로 진화한 것입니다. 만약 우주의 여러 곳에 지구와 유사한 환경이 존재한다면 얼마든지 외계생명체는 존재할 가능성이 높다고 볼 수 있습니다.

사람들은 외계생명체라고 하면 대부분 인간보다 발달된 문명을 가진 고등외계생명체를 연상합니다. 하지만 이는 잘못된 생각입니다. 만약 우주의 생명체를 발견한다 해도 사람보다 더 발달된 외계생명체보다 그렇지 못한 경우가 더 많을 것입니다. 사람들이 상상하는 UAP(Unidentified Aerial Phenomena, 미확인 항공현상)는 상상의 비약일 가능성이 큽니다. UAP를 사람 입장에서 이야기하는 것도 매우 조심해야 할 부분이기도 합니다. 인간보다 더 발달된 고등외계생명체라면 굳이 비능률적이고 장거리 우주여행하기 불편한 작은 우주선을 타고 지구까지 힘들게 올까에 대해 생각해보면 바로 이해할 수 있을 것입니다. 오랫동안 외계생명체의 존재를 사람처럼 생긴 외계인의 지구 방문에 초점을 맞춘 외계인 출현은 물리학적인 측면에서 이해한다면 매우 가능성이 낮은 사건이라 할 수 있습니다. 우주는 눈에 보이는 저 곳에 있는 우주세계가 아닙니다. 아무리 가까운 태양계 밖의 행성이라도 빛의 속도로 4년이 걸리며 대부분의 은하계 항성(별)들은 수만에서 수백만 광년의 먼 거리에 있고, 다른 성운들은 그보다 더 먼 수십억 광년의 먼 거리에 존재합니다. 이런 먼 거리의 우주여행은 아무리 빛의 속도로 날아온다고 해도 우주의 입장에서 보면 아주 미미한 지구를 찾아서 이런 고등외계생명체가 찾아올 가능성은 확률적으로 불가능에 가깝다고 할 수 있습니다. 특히 장거리 여행인 만큼 엄청난 양의 물과 식량을 가지고 와야 한다면 사람들이 생각하는 작은 UAP를 타고 여행한다는 것은 더욱더 불가능합니다.

그래서 현대물리학자나 천체물리학자들은 외계생명체에 대해 긍정도 부정도 하지 않고 어딘가에 존재할 거라 믿지만 이들과 조우하기는 어렵고 지구에 이런 고등외계생명체가 왔다고 보지 않는 것입니다. 그러나 사람들은 외계생명체에 대한 호기심과 탐구력을 통해 언젠가는 찾을 수 있을 것이라 봅니다. 단, 사람만큼의 지적 능력이 있는 고등생명체와 서로 만나는 것은 먼 미래로 미뤄야 할 것입니다. 존재한다고 해도 너무 멀어 시간이 이를 해결해주지 못할 것이기 때문입니다. 만약 그게 언제든 이런 기회가 온다면 그것은 지금까지 지구 역사가 아닌 새로운 우주의 역사가 시작되는 원년이 될 것입니다. 우주는 계속 진화하고 변화하고 있으며 현재 외계생명체가 없다 해도 언젠가 우주 환경이 변하면서 외계생명체의 존재가 가능한 행성들은 새롭게 생겨날 것이기 때문입니다. 그보다 더 중요한 것은 아무리 외계생명체가 있다한들 이들과 만나기 전까지는 지구를 온전히 보존해야 하고 사람들이 그동안 쌓아온 문명이 멸망하지 않아야 합니다. 외계생명체를 반겨줄 사람이 없는 지구에 누가 온들 무슨 의미가 있겠습니까?

6차 대멸종

지구는 한 번도 편하게 지낸 적이 없다고 해도 과언이 아닙니다. 언제나 시련 속에 순간순간 위기를 모면하고 지금까지 버티고 있습니다. 그리고 언젠가 닥칠 미래의 새로운 시련에 시달릴 것입니다. 앞으로 새로운 시련에 잘 견딜지 아니면 운을 다해 지구가 회복할 수 없을지 아무

Roswell Daily Record

Claims Army Is Stacking Courts Martial

RAAF Captures Flying Saucer On Ranch in Roswell Region

House Passes Tax Slash by Large Margin

Security Council Paves Way to Talks On Arms Reductions

No Details of Flying Disk Are Revealed

Ex-King Carol Weds Mme. Lupescu

1947년 7월 2일 당시 뉴멕시코의 시골 로즈웰 마을 괴비행물체(?) 추락사고 뉴스

도 모르지만 지구는 다른 우주의 천체와 달리 다양한 생명체가 존재하기에 더욱더 소중히 다뤄야 합니다. 지구가 소중한 이유는 45억 년 동안 많은 시련 속에서도 생명을 이어왔고 우주 어디에도 지금까지는 이런 천체를 발견하지 못한 것이기도 하며 지금까지 쌓아올린 지구의 문명을 다른 천체로 옮기거나 새롭게 만들 시간과 기회가 없다는 것입니다. 그리고 무엇보다 지구가 중요한 것은 우주를 어느 정도 이해할 수 있는

지적 능력의 과학문명을 이룬 인류문화가 현재 존재하기 때문입니다.

지구의 역사를 통해 수많은 시련이 있었다는 것을 앞서 언급했지만 생명체가 존재하던 시기부터 지구의 시련에 대해 멸종이라는 말을 사용합니다. 멸종이란 산이 무너지고 바다가 갈라지는 현상이 아닌 그 시대에 살았던 생명체가 대량으로 죽는 것을 의미하기에 생명이 존재하기 전인 44억 년 전 불덩어리 지구에 날아 온 화성 크기 정도의 소행성 충돌처럼 모든 것이 파괴되었던 엄청난 시련보다 가장 최근에 있었던 공룡의 멸종을 가져온 백악기말 소행성 충돌이 더 큰 사건으로 여겨지는 것은 어쩌면 당연한 일입니다. 지구에서 생물의 대멸종이 크게 5차례 있었고 그 사이에도 수많은 사건들이 있었지만 현재 지구는 나름 안정된 모습을 보여줍니다. 하지만 우주의 시간으로 본다면 이 또한 찰나의 시간이기에 항상 마음을 열고 준비된 삶을 살아가야 할 것입니다.

다섯 차례의 지구 대멸종(mass extinction)

차수	기 간	지질시대
5차	6천6백만 년 전	중생대 백악기/신생대 제3기 경계
4차	2억 1천5백만 년 전	중생대 트라이아스기/중생대 쥐라기 경계
3차	2억 4천5백만 년	고생대 페름기/중생대 트라이아스기 경계
2차	3억 7천만 년 전	고생대 데본기/고생대 석탄기 경계
1차	4억 4천3백만 년 전	고생대 오르도비스기/고생대 실루리아기 경계

이언(Eon)	대(Era)	기(Period)	세(Epoch)	시작 시기 (백만년 전)	주요 대멸종
현생이언	신생대	제 4기	홀로세	0.01	
			플라이스토세	2.6	
		제 3기	플라이오세	5.3	
			마이오세	23.0	
			올리고세	33.9	
			에오세	56.0	
			팔레오세	66.0	
	중생대	백악기		145.0	5차 대멸종
		쥐라기		201.3	
		트리아스기		252	4차 대멸종
	고생대	페름기		359	3차 대멸종
		석탄기		399	
		데본기		419	2차 대멸종
		실루리아기		443	
		오르도비스기		485	1차 대멸종
		캄브리아기		541	
선캄브리아	원생대, 시생대			4,600	

1차 지구 대멸종 시기는 4억 4,500만 년 전 고생대 오르도비스기에서 실루리아기로 넘어가던 시기로 캄브리아기에 생명체의 대폭발이 있던 후 단세포 생명체에서 다세포생명체로 급발전하면서 다양한 생물군들이 나타났던 시기입니다. 그러나 이 시기에 대멸종이 생긴 가설을 보면, 태양계 근처의 극초신성 폭발에 의한 감마선이 지구를 강타해 오존층이 파괴되었거나 우리 은하의 바우쇼크현상(우리 은하의 성간운동 중에 발생하는 강력한 우주선의 노출), 또는 산소 농도가 증가하면서 이산화탄소가 감소해 생긴 온실가스의 감소로 인한 빙하기의 발생 등이 원인이 되어 해양생물의 85%가 멸종하였다고 합니다.

2차 대멸종은 3억 7,000만 년 전에서부터 3억 6,000만 년 전까지 데본기 말에 발생했습니다. 2차례에 걸쳐서 발생했는데 이 시기에도 빙하기가 원인이었습니다. 3억 7,000만 년 전 해수면의 심한 변동이 생겨 해양 무척추동물들에 큰 타격을 준 켈바서(Kellwasser) 사건과 3억 6,000만 년 전에 빙하기로 인해 해수면이 급격히 감소하였다가 바로 급상승하면서 생긴 환경변화에 따른 산소량 감소와 탄소량의 급격한 증가로 생긴 한겐베르크(Hangenberg) 사건은 비록 70% 정도의 생명체들이 몰살을 당하였지만 훗날에 보다 정교해진 새로운 생물군의 출현을 나타내주는 기회의 시기가 되었습니다.

3차 대멸종 시기는 2억 5,100만 년 전 고생대 페름기 말에 거대한 대륙 판게아가 지구의 맨틀을 압박하여 생긴 거대한 지각활동으로 중국과 시베리아 부근의 큰 화산폭발이 그 원인으로 보입니다. 이 시기에도 지구상의 96%에 달하는 생명체가 전멸에 가까운 대멸종을 했습니다. 화산활동이 급격히 진행되면서 이산화탄소가 증가하였고 지구 온도가 6℃ 정도 올라갔으며 화산에서 나오는 유독한 황화수소나 유독성 기체는 오존층을 파괴했습니다. 식물들은 광합성을 못해 대기 중에 산소농도가 급속히 줄어들어 역대 가장 큰 대멸종이 일어났던 것입니다. 결국 모든 먹이사슬이 깨지고 산성비가 내리면서 모든 물들은 오염되었고 바다나 육지 생명체들은 살아남기 어려웠습니다. 이 시기 끈질긴 생명력을 자랑하던 모든 삼엽충도 다 멸종했지만 모기와 바퀴벌레는 이런 혹독한 환경에서도 지금까지 그 원형을 보존하고 살아남아 있습니다.

4차 대멸종은 2억 1,500만 년 전인 중생대 트라이아스기 말에 발생한 긴 기간 동안 일어난 일로 3차 대멸종 후 자연이 회복하는데 약 1억 년의 긴 시간이 걸렸고 이때 땅속에서 숨죽이고 살아남은 파충류가 일부 번성하면서 새로운 지구의 커다란 생태계를 이루기도 하였습니다. 하지만 4차 대멸종기에 이 파충류들은 대부분 사라지고 공룡의 시대를 열게 된 새로운 기회의 시기이기도 합니다. 이 시기 또한 거대한 화산이 자주 폭발했고 거의 800만 년간 지속되면서 심한 기후변화가 생겼고 판게아 대륙은 서서히 나누어지면서 새로운 대륙으로 분리되었습니다. 산소농도의 저하로 기낭과 같은 공기를 잘 이용하던 공룡 이외 많은 파충류들은 멸종하였습니다. 이 시기에도 육지 생명체의 80%가 멸종했고 바다는 환경의 영향을 그나마 덜 받아 20% 정도 멸종했습니다. 산소농도가 저하되자 이를 잘 극복하고 살아남은 포유류는 폐에 횡경막이 진화해 호흡을 쉽게 하고 땅속에 굴을 파고 공룡의 눈에 띄지 않게 숨어 지내면서 새로운 기회를 엿보고 있었습니다.

5차 대멸종은 한동안 평화롭던 공룡세계의 지구에 날벼락처럼 발생했습니다. 6,600만 년 전 하늘에 거대한 불빛이 점차 커지면서 엄청 밝은 섬광과 함께 상상하기 어려울 정도의 커다란 땅의 흔들림으로 많은 공룡들은 공중으로 튀어 올라갔다 떨어지면서 발목이 부러지고 목뼈가 부러져 사망하기도 하였고, 곧이어 발생된 엄청 밝은 섬광에 눈이 멀기도 하면서 지금까지 들어보지 못한 거대한 굉음으로 고막이 파열되고 천지는 뒤집혔습니다. 하늘에서 뜨거운 불덩어리가 쏟아지고 나무는 화염에 휩싸였고 바다는 거대한 해일로 지구 곳곳의 해안가는 파도로 넘쳐났습니다. 그때부터 하늘은 어두워지고 태양 빛을 보지 못하자 급격히 기온이 하락하고 모든 것이 엉망이 되었습니다. 이는 북아메리카의 유카탄반도에 떨어진 지름 10km 정도의 소행성 충돌로 생긴 순식간의 사건이었습니다. 이 사건을 사람들은 K-pg 멸종이라 하고 이 시기에 조류와 악어 등을 제외한 공룡, 어룡, 익룡 등이 전멸하였습니다. 땅속에 살던 작은 포유류의 조상은 끈질긴 생명력으로 고난의 시간을 보내면서 다시 지구 환경이 되돌아오기까지 필사의 노력으로 살아남아 현재의 포유류 군을 형성하였습니다.

지금까지 5차례와 그 외 수많은 작은 멸종의 시기가 있었지만 그래도 살아남은 생명체들의 특성을 보면 대체로 적당히 작고, 민첩했고, 땅속이나 깊은 물속에 살았으며, 잡식성에 다양한 유기물을 소화하고 분해하는 능력이 있고, 지저분한 환경에서 적응했던 것들입니다. 즉 들쥐 같은 생명체가 살아남은 것입니다. 이들은 야성이 강하고 환경에 잘 적응하는 것들인데 적당히 추워도 털이 있는 피부와 지방축적의 피하를 가졌고 정온동물로 혈액순환을 잘 발달시켜 체온유지가 쉽고 군집생활을 하는 사회적 유전자는 생존에 더욱 잘 적응하였습니다. 또한 생식주기가 빠르고 알이나 체외수정보다는 자궁 속에 직접 태아를 가지고 있다가 적당히 성숙한 시기에 출산하여 젖을 먹이며 양육하는 생존전략을 가지고 신체적으로는 비록 약하지만 끈질긴 생명력을 가지게 되었습니다. 문제는 지금도 멸종의 사건은 진행 중이라는 것입니다. 과학자들은 현재 진행되는 멸종사건을 6차 대멸종이라 하고 홀로세 대멸종이라고 합니다. 특히 그 진행과정은 사람들이 나타난 플라이스토세 말기부터인데 지금까지 일어난 어떤 멸종보다 속도가 빠르게 나타납니다. 비록 다른 생명체의 멸종도 그 규모가 엄청 크지만 더 큰 원인은 지구환경에서 일어나는 인공적 멸종입니다.

6차 대멸종의 원인을 찾아보면 과도한 과학의 발전으로 인한 문명파괴와 전쟁의 파멸이고, 에너지의 과도한 사용으로 인한 자원의 고갈이며, 그에 따른 유해한 폐기물과 환경오염의 문제, 지구온난화가 자연적이든 인위적이든 간에 점차 크게 영향을 미치고 있는데 한편으로 10만 년 주기설을 보이는 지구의 빙하기까지, 온난과 빙하기의 두 문제가 같이 발생한다는 것입니다. 또한 가끔 소행성이 지구를 급습하여 평균 100만 년 주기의 충돌설도 문제가 될 수 있고, 새로운 질병의 출현과 면역기전의 혼란, 오존층의 파괴로 인한 우주 방사선의 증가와 지구 자전축의 변화로 인한 새로운 환경변화 등이 지구 6차 대멸종의 원인이 될 것입니다. 이를 대비하기 위해 정치가와 과학자들은 최선의 방안을 끊임없이 논의해야 합니다. 또한 에너지를 줄이면서 효율을 높이는 과학발전과 폐기물을 줄이고 플라스틱 분해기술 개발과 인구조절 그리고 기후변화에 대해 적절한 조치를 취해야 할 것입니다. 확실한 성과가 나타나는 두서너 가지만 정해 세계가 노력한다면 어쩔 수 없는 자연적인 멸종은 피하기 어렵더라도 인위적인 멸종은 분명 막을 수 있습니다. 그래야 지구가 계속 우주의 시공간 속에 존재하고 우주의 시간도 지속적으로 흐를 수 있습니다.

미래의학

태어남은 자신의 의지가 작동되지 않지만 죽음은 조금이나마 나의 의지가 작동되는 부분이 있기에 오래 살고 싶고 영생을 얻고자 하는 것은 사람들의 본성에 속할 것입니다. 이런 인간 본성에 충실한 것이 의학의 발전이고 의학의 궁극적인 목표는 사람들을 아프지 않게 오래 살게 하는 것입니다. 오랫동안 기존 치료의학은 아픈 사람을 안 아프게 질병을 치료하여 다시 회복시키는 것에 중점을 두었습니다. 하지만 미래의학은 질병이나 향후 나타날 수 있는 이상증상이나 잠재되어있는 질병을 미리 찾아내서 예방치료하는 방향으로 발전할 것입니다. 이런 의학의 접근방법을 '4P의학'이라고 하며 예방(Preventive)의학, 예측(Prediction)의학, 맞춤(Personalized)의학, 참여(Participatory)의학이 주요한 개념입니다. 미래의 예방(Preventive)의학은 질병 중심의 병원에서 환자를 보는 것이 아닌 질병을 미리 알아내고 예방하기 위해서 검사 및 건강에 대한 조언과 상담을 하는 디지털예방병원으로 바뀌는 것입니다. 예측(Prediction)의학은 개개인의 유전적 특성이나 생활습성을 미리 파악하여 향후에 발생할 질환에 대해 선제적 치료를 하는 것입니다. 맞춤(Personalized)의학은 보편적이고 획일적인 치료가 아닌 개개인의 모든 신체정보를 파악하고 유전적인 특성을 분석하여 약물이나 시술을 결정하여 치료하는 경우로 특화된 일대일 치료라고 보면 이해가 쉬울 것입니다. 참여(Participatory)의학은 기존의 의사나 병원이 환자의 정보를 가지고 치료하던 방식을 탈피하고 환자가 스스로 얻은 다양한 생체정보를 제공받아서 이를 의사나 병원이 분석하여 치료에 임하는 방식입니다. 이런 과정은 환자가 주도권을 가지고 자신의 질병이나 건강을 관리하는 방법으로 의사나 병원은 이를 도와주는 조력자로서의 역할을 하는 의료방법입니다.

미래의 의학적 기술은 기존의 전자 또는 IT산업이나 다양한 소재산업의 발달에 힘입어 새로운 영역으로 발전할 것인데 그중에는 컴퓨터의 프로그래밍처럼 인간의 뇌를 새롭게 프로그래밍 해서 이상부위를 치료하거나 병변부위를 제거하거나 보완해주는 디지털의학시대를 맞이할 것입니다. 이런 방법을 이용하면 운동을 하지 않아도 운동을 하는 것과 같은 효과를 얻을 수 있고, 노화세포를 표적치료 하여 새로운 세포로 대체할 수가 있습니다. 특히 최근에 급속히 발전하는 3D프린팅 기술은 배양된 인체세포를 잉크로 사용하여 인체의 조직을 재생하여 생체장기를 대신하여 사용하게 할 수도 있습니다. 발상을 조금만 바꾸어 IT기술의 입장에서 보면 질병은 정신이나 신체의 오류(error)이기에 이런 오류를 찾아서 다시 수정하거나 제거하면 원상태로 돌아갈 수가 있다는 것입니다. 이런 접근을 통해 의학도 기존의 제약 분야나 시술이나 수술 등의 새로운 발전보다는 생명과학 분야에서 더 주도적으로 발전할 것입니다. 그 예로 DNA는 4개의 염기서열이 모여 유전적인 정보를 가지고 있는데 이런 유전정보의 오류로 인해서 생기는 유전적인 질환에 대해 정보를 파악하고 원인 부위의 염기를 재조립하거나 일부 수정, 삭제, 첨가 등을 하여 유전적 문제를 해결할 수 있습니다. 이런 기술이 최근 발생한 코로나-19의 백신 제조에 사용되고 있습니다. 생명공학은 의학뿐만 아니라 제약, 생물학, 화학, 물리학, 재료공학, 기계공학, 컴퓨터공학 및 인지행동공학 등의 학문적 융합으로 더욱 발전할 것입니다.

일상에서 사람들은 이미 스마트폰의 건강예측프로그램을 통해서 미래의학을 경험하고 있습니다. 미래의학이라는 것은 결코 먼 훗날의 이야기가 아닌 현재 진행되고 있는 현실이 의학입니다. 이런 대중적인 기반에서 개인별 맞춤의료가 이루어지는 바탕이 되고 일상에서 나 자신의 생체정보가 측정되고 저장이 되면서 다양한 분석을 통해 미리 질병을 예방해주거나 위험을 경고해주는 것 그 자체가 수명의 연장이고 삶의 질 향상일 것입니다. 이런 과정에서 생명공학은 새로운 죽음에 대한 전환을 가져다 줄 것입니다.

미래의학의 발전 전망	
유전분석기능의 향상	조기암 진단과 질병예방을 하는 맞춤형 치료
AI의 딥러닝 기법으로 데이터 분석	다양한 의학데이터를 이용하여 신약개발이나 치료 기법개발
체액성분을 이용한 진단키트	체액이나 생검을 통한 DNA, RNA, 단백질분석을 하는 비침습적인 진단 방법
의학 빅 데이터 활용	클라우드 기반의 정보공유로 다양한 데이터를 효율적으로 관리하여 임상에 이용
Human microbiome	장내 미생물의 조절 및 이식을 통해 질병을 치료하고 예방
Genome Editing	유전자가위기술로 문제가 생긴 DNA부위에 가이드 RNA와 CRISPR-Cas9 효소를 이용하여 절단, 치환, 삽입 등의 조작으로 치료하며, 암이나 AIDS, 유전질환 등에 유용함
태아의 자궁 내 치료	임신 중에 미리 태아의 상태를 파악하여 원인을 제거하거나 이미 발생된 태아의 질환은 자궁 내에서 치료를 시행함
Patient-on-a-chip	반도체생산기법과 유사한 생체반응 칩을 통해 약물 임상실험이나 환자의 약물 부작용 등을 미리 검사하여 맞춤치료가 가능하게 하고 윤리적인 문제가 있는 동물들의 임상실험을 줄이고 약물의 체내 장기와 상호작용을 쉽게 파악함
3D의학 인공장기 프린팅기법	바이오 잉크를 계발하여 장기의 복제나 손상 부위를 직접 만들어서 대체하는 맞춤형장기이식을 시행함
Wearable device 로봇개발	기능성신소재와 IT기술을 접목하여 만든 장치를 장애부위나 손상부위에 부착하여 보다 가볍고 유연하며 인체공학적인 작동을 하게 하여 재활치료나 일상에서 편리하게 사용
의료소모품이나 장비의 IT화	소독제품이나 수술소모품 등에 새로운 신기술을 접목하여 보다 위생적이고 안전한 진료나 수술을 하게 함

Electronic-pharmaceutical 치료	뇌의 이상이나 정신적 질환이나 문제를 약물이나 심리치료를 대신하여 전기 자극치료나 자기장 치료를 시행함
가상현실을 이용한 인지행동치료	불안장애나 대인기피증상이 있는 환자의 경우 가상현실을 이용한 인지행동치료를 통해 효과적인 호전을 가져다준다. 나쁜 습관의 교정이나 비만, 금연, 금주 프로그램에 이용
항노화 치료법의 개발	손상된 유전자 치료 및 세포의 재생과 회복을 위한 항노화 치료제와 노화방지 예방약의 개발과 나노 로봇을 이용한 미이크로 로봇 치료법 개발함

전자약(Electronic-pharmaceutical) 치료

뇌의 이상이나 정신적인 질환으로 고생하는 환자들이 점차 많아지고 있습니다, 이들은 현재 심리상담이나 향정신성 약물을 통해 장기적인 치료를 하는 경우가 많은데 IT기술을 이용한 뇌의 기능치료를 통해서 증상을 개선시키고 뇌의 기능향상에도 많은 도움을 주고 있습니다. 이런 치료는 뇌뿐만 아니라 미주신경이나 장기에도 직접 사용이 가능한데 미래에는 합성화학제품약이나 천연제품의 약을 복용하지 않더라도 일부 질환에서는 전자약(Electronic-pharmaceutical)을 통한 치료가 많이 사용될 것입니다. 치료의 방법은 전기신호나 자극을 통해 뇌, 신경, 심장 등에 적당한 신호를 주어 전기적인 흐름을 원활히 하거나 불필요한 잡음이나 전기적 흐름을 바꾸어 우울증, 면역질환, 대사관련 질환 등을 치료하는 것으로 현재 이런 시술은 심장박동기나 통증 치료기에서도 사용하고 있습니다. 특히 뇌신경을 자극하거나 신호체계를 바꾸어 정신질환을 치료한다는 것은 정신과 신체가 하나로 이어져 있기에 가능한 현상입니다. 만약 영혼이 따로 있으면 치료가 불가능할 것입니다. 결국 심신일체(心身一體)의 조건에서나 가능한 것이므로 이는 몸만 치료해서는 그 효과가 부족하다는 것이기도 합니다.

이런 증상을 개선시키는 대표적인 병으로 파킨슨병이 있는데 뇌의 특정부위가 이상이 생겨 도파민 분비가 저하되고 손발이 떨리고 말이 느려지고 일상 행동에 어려움이 생기는 경우인데 문제가 되는 뇌의 특정 부위에 자극을 주어 떨림 증상을 완화시킬 수 있습니다. 이와 유사한 치료로 미주신경자극, 척수신경자극 등을 통해 미주신경항진증이나 통증 또는 정신질환이나 소화기관 등의 이상증상을 치료하기도 합니다. 이를 좀 더 알아보면 대뇌피질 전기자극기술을 통해서 우울증, 치매, 파킨슨병, 주의력결핍 과다행동장애(ADHA), 비만치료 등에 활용이 가능합니다. 이런 치료 중에는 대뇌피질 자기자극기술도 있는데 유사한 치료 효과를 보이고 있습니다. 부교감신경(미주신경)자극치료는 척수, 장기, 혈관, 땀샘 등의 광범위한 부위에 이상이 있거나 심한 스트레스에 노출된 경우 미주신경이 지배하는 부위에 전기신호를 주는 치료를 시행합니다. 특히 폭식이 심한 비만인 경우 위장으로 가는 미주신경을 자극하여 포만감을 줄여 식욕을 억제하는 치료는 현재 사용되는 항정신성약으로 비만을 치료하는 문제에서 좋은 대안이 될 것입니다. 즉 기존의 식이요법 → 주사약, 경구약복용 → 위절제술 시행으로 진행하던 치료를 전기적 전자기적 치료 → 미주신경자극술 → 뇌심부자극술로 대체할 수 있습니다. 앞에서 설명한 전기나 전자기를 이용한 치료에 효과가 적으면 좀 더 적극적으로 뇌심부자극술을 시행하여 직접 원인이 되는 뇌 병변을 자극시켜 치료 효과를 높일 수가 있습니다. 그러나 전기나 전자기치료가 모든 치료에 효과가 있는 것은 아니기에 기존의 약물요법이나 다른 의학적인 치료와 상호 연관을 이뤄야 시너지효과를 가져올 수 있습니다. 미래에는 이런 다양한 치료방법이 나와 좀 더 사람들의 질병에 대한 고통과 어려움을 개선하고 그에 따라 수명 또한 연장시킬 것으로 예상합니다.

가상세계 또는 메타버스와 영생

가상세계 또는 메타버스(Metaverse)는 중장년층에 더 쉽게 흡수되어 다양한 콘텐츠로 활동성과 변화를 보입니다. 이미 게임과 가상현실의 IT산업에 익숙해진 중장년층들이 매우 두터운 층을 형성하기 때문에 늙더라도 디지털 사회 활동은 꾸준할 것입니다. 이에 발맞춰 다양한 콘텐츠를 개발하고 일반적 참여만이 아닌 다양한 사람들이 모여 생산과 유통 그리고 엔터테인먼트를 종합적으로 즐길 수 있는 환경이 점차 실현될 것입니다. 과거 IT산업이 젊은 사람들의 전유물에서 이제는 중장년층을 넘어 노년층으로 옮겨가고 있습니다. 우리나라뿐 아니라 선진국 대부분이 고령화 사회로 진입하였기에 과거처럼 역동적인 사회활동보다 안정적이면서 다양한 문화와 취미 그리고 경제활동을 원하게 되었습니다. 이를 잘 활용한 것이 가상세계 또는 메타버스 아바타를 통한 대리만족과 그 안에 젊음을 유지하면서 사회적 관계를 형성하는 것입니다. 가상세계 또는 메타버스의 다양한 콘텐츠는 현실을 넘고 또 다른 가상세계를 넘어 우주의 확장을 이야기하기도 합니다. 우주의 확장은 지구가 아닌 다른 행성에서의 삶이 가능하다는 것이기에 의미가 큽니다. 새로운 행성의 환경을 가상세계에 잘 만들어 참여하는 사람들로 하여금 다양한 모험과 사업 그리고 그 안에 새로운 만남을 통해 대리만족을 할 수 있습니다. 또한 현실의 나와 동일시하는 또 다른 나를 만들어 그곳에서 활동하는데 이 가상세계의 나는 현재 내가 가진 단점이나 성향을 극복하여 사회적 관계를 유지하고 그 안에 또 다른 나의 삶을 즐김으로써 새로운 세상을 가질 수 있는 기회이기도 합니다. 그렇기에 디지털세계의 영역은 앞으로 점점 더 넓어질 것이라 생각합니다. 하지만 이런 가상공간에서 다양한 활동을 하며 나의 분신인 아바타는 늙지 않아도 이를 운영하는 개개인은 늙어가는 건 당연한 일이고 결국 죽음을 벗어날 수 없습니다. 가상세계 또는 메타버스에 존재하는 아바타의 삶은 계속 이어지겠지만 현실의 죽음은 막을 수 없습니다. 그래서 가상세계 또는 메타버스 안에서 영원이나 영생을 원하는 건 또 다른 영생이고 윤회라 말할 수 있습니다.

앞서 시간에 대해 많은 이야기를 하였고 시간의 비밀에 대한 문제에서 가장 힘든 건 상대적 시간의 개념이었습니다. 하지만 가상세계의 시간은 물리법칙을 벗어난 또 다른 시간을 가지고 있고 공간 이동에 제약이 거의 없기에 새로운 우주가 펼쳐질 수 있는 곳입니다. 가상세계는 인간의 상상력을 모두 펼칠 수 있는 무한 가능성의 공간이므로 삶과 죽음 또한 시간의 한계를 의식하지 않고 기존의 물리법칙을 따르지 않는 지구 속의 또 다른 지구이면서 새로운 우주라 봅니다. 가상세계 또는 메타버스는 기본적으로 숫자로 이루어진 디지털 세계이지만 우주 또한 디지털화된 우주라는 개념에서 매우 흡사합니다. 물론 숫자로 된 세상으로 모든 것을 소통하기는 어렵습니다. 디지털 세계라 해도 결국 사람들의 인식이나 의식으로 느끼고 받아들여야 존재하는 세상이기 때문입니다. 궁극적으로 그래픽은 매우 큰 역할을 합니다. 과거 컴퓨터는 운영체계와 CPU에 의해 성능을 비교했지만 최근 무한히 넓어진 연산능력과 기억용량의 발전은 가상세계의 공간을 충분히 확보했고 계속 증가시키고 있습니다. 또한 가상세계를 표현하는 그래픽 능력은 비약적으로 커지고 앞으로 기술적으로 GPU(Graphics Processing Unit)의 발전을 더욱 요구할 것입니다. 그래서 GPU의 고성능은 빠른 연산속도와 정교함 그리고 사실성의 구현을 통해 현실의 세계와 더 근접하게 해줄 것입니다. 이렇듯 가상세계의 실현은 이제 공간의 문제가 아닌 표현의 문제가 되고 사람들이 상상하는 모든 것을 가능하게 하는 세상이 될 것입니다. 가상세계의 발전은 인간의 삶에도 커다란 변화를 줄 것인데 내가 살고 있는 현실의 지구세계와 빅뱅 이후 펼쳐지고 있는 우주의 세계 그리고 가상세계 또는 메타버스와 같은 가상의 디지털세계가 3가지 축으로 이어지는 3중 세계를 형성하면서 사람들의 활동영역도 무한히 넓어지고 결코 지구가 좁지 않다는 의식으로 확장할 것입니다. 특히 가상세계의 이미지는 꼭 시각적인 자극을 필요로 하지 않게 설계할 수 있습니다. 아직 그래픽을 통해 시각신경을 자극해 뇌에서 인식하는 것을 표현하지만 앞으로는 시각작용을 거치지 않고 직접 뇌로 신호를 전달하는 진정한 가상이미지를 만들 수 있습니다. 이 경우 정말 현실과 가상의 구분이 어렵고 현실과 가상의 영역이 아무런 장벽 없이 소통할 수 있는 새로운 통합세계가 이루어질 것입니다.

지금까지 사람들 위주로 표현했던 영생과 영혼 그리고 사후세계의 존재는 눈이라는 시각작용을 통해 주로 인식하므로 사람의 형상에서 크게 벗어나지 못했던 것도 사실입니다. 하지만 현실과 가상세계가 통합된 세계에선 영혼도 현실과 가상의 세계를 넘나들게 되면서 사후세계나 전생의 이야기는 매우 허무맹랑하게 됩니다. 도리어 과거 사람들이 인식했던 영생이나 사후세계 또는 윤회 등의 이야기가 가상영생(假像永生) 가상사후(假像死後) 또는 가상윤회(假像輪廻)의 개념으로 새롭게 인식될 수 있을 것입니다. 분명한 것은 새로운 세대들은 이런 변화에 빨리 적응해 가치관도 변하고 죽음을 바라보는 인식이나 의미도 점차 변화할 것이니까요. 20세기 말까지만 해도 세상에는 수많은 이상하고 신비한 이야기와 다양한 근사(임사)체험의 경험담 그리고 초능력을 가진 영매들의 이야기가 난무했고 귀신 또는 좀비 이야기는 어디서나 넘쳐났습니다. 특히 UFO(미확인 비행물체)에 대한 사진이나 목격담은 사람들의 마음을 설레게 했습니다. 마치 지구가 곧 우주인들에게 침공을 당할 듯 걱정했지만 최근에는 이런 이야기는 거의 사라졌고 과거의 수많았던 심령가들도 점차 자취를 감추고 있습니다.

UFO의 정보를 가장 많이 가지고 있는 미국의 미공군은 UFO는 국가안보에 위협이 되지 않고 외계에서 왔다는 근거도 없다고 오래전 발표했다가 2021년 6월 25일 UFO라는 표현보다는 UAP(Unidentified Aerial Phenomena, 미확인 항공현상)이라 바꾸면서 UAP는 국가 안보에 위협이 될 수 있다고 기존 입장을 바꿨습니다. 그러면서도 UAP가 외계와의 관계를 확인할 수 없다고 도리어 의문만 증폭시켰습니다. 국가안보라는 의미 속에는 미국 정부에 대한 적대적 문제를 거론한 것이므로 이는 외계생명체에 대한 문제가 아닌 최근 새롭게 계발, 실험하는 비밀 드론이나 극초음속무기 또는 스텔스비행물체의 등장이거나 적대적 국가의 이적행위일 가능성을 열어 놓은 것으로 보입니다. 만약 외계생명체가 있다 하더라도 지구 방문은 아직 그 가능성이 적지만 21세기가 되고 전 세계에 CCTV가 깔리고 우주에 인공위성이 수만 개가 설치되며, 전 국민이 휴대폰을 소유하게 되고 곧이어 스마트폰으로 업그레이드되어 고화질 영상으로 쉽게 촬영하는 시기부터 갑자기 UAP나 유령이나 귀신 이야기가 대부분 사라졌습니다. 그리고 그 많던 전생을 보았다던 영매나 신비가들도 더 이상 공개된 자리에 나타나지 않습니다. 그대신 몰카를 즐기는 사람들의 불법적인 영상만 넘쳐나고 있습니다. 이런 현상을 어떻게 해석해야 할까요?

스타링크 출처 : 위키피디아

우주의 확장과 디지털 메타버스 가상세계

사람들의 지적 능력이 어느 수준에 오른 후 가장 먼저 생긴 것이 두려움을 주는 무서움, 놀람, 기쁨, 슬픔 등의 추상 언어에 대한 개념이었고 그와 함께 두려움을 극복하기 위한 방편으로 신을 창조했다는 주장이 있습니다. 즉 다시 말하지만 종교는 사람들의 가장 위대한 발명품이라는 것입니다. 종교는 고대문명의 가장 중요한 축이었고 이런 종교를 통해 수천 년간 사람들은 신앙이라는 믿음에 정신과 생활을 지배당했습니다. 그 당시에도 가장 중요한 역할을 한 것이 하늘 즉, 우주였기에 하늘을 구성하는 태양, 달, 별들은 종교에 매우 중요한 역할을 하였고 이들의 일주운동을 통한 시간이라는 것에 관심이 생겼습니다. 사제장이나 종교의 성직자들은 결국 시간을 관리하는 사람이 되었고 시간은 커다란 정치권력이 되어 사람들을 지배하는 도구로 사용하였습니다. 특히 중세시대까지 시간의 절대 관리자는 성직자였고 이는 항해술의 발달과 르네상스시대까지 지속되었습니다.

니콜라우스 코르페니쿠스(Nicolaus Copernicus, 1473~1543)가 지구중심설을 뒤엎고 태양중심설을 주장하면서 근대 천체물리학은 시작되었습니다. 이는 지금까지 지구가 중심이었다는 기독교 신학적 믿음을 전면 부정하는 커다란 사건이었습니다. 물론 현대 우주관에서는 우주의 중심은 없다는 것을 알지만 당시만 해도 태양이 우주의 중심이라는 것만으로도 충격이었습니다. 하지만 우주의 확장은 현대에 이르러서 사람들이 알고 있는 우주 자체도 우주의 중심이 아니며 또 다른 우주가 있다는 다중우주에 대한 이론을 받아들여, 현대물리학에서는 다중우주 4가지 단계를 주장합니다.

1단계 다중우주론은 관측 가능한 우주라 보는 입장입니다. 관측 범위를 넘은 우주에 대한 확장 가능성을 통해 현재 알려진 우주를 바탕으로 관측 불가능한 다중우주가 있다는 것입니다. 단지 너무 멀어서 관측이 어렵다는 것이 한계라 할 수 있습니다.

2단계의 다중우주론은 인플레이션 우주의 경험을 바탕으로 현재 우주와 유사한 우주가 겹겹이 파이가 겹쳐지듯이 서로 물리적으로 다른 물리법칙이 존재하는 상태로 이어진다는 것입니다. 이런 우주는 서로 겹쳐있지만 만나지 못하고 영원히 팽창하는 우주입니다. 이런 우주이론은 시작과 끝이 없는 영원한 우주입니다.

3단계 다중우주론은 가까이 있으나 계속 분화하는 우주론입니다. 양자역학 파동함수의 관측 확률을 부정하는 다세계 해석(Mary-worlds interpretation)을 주장한 휴 에버렛 3세(Hugh Everett III, 1930~1982) 같은 이들은 파동함수의 붕괴가 실재하지 않고 대신 모든 사건에 대해 가능한 모든 결과들이 양자 결풀림이라는 현상을 통해 각자의 '역사' 혹은 '세계'에 실재한다는 해석입니다. 매우 어려운 내용인데 관측하는 순간 우주가 세 가지 세계로 갈라진다고 말합니다. 이는 모든 우주가 경우의 수만큼 무한히 존재한다는 것으로 철학적인 이야기인 것 같습니다. 이 이론은 물리학자들이 좋아하지 않는 무한에 대한 개념을 이야기한 우주론이기도 합니다.

4단계 다중우주론은 사람들이 알거나 인식하는 다양한 수학적 수로 표현 가능한 우주입니다. 즉, 우주는 수학 방정식으로 해석이 되는데 그 중 부누이 망델브로(Benoît B. Mandelbrot, 1924~2010)가 처음 주장한 프랙탈(fractal) 이론이 있습니다. 프랙탈 이론은 일부 작은 조각이 전체와 비슷한 기하학적 형태를 보이는 것으로 이 구조는 자연계뿐만 아니라 수학적 분석, 생태학적 계산, 위상 공간에 나타나는 운동모형 등 다양한 분야에서 발견되며 자연이 가지는 가장 기본 구조라 할 수 있습니다. 그래서 물리적 구조는 결국 수학적 구조라 합니다. 이는 사람들의 생각 속 수학적 개념으로 모든 것이 해석된다는 주장입니다. 세상의 존재는 이미 수학으로 이루어졌지만 그동안 우주를 증명하려 노력한 것은 단지 물리적 법칙으로 이런 물리적 법칙은 수학적 이론의 바탕에서 이루어졌기에 세상은 이미 시뮬레이션된 우주라고 합니다.

그 외에도 세상은 시간이 흐르면서 대부분 엔트로피가 증가해 무질서가 증가한다는 것으로 우주도 점차 무질서가 증가하는데 의외로 블랙홀의 존재를 확인한 상황에서 블랙홀은 무엇이든 빨아들이는 거대한 힘으로 모든 것이 사라진다면 이런 열역학 제2법칙은 모순이 생깁니다. 하지만 이를 스티븐 호킹(Stephen William Hawking, 1942~2018)은 호킹복사에 대한 가설로 증명하여 블랙홀 경계에 있는 사건의 지평선(Event Horizon)이라는 곳에 블랙홀에 빨려 들어가기 전 물체가 가지고 있는 모든 데이터 즉 정보를 플랑크 상수의 크기로 저장해 보관한다고 했습니다. 블랙홀이 내부로 많은 물질을 빨아들이면 들일수록 블랙홀은 더 커지고 이렇게 저장된 2차원의 정보가 쌓이면 이것이 홀로그램우주가 된다는 것입니다. 즉, 우리가 인지하는 우주는 2차원의 정보가 쌓인 것이 투영한 모습이고 현재 사람들이 인지하는 우주 또한 다중 우주 중 존재하는 하나의 블랙홀 안과 같은 것으로 모든 우주 정보는 최소단위의 숫자로 저장되어 있다는 것입니다.

이렇게 드넓은 우주의 확장을 보면 지구는 매우 작은 폐쇄된 공간일 수 있습니다. 또한 사람들이 지금 당장 우주로 확장할 수는 없기에 아직은 지구에 디지털 세계를 만들어 새로운 세상을 만드는 것입니다. 가상세계 또는 메타버스의 세계는 의외로 이동시간이 짧습니다. 아무리 가까운 다른 항성이나 행성에 가더라도 수십 년의 시간이 걸리지만 잘 설계된 가상세계의 우주는 순간이동이 가능하고 교류가 쉽게 이루어집니다. 특히 생산적 경제활동이 이루어지는 환경에서 가상재화가 실질재화로 쉽게 변환된다면 생산성은 매우 높아질 것입니다. 이런 기술적 법률적 제약을 획기적으로 감소하는 방법으로 ESG(Environmental Social and Corporate Governance)를 사용합니다. ESG란 기업의 비재무적 요소인 환경, 사회, 지배구조를 의미하는데 기업의 재무적 요소들과 함께 투자의사 결정 시 고려해야 하는 사항으로 단순한 기업의 재무적 성과만을 판단하지 않고 ESG까지 포함한 개별 기업의 판단을 요구하는데 가상세계 또는 메타버스를 통해 재택근무나 사업을 한다면 출퇴근 시간과 전기, 운송비, 소모품, 사무공간, 사무관리비 등을 줄일 수 있습니다. 이를 통해 경영 효율성과 부대비용을 줄이면 성과를 높일 수 있습니다. 이런 새로운 환경을 가상세계 또는 메타버스를 통해 구현하고 실행할 수 있습니다. 가상세계에서의 관계는 곧 다중우주의 이론과 거의 유사하기에 가상세계 또는 메타버스를 이해하면 다중우주에 대한 관념도 이해할 수 있습니다.

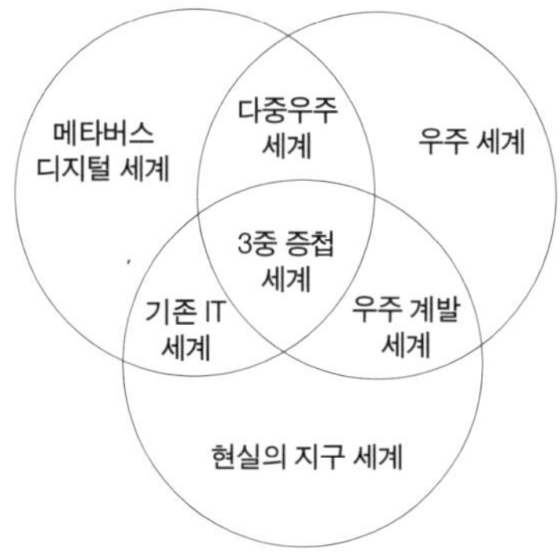

미래의 3중 중첩 세계 구성도

새로운 시대의 인터페이스

앞으로 가상세계를 더욱 발전시킬 새로운 인터페이스의 환경이 필요하고 그 중 하나가 기존의 IT기술을 뛰어넘는 생체 인터페이스의 시대를 맞이하는 것입니다. 인터페이스란 사물과 사물 사이 또는 사물과 인간 사이의 경계에서, 상호 소통을 위해 만들어진 물리적 매개체나 프로토콜을 의미하는데, 현재 IT기술의 인터페이스로는 폭증하는 수많은 데이터베이스와 네트워크를 감당하기 어려운데, 특히 기존의 기술로는 너무 많은 에너지를 소모한다는 것이 문제가 됩니다. 그리고 정보량이 증가하는 만큼 이를 관리하고 유지하는 것 또한 한계치를 넘어가게 되므로 새로운 기술개발은 반드시 필요합니다. 그래서 이에 대한 대안으로 '뇌와 컴퓨터 인터페이스(Brain to Computer Interface)'와 '뇌와 뇌 인터페이스(Brain to brain Interface)'의 새로운 정보처리방법에 대한 개발이 요구되고 이를 이용한 다양한 광양자 및 생체컴퓨터의 도약을 준비하고 있습니다.

이런 미래 기술은 거대한 용량의 클라우드 데이터를 쉽게 이용하게 하고 입력과 출력을 보다 빠르게 처리하며 사람과 사람 또는 사람과 기계 사이에 불필요한 인터페이스를 사용하지 않고 직접 정보처리를 가능하게 하므로 고에너지와 시공간의 낭비를 막을 수 있습니다.

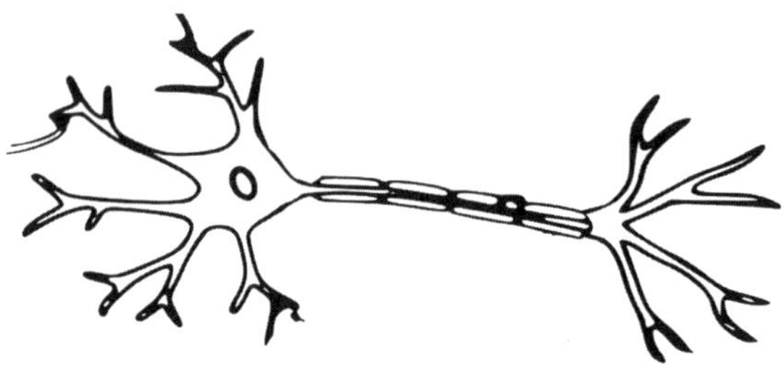

신경세포 **출처**: pixabay

사람의 뇌에는 1000억 개의 신경세포가 존재합니다. 그 자체가 이미 거대한 메모리이고 중앙처리장치인 CPU면서 그래픽처리장치인 GPU가 됩니다. 사람의 뇌는 기존의 컴퓨터시스템과 달리 CPU와 GPU가 따로 존재하거나 작동하는 부위가 구분되는 계층처리 구조가 아닌 신경회로망이 서로 정보를 교환하면서 작동하는 집단처리구조로 되어있어 뇌 하나만 있으면 대부분의 학습, 기억, 반응이 동시에 가능한 구조입니다. 만약 뇌와 뇌의 인터페이스(Brain to Brain Interface)가 구현된다면 이는 획기적인 정보처리의 확장성과 새로운 IT우주시대가 이루어질 수 있습니다. 사람들은 외부로부터 들어온 정보를 전기신호로 바꾸어 뉴런으로 전달하면 이런 정보들은 뇌의 다양한 부위에서 가장 적합한 판단을 하고 그 판단에 따라 다양한 표현이 가능하게 됩니다. 물론 뇌가 고성능의 컴퓨터처럼 아주 정밀한 판단을 하거나 계산을 하지는 못합니다. 하지만 사람들에게 가장 최적화된 경험적 판단을 하게 되므로 감정까지 수용하는 생체컴퓨터가 가능합니다.

이런 뇌의 작용에서 발생하는 전기신호는 결국 뇌파라는 전자기파의 성질로 변환해 이를 이용한 상호소통이 가능해집니다. 뇌파의 특성을 잘 이용하면 사람의 생각을 외부에 전송하여 타인에게 직접 표현이 가능하고 이를 분석하여 생각을 읽어낼 수 있습니다. 이 기능을 좀 더 발전시켜 뇌와 뇌를 직접 연결한다면 멀리 떨어진 상태에서도 서로의 생각을 전달할 수 있고 상대를 제어할 수도 있습니다. 이 기술은 획기적인 미래의 제어기술 뿐 아니라 통신기술도 되고 더욱 발전하면 텔레파시처럼 다양한 가상공간을 만들 수 있습니다. 이는 뇌 안에서만 존재하던 내 생각을 외부로 드러내므로 마치 영혼이 신체 밖으로 나와 작동하는 현상과 같은 모습이 될 수 있기에 이 기술을 완성하면 영혼의 존재를 다시 한 번 새롭게 생각해야 할 수도 있습니다. 이는 내 몸 밖에 내가 존재할 수 있기 때문입니다. 그러면 지금까지의 영혼에 대한 저자의 생각 또한 일부 수정해야 할 수도 있을 것입니다. 이런 기술은 여러 사람의 뇌를 병렬로 연결하면 그 자체가 슈퍼컴퓨터의 기능이 됩니다. 그리고 멀리 있어도 뇌파의 주파수만 맞추면 동기화된 작용으로 원격교육을 할 수 있고 학습능력을 높일 수 있습니다. 서로의 생각을 공유해 시공간의 개념을 벗어나도 소통이 가능한 뉴럴링크(NeuralLink)가 가능해지는 것입니다. 이것은 인공지능의 핵심기능으로 인공신경망을 수많은 계층 형태로 연결한 딥러닝(Deep Learning) 기법을 이용해 심층학습을 이룰 수도 있습니다.

또한 치료의학적으로 뇌병변이나 장애로 의사소통이 어려운 환자의 뇌에 직접 인터페이스를 연결해 원활한 의사소통을 이룰 수 있고, 고비용을 투자하지 않고 항공기 조정이나 우주선 조정 같은 시뮬레이션 훈련을 시행해 빠르고 효과적인 기술습득이 가능합니다. 아직 뇌파 신호를 이용하기 위한 마이크로칩 개발이나 삽입소자의 개발이 많이 부족하지만 곧 실현할 수 있는 기술인 것만은 확실합니다. 이렇듯 미래에는 복잡한 반도체나 컴퓨터, 인터페이스 없이 빠르게 정보를 공유하는 세상에 살겠지만 동전의 양면처럼 장점만 있는 것은 아닙니다. 사람들의 마음을 노출하는 작업이기에 불필요한 해킹이나 반대로 상대를 조정하는 공격적 행위가 생길 위험도 있습니다. 또한 사람이 사람을 통제하는 무서운 빅테이터의 권력도 생겨날 수 있습니다. 이는 인간에게 돌이킬 수 없는 큰 피해로 돌아올 수 있으므로 그에 따른 철저한 보완과 대비를 해야 할 것입니다. 그러므로 이러한 혁신적인 미래 기술이 실현된다 해도 실제로 적용하기까지는 많은 제약이 있을 것이고 그에 따른 강력한 통제장치가 만들어질 것입니다. 하지만 분명한 것은 뇌와 뇌 인터페이스(Brain to Brain Interface)가 실현되면 이는 새로운 시공간의 확장으로 또 다른 우주가 생기는 기회가 될 것입니다. 그러면 영혼에 대한 고민을 다시 해야 할 것입니다. 과연 나 밖의 나는 누구인가에 대한 고민을.

카오스(chaos)와 코스모스(cosmos)

사람들은 태양이 폭발할지, 달이 지구로 떨어질지 또는 갑자기 거대한 태풍이 발생해 커다란 재앙을 일으킬지 등 많은 걱정 속에 살아갑니다. 이런 걱정이 적당히 있으면 매우 좋은 것이기에 걱정을 미리 이해하고 준비하고 예방을 하는 경우 생존에 유용한 효과를 가져다주기도 합니다. 일찍이 이런 걱정을 한 스웨덴 국왕 오스카르 2세(Oscar II, 1829~1907)는 지구와 달 그리고 태양의 안정성에 대해 명확한 답을 얻기 위해 삼체문제를 해결하는 과학자에게 상금을 걸기도 했습니다. 그러나 당대 과학자들이 이를 완전히 해결하는 답을 내놓지 못했지만 프랑스 수학자 앙리 푸앵카레(Henri Poincare, 1854~1912)는 삼체문제의 해법을 새로운 시각으로 해결했습니다. 즉 삼체문제란 증명이나 해법으로 푸는 것이 아니라 얼마나 어려운지를 아는 것에서부터 접근하여 **카오스 이론(chaos theory)**을 성립시킵니다. 비록 완벽한 해법을 못 찾는다면 반대로 혼란스러운 여러 해법을 모아서 혼란스러운 자체를 해법으로 제시하고 삼체 또는 (n)체 문제를 푸는 기본을 아래와 같이 증명하였습니다. 중력 아래 놓인 여러 물체들의 운동에 관한 문제에서 결과값을 구하는 게 불가능함을 증명하였고, 법칙을 알더라도 공식이 없다는 것과 물체가 세 개만 있어도 무질서한 궤도에 도달했기 때문이기에 그 궤도는 무작위적으로 보인다는 것입니다. 이러한 카오스 이론을 바탕으로 1967년에 미국의 기상학자인 에드워드 N. 로렌츠(Edward N. Lorenz, 1929~2021)는 실제 상황에서 겪는 기상관측이 여러 복합적인 요인이 작용하기에 장기적인 일기예보가 얼마나 어려운지를 알게 해준 카오스 이론의 실례를 보여주었습니다. 그는 장기적인 자연현상을 예측하는 것은 결정론적이면서 비주기적이라 초기조건의 민감성 오류가 있기에 아주 작은 변수라도 큰 결과의 오차를 가져와 장기 일기예보는 불가능하다는 것입니다. 또 하나는 연속적으로 변화하던 현상이 어느 국면을 맞이하면서 갑자기 파국으로 치닫는 카타스트로피 이론(catastrophe theory)의 불연속적 현상이 존재한다는 것입니다. 이는 앞 장에서 설명하였던 정신의 멘붕 상태를 언급한 것과 유사한 현상입니다. 파국이론이란 어느 순간 작은 원인이 발단이 되어 갑자기 무너지는 정신 상태를 의미하는데 팽팽하던 운동경기 중에 자주 보기도 합니다. 이런 현상을 설명할 때 나비효과로도 표현하는데 작은 나비의 날개 짓이 날씨 변화를 일으키듯이 작은 변화가 훗날 예상 못한 커다란 변화를 가져오기도 한다는 것으로 알려져 있지만 좀 자세히 알아보면 사건의 시작은 초기 조건에 그만큼 민감하기에 우리는 결과를 알 수가 없다는 것을 의미합니다. 결정론적 물리법칙으로 해석하여 일어날 사건은 이미 결정이 되지만 그 과정이 너무 복잡하고 변수가 많아서 결과는 모른다는 것일 뿐 그 안에 일정한 패턴이 존재한다고 할 수 있습니다.

사람이 살아가는 과정 또한 카오스의 혼돈 속에서 일어날 사건은 다 겪으면서 살아갑니다. 이런 카오스 속에서 질서라는 코스모스(cosmos)가 생겨났다고 하는데, 혼란스러운 카오스의 시간이 진행되면서 질서가 생기고 그 질서 속에 안정이라는 코스모스가 이루어지는 것입니다. 카오스와 코스모스는 서로 반대되는 의미이지만 결국 카오스 속에서 코스모스가 존재하기도 합니다. 세상에 나타나는 수많은 현상들 속에 수많은 카오스가 존재하였고 존재하지만 결과적으로 크게 보면 일정한 기준으로 안정을 이루기에 비록 보기에는 기이한 운동을 보일지라도 잘 관찰하면 잘 알 수 없었던 어떤 패턴을 가지고 고유한 운동을 한다는 것이고 그 운동 속에서 사건이 일어나는 것입니다. 카오스(chaos)

의 기원은 질서 없이 마구 뒤섞여 갈피를 잡을 수 없는 상태로 그리스 신화에서 태초의 혼돈으로 등장했지만 사실 본래는 혼돈이 아니라 '거대한 틈', 따라서 텅 빈 공간을 의미하며, 카오스의 본래 의미는 '입을 벌리다(chainein)'라 합니다. 즉 공허, 그러니까 Void라는 의미입니다. 사람들이 느끼는 세상은 참으로 복잡하기에 이들의 연관성을 이해하려는 고민은 항시 존재하였지만 이를 해결하는 것이 너무 힘들다는 것을 알게 되면서 명확한 법칙을 찾기보다는 세상에 존재하는 복잡계(complex system)란 수많은 구성 요소들의 상호작용을 통해 각각의 특성과는 다른 새로운 현상과 질서가 나타나는 시스템으로 이해하고 '복잡하다'는 표현을 시스템을 구성하는 요소들 자체는 단순하지만 그것들이 어우러져 나타나는 현상이 복잡한 경우를 들 수 있는데, 이런 경우를 이해하기 쉽게 카오스(chaos)라고 부르며, 불규칙하고 예측 불가능한 현상을 말하는 것으로 보면 됩니다. 이를 이해하기 위해 나 자신이 복잡계의 세상 속에 살고 있다는 것을 인정해야 할 것이고 나 자신이 복잡한 과정을 이해한다 해도 물리적 복잡성이 사라지지 않으면서 다시 복잡계의 이론으로 연결되기에 카오스 이론이 결과적으로 가장 복잡계를 잘 표현한다고 할 수 있습니다. 참 어려운 말이지만 쉽게 요약하면 카오스이론은 **복잡한 현실을 가장 잘 반영하여 설명이 가능한 것 중 하나**입니다.

카오스와 반대되는 의미인 코스모스(cosmos)는 혼돈에 대립된 개념으로서, 세계를 하나의 질서 있는 단위로 보고 붙인 안정된 질서가 있는 우주를 의미하는 것으로 단순히 우주만을 뜻하는 것이 아니라 우주의 질서, 전체의 질서, 세계의 질서를 의미하는 것으로 어원적(語源的)으로 질서와 분석을 의미합니다. 그리스 철학자 피타고라스(Pythagoras, BC

580~BC 500)가 처음으로 세계를 질서와 조화 있는 하나의 의미, 즉 우주(코스모스)를 언급하습니다. 과학의 역사에서 보면 고전역학에서 보는 우주의 운동은 모든 것이 결정되어 있어 예측이 가능하다고 하는 결정론적 세상이었고, 양자역학의 세계는 확률적으로만 존재하는 세상에서 산다는 입장이었지만 급기야 카오스 이론으로 가면 확률조차 알 수 없는 혼돈의 현상에서 나름의 패턴이 있을 뿐이라고 보는 것입니다. 이런 카오스의 세계는 매우 현실적인 현상을 잘 표현하고 있고 현실에서 일어나는 일들을 쉽게 설명할 수 있습니다. 이런 세상에 사는 나 또한 항시 혼돈 속에서 나름의 시간적 경험을 바탕으로 초기의 혼란을 극복하고 나 자신의 코스모를 찾아 안정된 삶을 영위하려는 노력을 계속 이어나가는 것과 같이 삶과 죽음에서 비록 혼돈의 어려움은 있지만 그 마지막은 코스모스라는 질서정연한 삶의 마감을 실천하는 것이기도 합니다.

시간과 진화의 다양성

앞서 시간에 대하여 여러 이야기를 하였지만 역시나 시간에 대해 명확한 의미나 정의를 얻지 못하였다고 느낄 것입니다. 이는 당연한 결과이고 그럴 수밖에 없다는 것이기에 그만큼 시간에 대한 의미나 정의를 모두가 만족하게 내리는 것은 불가능합니다. 우주에는 상대시간이 존재하고 삼라만상(森羅萬象)의 모든 것들에는 자신만의 고유한 시간이 있고 이것이 생명체건 무생명체건 모두 통용이 된다는 것입니다. 특히 대우주로 시야를 확대해보면 생명의 현상이 꼭 우리가 아는 생명체의 모습만이 아닌 우주의 수많은 별들인 항성이나 여러 우주물질 또한 나름의 살아있는 생명현상을 보이기에 생물과 무생물의 구분 또한 큰 의미가 없기도 합니다.

여기서 중요한 것은 우주의 모든 현상은 빅뱅 탄생 이후 꾸준히 진화하고 변화한다는 점이고 지금도 진화는 계속되고 있는데 이 진화가 바로 우주의 생명을 유지하고 이끄는 가장 중요한 동력입니다. 진화에 대하여 많은 이야기가 있지만 진화란 아주 작은 차이에서부터 급격한 변화를 다 포함한 역동적인 현상이고 독특한 생명현상입니다. 이런 진화는 항시 좋은 방향으로 진행될 것이라는 사람들의 인식과는 달리 참 다양한 선택을 하면서 변화를 이어갑니다. 어떤 진화가 좋은 것인지는 사실 아무도 모릅니다. 사람들의 인식으로 올바른 방향이 아니라고 생각해도 멀리 보면 그것이 생명의 운명에서 유익할 수 있고, 도리어 사람들이 옳다고 보는 진화가 최악인 경우도 있다는 것은 우주의 선택은 아무도 모르기 때문입니다. 이 또한 사람들이 그동안 잘 알 수 없었던 죽음의 비밀처럼 우주의 진화와 죽음은 쉽게 그 비밀을 알기 어렵다고 봅니다. 이런 진화의 과정에서 가장 중요한 것은 시간이라는 그릇에 담긴 진화의 다양성입니다. 진화의 전제조건에서 시간을 과거로 돌릴 수가 없고 진화의 결과 또한 미리 예측이 불가능하지만 과거의 예를 통해 진화는 분명 어떤 패턴을 가지고 그 패턴 속에 다양성을 발휘합니다.

만약 진화가 없었다면 우주와 우주의 생명체는 곧 사멸하고 멸종하였을 것입니다. 지금도 끊임없이 진화가 이루어지기에 우주는 아직도 건재하고 활발히 활동하면서 새로운 우주를 계속 만들어가는 것이기에 진화를 통한 생명의 다양성, 종의 다양성, 문화의 다양성, 종교의 다양성, 공간의 다양성 그리고 시간의 다양성을 통해 다양한 대우주를 이루고 있습니다. 만약 어느 생명체가 하나의 특성만을 고집하다가 외부 환경이 변하면 적응이 안 되고 미리 대비를 못해서 곧 사멸할 수 있지만 다양성이 존재하는 종의 경우라면 대부분은 사라질지라도 일부는 생존하여 다시 번성할 수가 있습니다. 이는 종교에서도 적용되는데 지구에 단일 종교만 있다고 하면 엄청난 비극이 올 수도 있습니다. 물론 타 종교 간에 갈등이 많은 것은 사실이지만 과거 하나의 거대 종교가 보여준 폐단은 이보다 더 큰 시련을 주었다는 것을 중세의 종교전쟁에서 보았을 것이고 거대 종교의 맹목적인 지향성이 올바른 선택을 거부하게 하는 커다란 재앙이 될 수도 있기 때문입니다. 그리고 사상과 정치적 이념의 획일화는 더욱 무서운 국가적 폭력과 파멸을 가져오기도 하여 지구 자체를 멸망시킬 수 있기에 다양한 사상과 정치적 이념은 도리어 지구를 구하는 현명한 선택이라고 봅니다. 다양성은 서로를 견제하고 보완하는 완충작용으로 작동하기 때문입니다. 그리고 지구 내에서도 어느 일부에만 사람들이 모여 살게 되면 자연재앙이나 인위적인 재앙에 취약해서 작은 변화에도 커다란 피해를 보게 됩니다. 그래서 거주지역의 다양성은 꼭 필요합니다. 주거환경이 급격히 아파트로 바뀌고 있는 것 또한 거주의 다양성을 해치기 때문에 이에 대한 대책이 필요합니다. 거주지 또한 자연재앙에 매우 취약하기에 어느 것이 좋은 것인지는 상황에 따라 달라지므로 다양성을 통해 서로 보완해야 합니다.

사람들은 시간이라는 시공간 속에서 살면서 각자가 자신만의 시간을 가지고 생활합니다. 그러므로 사람들의 숫자만큼 시간의 다양성과 공간의 다양성을 통해 작은 우주를 형성하면서 자신의 내면 안에서 밖을 보며 살아갑니다. 이런 과정이 사회활동이고 문화활동이 되는 것이기에 비록 갈등이 존재하더라도 나름의 질서를 찾아서 진화합니다. 어제의 사람들 생각과 행동이 오늘의 그것과 같지 않으며 이런 것 자체가 진화의 다양성이기에 바로 인식하지 못하는 중에 이미 진화의 변화는 항시 함께 이어지고 있습니다. 이 점을 이해하고 서로가 상대의 시간과 공간을 침해하지 않는 범위에서 존중하고 공통의 이해점을 찾는 것에 노력한다면 지구와 우주의 질서는 아름답게 계속 이어질 것이고 시간 또한 사라지지 않고 함께 존재할 것입니다.

외계 종교

예전부터 사람들의 지적 호기심은 지구를 벗어나 우주로 향하고 있습니다. 그 중 가장 큰 호기심은 지구 밖 외계생명체의 존재 유무입니다. 특히 사람과 유사하거나 더 높은 지적 능력이 있는 고등외계생명체에 대한 기대입니다. 그리고 의외로 종교적 문제에서 이에 대해 의도하지 않은 문제가 발생할 수 있습니다. 물론 아직 일어나지 않은 문제에 대한 오지랖이라 할 수 있지만 분명한 것은 이 넓은 우주에 지구만 생명이 존재한다는 것은 너무 큰 모순일 수 있기 때문입니다. 현대 과학문명은 외계생명체를 찾아볼 수 있는 정도로 발전했고 그에 대한 인식도 많이 변했습니다. 우주에 생명체가 존재하고 이를 확인할 수만 있다면 대단한 충격이고 많은 변화를 가져다줄 것인데 이미 우주 여러 곳에 생명체가 존재할 만한 물과 유기화합물의 존재가 확인되고 극한 환경에도 생존하는 생명체들이 있기에 이를 바탕으로 유추하면 외계생명체는 우주공간에 널리 있을 것이라 봅니다.

비록 우주에서 작은 미생물생명체라도 발견한다면 지구처럼 오랜 시간이 걸리더라도 진화하고 번성해 고등생명체로 거듭날 것입니다. 그래서 그 작은 증거라도 찾기 위해 노력하는 것입니다. 이미 지구에 발생한 생명의 기적이 다른 우주에서 일어나지 말라는 법은 없습니다.

하지만 이런 대사건은 종교적인 입장에서 보면 대단히 거부하고 싶은 문제일 수 있으므로 어느 정도 준비가 필요하다고 봅니다. 특히 기독교적 입장에서 보면 하나님은 절대적 창조주고 유일신이며 2000년 전 그 아들 예수를, 죄지은 자들을 구원하기 위해 이 지상까지 내려보냈으므로 그를 믿고 따라야 신앙적 구원을 받는데 외계생명체, 특히 지적 능력이 탁월한 외계고등생명체의 존재가 있다면 이는 인정하기 어려울 것입니다. 더욱이 하나님은 천지만물을 창조했고 모든 생명체를 만들어 생명을 부여하였는데 아무래도 이 사실을 받아들이기 힘들겠지요. 그래서 외계고등생명체를 발견한 그날을 위해 종교는 어떻게 받아들여야 하고, 어떤 답을 찾으며, 그것을 사람들에게 어떻게 이해시켜야 할지를 지금부터 준비해야 합니다. 그래서 지식과 믿음은 어느 정도 거리를 두고 관계를 잘 유지해야 합니다. 배타적이거나 배척으로 생기는 대립의 문제가 일어나지 않도록 종교의 위엄과 위상을 지키며 그 포용력과 신앙의 깊이로 외계생명체의 존재와 새로운 우주의 확장에 적응해야 할 것입니다. 종교는 종교로서 가치가 분명히 있습니다. 종교만큼 사람들의 불안을 잠재우고 위로와 위안을 주는 것은 없습니다. 그러므로 다가오는 미래에 우주의 확장과 더불어 종교도 새로운 범종교적으로 확장할 수 있습니다. 외계생명체와 또 다른 가능성도 존재할 수 있기에 기존의 질서는 새로운 질서를 만들어 대안을 마련해야 할 것입니다. 다행히 가톨릭에서는 이런 미래의 상황을 인지해 그 대안을 찾으려는 첫 번째 노력으로 프란치스코 교황은 "빅뱅이론도 맞고, 진화론도 맞으며 이 또한 신의 뜻이다."라 말하였습니다. 열린 마음으로 미래를 맞이한다면 종교도 분명 계속 희망이 있을 거라 확신합니다.

시작과 끝

지금까지 시간과 공간 그리고 그 안에 존재하는 다양한 삶과 죽음에 대한 이야기를 하였습니다. 이제 그 마지막 이야기를 하면서 이 책을 마치려고 합니다.

원론적인 질문으로 돌아가 "나는 어디서 왔는가?"와 "나는 어디로 가는가?"에 대한 답을 찾고자 하는 것이 이 책의 주요 목적이었습니다. 사람들이 인지능력이 발달하면서 가장 먼저 생각한 것 중 하나가 죽음에 대한 의문이었을 것입니다. 이는 다른 동물과 인간이 다른 가장 큰 차이 중 하나이기 때문입니다. 하지만 이런 죽음에 대한 의문은 계속 커졌고 아직도 이에 대한 명확한 답을 얻지 못하고 죽음에 대한 두려움만 가지고 살아갑니다. 죽음이 정말 두려운 것인지 아무도 모르지만 사람들은 죽음을 두려워하고 죽음을 가능하면 피하고 싶어 합니다. 하지만 정말 죽음이 두려운지 그 누가 알겠습니까? 이는 단지 죽음을 바라보는 사람들의 생각이기에 살아있는 사람들의 입장일 수 있습니다. 사람들은 대부분 자신이 살고 있는 지구라는 공간을 중심으로 시간을 생각하면서 삶과 죽음에 대해 종교적, 철학적, 심리적 고민을 하고 원초적 의문에 많은 시간과 노력을 투입하지만 아직 만족한 답을 찾지 못하고 있습니다. 사람들은 다른 어떤 생명체보다 호기심이 많고 인내심도 강하며 고집이 있기에 무엇인가에 몰두하면 그 끝을 보는 좀 특이한 유전적 특성이 존재합니다. 이 현상이 다 좋은 건 아니지만 그래도 다른 생명체와 차별화되는 이런 능력은 아마 지구 밖에 외계생명체가 있다 해도 이런 특성은 매우 흔하지 않을 것으로 보입니다. 앞으로도 문화와 문명이 어느 정도 발전할지는 예측하기 어렵지만 유전적 성향은 계속 존재하기에 현재 사람들의 활동과 크게 다르지 않을 것입니다. 그리고 뭔가 계속 찾아서 알아보고 새로운 도전을 하면서 여전히 바쁜 생활을 할 것이기에 이런 것이 원초적으로 가진 '타고난 운명(運命)'인가 봅니다.

사람들은 우주도 시작이 있듯 그 마지막은 어떻게 될지 알고 싶어 합니다. 하지만 죽음의 문제는 사람들의 궁금증을 명확히 풀어주지 못합니다. 그래서 삶과 죽음을 우주로 확대해본다면 어떨까 하고 생각해보았습니다. 우주의 시간 속에 삶과 죽음을 대입해보면 우주의 대폭발인 빅뱅과 더불어 한 점에서 우주가 탄생하였듯이 남과 여의 성기 결합을 통해 난자와 정자가 오르가슴이라는 폭발적 현상 속에 합체되는 수정을 통해 원초적 생명인 수정체를 만들어 생명이 시작되는 것과 매우 유사한 모습을 보여줍니다. 우주는 빅뱅 이후 급팽창하였고 일정 기간 암흑시간을 보내면서 숙성의 준비 작업을 거쳐 빛과 별들이 탄생하였듯이 사람의 수정체는 자궁이라는 인큐베이터에서 태아기를 보내다가 빛을 처음 보면서 자궁 밖으로 나와 완전한 사람이라는 인격체를 형성하고 하나의 작은 우주가 됩니다. 우주는 초기에 빛과 함께 만들어진 다양한 별들의 탄생과 성장 속에 계속 진화하면서 혼돈의 여러 과정을 거쳐 팽창하는 현재의 우주를 이루듯 사람도 태어나 다양한 시련을 겪기도 하고 이를 극복하면서 성장해 현재의 나를 만든 것입니다.

그러나 우주는 언젠가 그 마지막이 있을 것이고 그 마지막이 어떨지 아직 아무도 모르기에 다양한 추측과 이론들이 나오고 있으며 앞으로 언제 일어날지 모르는 우주의 마지막 결과를 알기 위해 노력할 것입니다. 이는 사람의 운명도 우주의 변화와 유사하기에 나이가 들면서 성장이 멈추고 노화의 과정을 거쳐 죽음에 이르며 죽음 이후의 문제에 대해 두려워하면서도 궁금하기에 다양한 방법으로 이를 알려고 합니다. 이런 노력에도 불구하고 아직 명확히 알 수 없지만 어찌 보면 우주의 마지막은 과학의 힘으로 어느 정도 예상할 수 있을 지도 모릅니다. 하지만 죽음 후의 문제는 계속 수수께끼로 남을 수 있습니다. 사람들은 우주와 생명의 탄생에 대해서는 이미 경험한 사건이기에 쉽게 유추할 수 있지만 그 끝은 경험하지 못한 사건이므로 아직 확인하거나 과학적으로 설명할 수 없기 때문입니다. 앞으로도 사람들은 꾸준히 노력할 것이고 조금은 더 진실성에 가까운 뭔가를 찾아낼 것이라 봅니다. 단 이런 노력은 기존의 종교적, 철학적, 심리적인 영역의 몫이라기보다 과학이라는 영역에서 주도해야 할 것입니다. 비록 우주의 마지막 비밀이 풀어진다 해도 계속 죽음에 대한 문제는 미지의 영역으로 남아 있을 가능성이 큽니다. 사람 하나하나가 작은 우주이기에 모든 우주를 다 이해한다는 것은 불가능하기 때문이기도 합니다.

비록 우주와 인간의 탄생과 소멸 과정을 모두 알게 된다 해도 사람들은 과거처럼 삼라만상의 많은 현상들을 종교와 철학 또는 그 시대의 문화적 유행에 따라 자의적으로 해석하고 적용하면서 우주와 죽음을 생각할 것입니다. 그리고 죽음과 사후에 대해 천국과 윤회 그리고 영생을 얘기할 것입니다. 지금처럼 죽음을 두려워하며 슬픔으로 죽음을 맞을 수도 있을 것이고, 그리고 이를 위해 종교도 계속 정신적 안정과 믿음의 중요한 역할을 하고 철학과 인문학 그리고 다양한 문화 예술 활동도 죽음에 대해 많은 이야기를 지속할 것입니다. 사람들이 죽음을 완벽히 알아간다고 해도 역시 죽음은 대(大)이별이라는 슬픈 사건이기 때문입니다. 그리고 죽음은 처음과 끝이 이어지는 하나의 이야기이기도 합니다.

에필로그

4년 전부터『죽음학 스케치』와『죽음학과 임종의학개론』을 발표한 후에도 죽음이 무엇인가에 대한 생각은 계속 이어졌고 그동안 저자 또한 코로나-19의 혼돈 속에서 더 많은 새로운 죽음들을 보면서 새로운 죽음에 관해 고민을 하게 되었습니다. 그러던 중 갑자기 시간이 죽음과 가장 가까운 인과관계(因果關係)가 있을 것이라는 생각이 들어 어린 시절 저자가 관심이 있었던 현대물리학에 관한 공부를 다시 시작했습니다. 그리고 시간이라는 것이 절대적인 기준이 아닌 모든 사람들에게 주어진 상대적인 개념이라는 것을 다시 인식하였습니다.

죽음학 스케치

죽음학과 임종의학개론

그리고 그 시간 속에 각자의 삶과 죽음을 영위하면서 바쁘게 살아가던 자신을 되돌아보는 계기가 되어 저자 또한 4년 전 이미 완판된 저서인『죽음학 스케치』의 일부 내용 중 시간과 연관된 부분을 발췌해 과학과 시간 그리고 죽음을 아우르는 현대물리학의 시공간의 입장에서 바라본 죽음과 시간의 이야기를 서술하기 시작했습니다. 저자는 어린 시절 물리학을 좋아해 관심이 많았지만 기초 물리학보다 공학과 의학 쪽 전공을 택하다 보니 그동안 등한시 한 부분에 대한 가슴 한구석에 남아 있던 아쉬움을 한껏 풀 수 있는 기회가 되어 이 글을 써내려갔고 저의 못 이룬 꿈을 조금은 발산할 수 있게 되어 매우 기쁩니다. 사람들은 누구나 자신의 못 이룬 꿈이나 목표를 간직하고 살아갑니다. 하지만 그 목표를 늘 이루는 것은 아닙니다. 그래서 아쉬움이 남고 그 아쉬움 속에 살아가고 알지만 실천을 못하거나 실패한 많은 경험을 가지고 생을 마감합니다.

하지만 이를 너무 아쉬워하기보다는 조금은 이해하는 방향으로 삶과 죽음을 바라본다면 얼마간 위안이 되고 아쉬움이 덜할 것이라 봅니다. 나 자신의 현재 위치와 시간을 잘 이해한다면 죽음을 막연하게 생각하지 않을 수 있습니다. 나와 내 주위의 모든 관계를 함께 이해할 수 있는 좋은 계기가 되어 죽음이라는 단절보다는 죽음을 통한 상호관계를 더 발전시킬 수 있을 것입니다. 죽음은 결코 나만의 문제가 아닌 모든 사람들의 문제입니다. 그리고 모든 죽음에는 이유가 있고 그 가치는 매우 소중하기에 함부로 죽음을 선택하거나 무턱대고 죽음을 벗어나기 위해 불필요한 죽음회피 노력이나 허황된 이야기에 시간과 돈 낭비를 막아야 한다고 생각합니다. 결코 죽음팔이나 감성팔이의 부적절한 행위나 술수 앞에서 억울해하거나 후회하는 죽음이 있어서는 안 되기 때문입니다. 그래서 무엇보다 죽음을 충분히 이해해야 합니다.

참고문헌

건명원 강의, 김대식 지음. 『인간을 읽어내는 과학』. 21세기 북스. 2017.

구인회. 『죽음에 관한 철학적 고찰』. 한길사. 2015.

김달수. 『그날은 온다』. 오늘. 2001.

김달수. 『꽁띠 엄마와 아빠의 갱년기 극복기』. 엠디월드. 2022.

김달수. 『죽음학 스케치』. 인간사랑. 2018.

김달수. 『죽음학과 임종의학개론』. 인간사랑. 2020.

김상균·신병호. 『메타버스 새로운 기회』. 메가북스. 2021.

김창배. 『우주, 시공간과 물질』. 컬처룩. 2017.

다치바나 다카시, 윤대석 역. 『임사체험 상.하』. 청어람미디어. 2003.

레오나르도 믈로디노프, 전대호 역. 『스티브호킹 위대한 설계 14th』. 까치글방. 2020.

레이먼드 A. 무디 주니어, 주진국 역. 『다시 산다는 것(사후 생존이라는 현상에 관한 보고)』. 행간. 2007.

마이클 뉴턴, 김도희·김지원 역. 『영혼(靈魂)들의 여행』. 나무생각. 2011.

마이클 셔머, 김성훈 역. 『천국의 발명Heavens on Earth』. arte. 2019.

마크 코프먼, 민영철 역. 『퍼스트 콘택트』. 한길사. 2019.

박문호. 『뇌과학 공부』. 김영사. 2017.

보트만 뉴홀, 정진국 역. 『사진의 역사 History of photography』. 열화당. 2021.

샤르탄 포스키트, 김은지 역. 『이상야릇 수의 세계』. 김영사. 2002.
셸리 케이건, 박세연 역. 『죽음이란 무엇인가』. 엘도라도. 2012.
스티븐 S. 호프먼, 이희령 역. 『파이브 포스(인류의 미래를 바꿀 다섯 가지 핵심 기술)』. 까치. 2022.
아리 아이젠·융드롱 콘촉, 김아람 역. 『우리는 죽음과 함께 사라지는가』. 영림카디널. 2018.
이이정. 『죽음학 총론』. 학지사. 2011.
이재원. 『우주의 빈자리, 암흑물질과 암흑에너지』. 컬처북. 2016.
이종필. 『신의 입자를 찾아서』. 마티. 2015.
제프리 롱·폴 페리. 한상석 역. 『죽음. 그 후』. 에이미팩토리. 2010.
카를로 로벨리, 이중원 역. 『시간은 흐르지 않는다』. 썸앤파커스. 2019.
칼 세이건, 홍승수 역. 『코스모스』. 사이언스북. 2006.
토마스 슐츠, 강영옥 역. 『200세 시대가 온다』. 리더스북. 2019.
폴 데이비스, 문홍규·이명현 역. 『침묵하는 우주』. 사이언스북스. 2019.
한명수. 『수식을 쓰지 않는 현대물리학 입문 개정판』. 전파과학사. 2019.
허원회·박민재·신현길. 『알기 쉬운 열역학 개정증보 9판』. 성안당. 2021.

Atwater, P. M. H., Morgan, David H.. *The Complete Idiot's Guide to Near-death Experiences*. Alpha Books. 2000.
Craig A. Jerome, Hyo-Joong Kim, Stephen J. Mojzsis, Steven A. Benner, Elisa Biondi : Catalytic Synthesis of Polyribonucleic acid on Prebiotic Rock Glasses, Astrobiology Vol.22. Number

6, 2022, Mary Ann Liebert, Inc. DoI:10.1089/ast 2022.0027.

Newton Highlight 134. 『시간이란 무엇인가? 개정판』. 아이뉴턴. 2021.

Newton Highlight 140. 『죽음이란 무엇인가』. 아이뉴턴. 2021.

Ring, Kenneth. *Mindsight: Near-Death and Out-Of-Body Experiences in the Blind.* Iuniverse Inc. 2008.

Tegmark, Max. 『Our Mathematical universe』. Deckle Edge. 2015.

저자 소개

김달수 원장 이력 및 경력

주소 : 경기도 부천시 원미구 부일로 222번지 5층
수와진산부인과 부설 : 비뇨 성의학 클리닉
전화 : (032) 322-0808
Fax : (032) 323-3172
Email : kim42467@naver.com
그레이프 와인동호회 https://cafe.naver.com/bcwine
navercafe : 죽음학. 한국죽음교육학회 https://cafe.naver.com/ksode
YouTube : 멋진 삶과 아름다운 죽음 https://www.youtube.com/channel/UCHVYwJBn6ygdAZuThAyj5fA

한양대학교 공대 전자과 졸업
순천향대학교 의학과 졸업
순천향대학교 의대 대학원 수료
서울대학교 자연과학대학 SPARC수료
산부인과 전문의
수와진 산부인과 (부설 : 비뇨 성의학 클리닉) 원장
의학정보자원진흥연구소 소장
한국죽음준비교육학회 이사
순천향 의대 외래교수
노인재가방문지시의사
몰트꽁띠 대표이사 (부천)
원종와인샵 대표 (부천)
네이버 카페 그레이프 와인동호회 운영자
작가 및 유튜버 (죽음학 스케치 강좌)
벤처운영자 및 시스템엔지니어링
발명가 (수중분만, 처방전달시스템 등 기술 특허 다수 보유)

주요 저서

그날은 온다. (소설)

Ask me about Human Sexuality

임상여성의학과 새로운 성의학

Medical CD Mook지 여성의학과를 위한 동영상 강좌

이공계기피현상의 원인과 대책

임상 소아 청소년 여성의학

죽음학 스케치

죽음학과 임종의학개론

꽁띠 엄마와 아빠의 갱년기 극복기

시간과 죽음의 패러독스 Paradox of Time & Death 등 다수

저자의 주요 저서

시간과 죽음의 패러독스

과거 현재 미래 그리고 죽음

발행일 1쇄 2023년 1월 14일

지은이 김달수
감　수 남계현
펴낸이 여국동

펴낸곳 도서출판 인간사랑
출판등록 1983. 1. 26. 제일-3호
주소 경기도 고양시 일산동구 백석로 108번길 60-5 2층
물류센타 경기도 고양시 일산동구 문원길 13-34(문봉동)
전화 031)901-8144(대표) | 031)907-2003(영업부)
팩스 031)905-5815
전자우편 igsr@naver.com
페이스북 http://www.facebook.com/igsrpub
블로그 http://blog.naver.com/igsr
인쇄 인성인쇄 **출력** 현대미디어 **종이** 세원지업사

ISBN 978-89-7418-869-6 93330

* 책값은 뒤표지에 있습니다. * 잘못된 책은 바꿔드립니다.